民國文化與文學研究文叢

二 編

李 怡 主編

第 12 冊

三十年代民國喜劇論稿(上)

張 健 著

國家圖書館出版品預行編目資料

三十年代民國喜劇論稿（上）／張健 著 — 初版 — 新北市：
花木蘭文化出版社，2013〔民 102〕
目 2+174 面；19×26 公分
（民國文化與文學研究文叢 二編；第 12 冊）
ISBN：978-986-322-315-3（精裝）
1. 喜劇　2. 劇評
541.26208　　　　　　　　　　　　　　102012324

特邀編委（以姓氏筆畫為序）：

丁　帆	王德威	宋如珊
岩佐昌暲	奚　密	張中良
張堂錡	張福貴	須文蔚
馮　鐵	劉秀美	

民國文化與文學研究文叢
二　編　第十二冊　　　　　ISBN：978-986-322-315-3

三十年代民國喜劇論稿（上）

作　者　張　健
主　編　李　怡
企　劃　四川大學現代中國文化與文學研究中心
　　　　民國文學與海外漢學研究中心（籌）
　　　　北京師範大學民國歷史文化與文學研究中心
總編輯　杜潔祥
印　刷　普羅文化出版廣告事業
出　版　花木蘭文化出版社
發行人　高小娟
聯絡地址　235 新北市中和區中安街七二號十三樓
　　　　　電話：02-2923-1455 ／傳真：02-2923-1452
網　址　http://www.huamulan.tw 信箱 sut81518@gmail.com
初　版　2013 年 9 月
定　價　二編 22 冊（精裝）新台幣 38,000 元

三十年代民國喜劇論稿（上）

張　健　著

作者簡介

張健（1949～），北京人，文學博士，北京師範大學文學院教授。從事中國現當代文學和戲劇藝術方面的研究和教學多年，出版著作十餘部，發表論文百余篇，曾獲國家級教學成果一等獎2項。代表性著述有《中國喜劇觀念的現代生成》（2005）、《中國現代喜劇史論》（2006）等。主編有《新中國文學史》（兩卷本，2008）、《中國當代文學編年史》（10卷本，2012）等。

提　　要

　　作為中國新文學的一部分，中國的現代喜劇濫觴於19世紀末20世紀初，成形於「五四」之後的20年代，在波譎雲詭的30年代取得了關鍵性的發展。隨著中國喜劇觀念現代重塑的過程，喜劇合法性的問題得到了初步的解決，中國的現代喜劇藝術自30年代中期開始進入成熟期，並在1940年以後迎來了自己的黃金時代。中國喜劇由其古典形態向現代形態的歷史轉型至此基本完成。

　　本書以此為背景，在史料鉤沉、搜集、甄別和整理的基礎上，從宏觀、中觀、微觀三個層面系統考察了民國時期的現代喜劇在30年代的生態環境、思想背景、藝術類型、發展歷史、運動規律、價值立場、總體風貌及其在中國喜劇史上的貢獻和影響。此外，書中還闢有專門的章節，研究了幽默喜劇、諷刺喜劇和風俗喜劇在這一時期的發展徑路、類型特點以及它們之間的互動關聯；並結合重點作品進一步探討了本期代表性作家丁西林、熊佛西、歐陽予倩、李健吾、陳白塵、徐訏等人的藝術追求和他們在民國時期的創作實績。

　　本書的附錄部分為對於林語堂幽默思想、朱光潛喜劇思想的研究和1927～1939年間民國喜劇主要作品的編目。

就「民國機制」與民國文學答問
——《民國文化與文學研究文叢》第二輯引言

李　怡

文學的「民國機制」是什麼

周維東：我注意到，最近有一些學者提出了「民國文學史」研究的問題，例如張福貴先生、丁帆先生、湯溢澤先生等等。而在這些「文學史」重新書寫的呼聲中，您似乎更專注於一個新的概念的闡述和運用，這就是文學的「民國機制」，您能否說明一下，究竟什麼是文學的「民國機制」呢？

李怡：「民國機制」是近年來我在中國現代文學史研究中逐漸感受到並努力提煉出來的一個概念。形成這一概念大約是在 2009 年，爲了參加北京大學召開的紀念五四新文化運動 90 周年研討會，我重新考察了「五四文化圈」的問題，我感到，五四文化圈之所以有力量，有創造性，根本原因就在於當時形成了一個砥礪切磋、在差異中相互包容又彼此促進的場域，而這樣的場域所以能夠形成，又與「民國」的出現關係甚大，中國現代文學之有後來的發展壯大，在很大程度上得力於當時能夠形成這個場域。在那時，我嘗試著用「民國機制」來概括這一場域所表現出來的影響文學發展的特點。〔註 1〕我將五四時期視作文學的「民國機制」的初步形成期，因爲，就是從這個時期開始，推動中國現代文化與文學健康穩定發展的基本因素已經出現並構成了較爲穩定的「結構」。〔註 2〕

〔註 1〕 李怡：《誰的五四：論五四文化圈》，見《中國現代文學研究叢刊》2009 年 3 期。
〔註 2〕 李怡：《「五四」與現代文學「民國機制」的形成》，《鄭州大學學報》2009 年

2010 年，在進一步的研究中，我對文學的「民國機制」做出了初步的總結。我提出：「民國機制」就是從清王朝覆滅開始在新的社會體制下逐步形成的推動社會文化與文學發展的諸種社會力量的綜合，這裏有社會政治的結構性因素，有民國經濟方式的保證與限制，也有民國社會的文化環境的圍合，甚至還包括與民國社會所形成的獨特的精神導向，它們共同作用，彼此配合，決定了中國現代文學的特徵，包括它的優長，也牽連著它的局限和問題。為什麼叫做「民國機制」呢？就是因為形成這些生長因素的力量醞釀於民國時期，後來又隨著 1949 年的政權更迭而告改變或者結束。新中國成立以後，眾所周知的事實是，政治制度、經濟形態及社會文化氛圍及人的精神風貌都發生了重大改變，「民國」作為一個被終結的歷史從大陸中國消失了，以「民國」為資源的機制自然也就不復存在了，新中國文學在新的「機制」中轉換發展，雖然我們不能斷言這些新「機制」完全與舊機制無關，或許其中依然包含著數十年新文化新文學發展無法割斷的因素，但是從總體上看，這些因素即便存在，也無法形成固有的「結構」，對於文化和文學的發展而言，往往就是這些不同的「結構」在發生著關鍵性的作用，所以我主張將所謂的「百年中國文學」、「二十世紀中國文學」分段處理，不要籠統觀察和描述，它們實在大不相同，二十世紀下半葉的中國文學應該在新的「機制」中加以認識。〔註3〕

周維東：「民國機制」與同時期出現的「民國文學史」、「民國史視角」有什麼差別？

李怡：「民國文學史」提出來自當代學人對諸多「現代文學」概念的不滿，據我的統計，最早提出以「民國文學史」取代「現代文學史」設想的是上海的陳福康先生，陳福康先生長期致力於現代文獻史料的發掘勘定工作，他所接觸和處理的歷史如此具體，實在與抽象的「現代」有距離，所以更願意認同「民國」這一稱謂，其實這裏有一個值得注意的現象：真正投入歷史的現場，你就很容易發現文學的歷史更多的是一些具體的「故事」，抽象的「現代」之辨並不都那麼激動人心，所以在近現代史學界，以「民國史」定位自己工作者先前就存在，遠比我們觀念性強的「文學史」界為早。繼陳福康先生之後，又先後有張福貴、魏朝勇、趙步陽、楊丹丹、湯溢澤、丁帆等人繼續闡

4 期。
〔註 3〕李怡：《民國機制：中國現代文學的一種闡釋框架》，《廣東社會科學》2010年 6 期。

述和運用了「民國文學史」的概念，尤其是張福貴和丁帆先生，更以「國務院學位委員」特有的學科視野為我們論述和規劃了這一新概念的重要意義與現實可能，我覺得他們的論述十分重要，需要引起國內現代文學同行的高度重視和認真討論。在一開始，我也樂意在「民國文學史」的框架中討論現代文學的問題，因為這一框架顯然能夠把我們帶入更為具體更為寬闊的歷史場景，而不必陷入糾纏不清的概念圈套之中，例如借助「民國文學史」的框架，我們就能夠更好地解釋「大後方文學」的複雜格局，包括它與延安文學的互動關係。〔註4〕

不過，「民國文學史」主要還是一個歷史敘述的框架，而不是具體的認知視角和研究範式，或者說他更像是一個宏闊的學科命名，而不是「進入」問題的角度，我們也不僅僅為了「寫史」，在書寫整體的歷史進程之外，我們大量的工作還在對一個一個具體文學現象的理解和闡釋，而這就需要有更具體的解讀歷史的角度和方法，我們不僅要告訴人們這一段歷史「叫做」什麼，而且要回答它「為什麼」是這樣，其中都有哪些值得注意的東西，對後者的深入挖掘可以為我們的文學研究打開新的空間，「機制」的問題提出就來源於此。

周維東：我也意識到這一問題。「民國文學史」提出的學理依據和理論價值，在於它一時間化解了「中國現代文學史」框架中許多難以解決的難題，譬如中國現代文學的「起點」問題，中國現代文學的「包容度」問題，中國現代文學史寫作的價值立場問題等等。但「化解」並不等同於「解決」，當我們以「民國」的歷史來界分中國現代文學時，我們依舊需要追問「現代」的起源問題；當我們不在為中國現代文學的包容度而爭議時，如何將民國文學錯綜複雜的文學現象統攝在同一個學術平臺上，又成了新的問題；我們可以不為「現代」的本質而煩擾，但一代代中國現代知識份子的文化追求還是會引發我們思考：他們為什麼要這樣而不是那樣？

李怡：還有一個概念也很有意思，這就是秦弓先生提出的「民國史視角」，〔註5〕「視角」的思路與我們對其中「機制」的關注和考察有彼此溝通之處，

〔註4〕 李怡：《「民國文學史」框架與「大後方文學」》，《重慶師範大學學報》2009年1期。

〔註5〕 秦弓先後發表《從民國史的角度看魯迅》（《廣東社會科學》2006年4期）、《現代文學的歷史還原與民國史視角》（《湖南社會科學》2010年1期）。

我們都傾向於通過對特定歷史文化的具體分析為文學現象的解釋找到根據。在我們的研究中，有時也使用「視角」一詞，只是，我更願意用「機制」，因為，它指涉的歷史意義可能更豐富，研究文學現象不僅需要「觀察點」，需要「角度」，更需要有對文化和文學的內在「結構性」因素的總結，最終，讓二十世紀中國文學上下半葉各自區分的也不是「角度」而是一系列實在內涵。

周維東：「民國機制」的研究許多都涉及社會文化的制度問題，這與前些年出現的「中國現當代文學制度研究」有什麼差別呢？

李怡：最近一些年出現的「中國現當代文學制度研究」為中國文學的發生發展尋找到了豐富的來自社會體制的解釋，這對過去機械唯物主義的「社會反映論」研究具有根本的差異，我們今天對「民國機制」的思考，當然也包含著對這些成果的肯定，不過，我認為，在兩個大的方面上，我們的「機制」論與之有著不同。首先，這些「制度研究」的理論資源依然主要來自西方學術界，這固然不必指責，但顯然他們更願意將現代中國的各種「制度現象」納入到更普遍的「制度理論」中予以認識，「民國」歷史的特殊性和諸多細節還沒有成為更主動的和主要的關注對象，「民國視角」也不夠清晰和明確，而這恰恰是我們所要格外強調的；其次，我們所謂的「機制」並不僅是外在的社會體制，它同時也包括現代知識份子對各種體制包圍下的生存選擇與精神狀態。例如民國時期知識份子所具有的某種推動文學創造的個性、氣質與精神追求，這些人的精神特徵與國家社會的特定環境相關，與社會氛圍相關，但也不是來自後者的簡單「決定」與「反映」，有時它恰恰表現出對當時國家政治、社會制度、生存習俗的突破與抗擊，只是突破與抗擊本身也是源於這個國家社會文化的另外一些因素。特別是較之於後來極左年代的「殘酷鬥爭、無情打擊」，較之於「知識份子靈魂改造」後的精神扭曲，或者較之於中國式市場經濟時代的信仰淪喪與虛無主義，作為傳統文化式微、新興文明待建過程中的民國知識份子，的確是相對穩健地行走在這條歷史的過渡年代，其中的姿態值得我們認真總結。

周維東：經過您的闡述，我可不可以這樣理解：「民國機制」包含了一種全新的文學理解方式，「民國」是靜態的歷史時空，而「機制」則是文化參與者與歷史時空動態互動中形成的秩序，兩者結合在一起，強調的是在文學活動中「人」與「歷史時空」的豐富的聯繫，這種聯繫可以形成一種類似「場域」的空間，它既是外在的又是內在的。通過對「文學機制」的發現，文學

研究可以獲得更大的彈性空間，從而減少了因爲理論機械性而造成的文學阻隔。單純使用「民國」或「制度」等概念，往往會將文學置於「被決定」的地位，它值得警惕的地方在於，我們既無法窮盡對「民國」或「制度」全部內容的描述，也無法確定在一定的歷史時空下就必然出現一定的文學現象。

李怡：可以這樣理解。

爲什麼是「民國機制」

周維東：應該說，目前中國現代文學研究已經相當成熟了，各種研究模式、方法、框架都取得了引人注目的成就，在這個時候，爲什麼還要提出這個新的闡述方式呢？

李怡：很簡單，就是因爲目前的種種既有研究框架存在一些明顯的問題，對進一步的研究形成了相當的阻力。我們最早是有「新文學」的概念，這源於晚清「新學」，「新文學」也是「新」之一種，顯然這一術語感性色彩過強，我們必須追問：「新」旗幟的如何永遠打下去而內涵不變？「現代」一詞從移入中國之日起就內涵駁雜，有歐洲文明的「現代觀」，也有前蘇聯的十月革命「現代觀」，後者影響了中國，而中國又獨出心裁地劃出一「當代」，與前蘇聯有所區別，到了新時期，所謂「與世界接軌」也就是與歐美學術看齊，但是我們的「現代」概念卻與人家接不了軌！到 1990 年代，「現代性」知識登陸中國，一陣恍然大悟之後，我們「奮起直追」，「現代性」概念漫天飛舞，但是新的問題也來了：如何證明中國文學的「現代」就是歐美的「現代」？如果證明不了，那麼這個概念就是有問題的，如果真的證明了，那麼中國文學的獨立性與獨創性還有沒有？我們的現代文學研究真的很尷尬！提出「民國機制」其實就是努力返回到我們自己的歷史語境之中，發現中國人在特定歷史中的自主選擇，這才是中國文學在現代最值得闡述的內容，也是中國文學之所以成爲中國文學的理由，或者說是中國自己的真正的「現代」。

周維東：我在想一個問題，「民國機制」的提出在很大程度上來自對目前「現代」概念的質疑和反思，這是不是意味著，我們從此就確立了與「現代」無關的概念，或者說應該把「現代」之說驅除出去呢？

李怡：當然不是。「現代」概念既然可以從其知識的來源上加以追問，借助「知識考古」的手段釐清其中的歐美意義，但是，在另外一方面，「現代」

從日本移入中國語彙的那一天起，就已經自然構成了中國人想像、調遣和自我感性表達的有機組成部分，也就是說，中國人已經逐步習慣於在自己理解的「現代」概念中完成自己和發展自己，今天，我們依然需要對這方面的經驗加以梳理和追蹤，我們需要重新摸索中國自己的「現代經驗」與「現代思想」，而這一切並不是 1990 年代以後自西方輸入的「現代性知識體系」能夠解釋的，怎麼解釋呢？我覺得還是需要我們的民國框架，在我們「民國機制」的格局中加以分析。

周維東：也就是說，只有在「民國機制」中，我們才可以真正發現什麼是自己的「現代」。

李怡：就是這個意思，「現代」並不是已經被我們闡述清楚了，恰恰相反，我覺得很多東西才剛剛開始。

周維東：「民國」一詞是中性的，這是不是更方便納入那些豐富的文學現象呢？例如舊體詩詞、通俗小說等等。提出「民國機制」是否更有利於現代文學史的「擴軍」？也就是說將民國時期的一切文化文學現象統統包括進去？

李怡：從字面上看似乎有這樣的可能，實際上已經有學者提出了這個問題。但是，對於這個問題，我卻有些不同的看法，實際上，一部文學史絕對不會不斷「擴容」的，不然，數千年歷史的中國古典文學今天就無法閱讀了，不斷「減縮」是文學史寫作的常態，文學經典化的過程就在減縮中完成。這就為我們提出了一個問題：一種新的文學闡釋模式的出現從根本上講是為了「照亮」他人所遮蔽的部分而不是簡單的範圍擴大，「民國」概念的強調是為了突出這一特定歷史情景下被人遺忘或扭曲的文學現象，舊體詩詞、通俗小說等等直到今天也依然存在，不能說是民國文學的獨有現象，而且能夠進入文學史研究的一定是那些在歷史上產生了獨立作用和創造性貢獻的現象，舊體詩詞與通俗小說等等能不能成為這樣的現象大可質疑，與唐宋詩詞比較，我們現代的舊體詩詞成就幾何？與新文學對現代人生的揭示和追求比較，通俗小說的深度怎樣？這都是可以探討的。實際上，一直都由學者提出舊體詩詞與通俗小說進入「現代文學史」，與新文學並駕齊驅的問題，呼籲了很多年，文學史著作也越出越多，但仍然沒有發現有這麼一種新舊雜糅、並駕齊驅的著作問世，為什麼呢？因為兩者實在很難放在同一個平臺上討論，基礎不一樣，判斷標準不一樣。我認為，提出文學的「民國機制」還是為了更好地解

釋那些富有獨創性的文學現象，而不是爲了擴大我們的敘述範圍。

周維東：文學史研究從根本上講，就不可能是「中性」的。

李怡：當然，任何一種闡述本身就包含了判斷。

「民國機制」何爲

周維東：在文學的「民國機制」論述中，有哪些內容可以加以考察？或者說，我們可以爲現代中國文學研究開拓哪些新空間呢？

李怡：大體上可以區分爲兩大類：一是對「民國」各種社會文化制度、生存方式之於文學的「結構性力量」的考察、分析，二是對現代作家之於種種社會格局的精神互動現象的挖掘。前者可以展開的論題相當豐富，例如民國經濟形態所造就的文學機制。從1913年張謇擔任農商務部總長起，在大多數情形下，鼓勵民營經濟的發展已經成了民國的基本國策，中國近現代的出版傳播業就是在這樣的格局中發展起來的，這賦予了文學發展較大的空間；至少在法制的表面形態上，民國政府表現出了一系列「法治」的努力，以「三民主義」和西方法治思想爲基礎民國法律同樣也建構著保障民權的最後一道防線，雖然它本身充滿動搖和脆弱。這表層的「法治」形式無疑給了知識份子莫大的鼓勵，鼓勵他們以法律爲武器，對抗獨裁、捍衛言論自由；多種形態的教育模式營造了較大的精神空間，對國民黨試圖推進的「黨化」教育形成抵制。後者則可以深入挖掘現代知識份子如何通過自己的努力、抗爭調整社會文化格局，使之有利於自己的精神創造。

周維東：這些研究表面上看屬於社會體制的考察，其實卻是「體制考察與人的精神剖析」相互結合，最終是爲了闡發現代文學的創造機能而展開的研究。

李怡：對，尋找外在的社會文化體制與人的內部精神追求的歷史作用，就是我所謂的「機制」的研究。

周維東：這樣看來，民國機制的研究也就帶有鮮明的立場：爲中國現代文學的創造力尋求解釋，深入展示我們文學曾經有過的歷史貢獻，當然，也爲未來中國文學的發展挖掘出某些啓示。所以說，「民國機制」不是重新劃範圍的研究，不是「標籤」與「牌照」的更迭，更不是貌似客觀中性的研究，它無比明確地承擔著回答現代文學創造性奧秘的使命。

李怡：這樣的研究一開始就建立在「提問」的基礎上，是未來回答現代文學的諸多問題我們才引入了「民國機制」這樣的概念，因爲「提問」，我想我們的研究無論是在文學思潮運動還是在具體的作家作品現象方面都會有一系列新的思維、新的結論。例如一般認爲 1930 年代左翼作家的現實揭弊都來源於他們生活的困窘，其實認眞的民國生活史考察可以告訴我們，但凡在上海等地略有名氣的作家（包括左翼作家）都逐步走上了較爲穩定的生活，他們之所以堅持抗爭在很大程度上還是來自理想與信念。再如目前的文學史認爲茅盾的《子夜》揭示了民族資產階級在現代中國沒有前途，但問題是民國的制度設計並非如此，其實民營經濟是有自己的生存空間的，尤其 1927～1937 被稱作民國經濟的黃金時代，這怎麼理解？顯然，在這個時候，茅盾作爲左翼作家的批判性佔據了主導地位，而引導他如此寫作的也不是什麼「按照生活本來面目加以反映」的 19 世紀歐洲的「現實主義」原則，而是新進引入的馬克思主義的階級觀念。民國體制與作家實際追求的兩相對照，我們看到的恰恰是民國文學的獨特景象：這裏不是什麼遵循現實主義原則的問題，而是作家努力尋找精神資源，完成對社會的反抗和拒斥的問題，在這裏，文學創作本身的「思潮屬性」是次要的，構建更大的精神反抗的要求是第一位的。在這方面，是不是存在一種「民國氣質」呢？

周維東：根據您的闡述，我理解到「民國機制」所要研究的問題。過去我們研究文學史，也注重了歷史語境的問題，但從某個單一視角出發，就可能出現「臆斷」和「失度」的現象，這也就是俗話中的「只知其一不知其二」。「民國機制」研究民國「社會文化制度、生存方式之於文學的『結構性力量』」，實際還強調了歷史現場的全景考察。其次，「現代作家之於種種社會格局的精神互動現象」在過去常常被認爲作家的個體想像，您在這裏特別強調這種互動的集體性和有序性，並試圖將之作爲結構文學史的重要基礎。

李怡：是這樣的。過去我們都習慣用階級對抗在解釋民國時代的「左」、「中」、「右」，好像現代文學就是在不同階級的作家的屬性衝突中發展起來的，其實，就這些作家本身而言，分歧和衝突是一方面，而彼此的包容和配合也是不容忽視的一面，更重要的是，他們意見和趣味的分歧往往又在對抗國家專制統治方面統一了，在面對獨裁壓制的時候，都能夠同仇敵愾，共同捍衛自己的利益。當整個知識份子階層形成共同形成精神的對抗之時，即便是專制統治者也不得不有所忌憚，例如擔任國民黨中宣部部長的張道藩就在

1940 年代的「文學政策」論爭中無法施展壓制之術。民國文學創作的自由空間就是不同思想取向的知識份子共同造成的。

　　周維東：這樣看來，「民國機制」還有很多課題值得挖掘。譬如民國時期知識份子與大眾傳媒關係問題，過去我們基本從「稿費」和「經濟」的角度理解這一現象，不過如果我們注意到這一時期的「零稿費」現象、「虧本經營」現象，以及稿件類型與稿酬水平的關係問題等等，就可以從單純的經濟問題擴展到民國文人、民國傳媒的趣味和風尚問題，進而還能擴展到民國知識份子生存空間的細枝末節。這樣研究文學史，眞可謂「別有洞天」呀！

作爲方法的「民國機制」

　　周維東：我覺得，提出文學的「民國機制」不僅可以爲我們的學術研究開闢空間，同時它也具有方法論的價值。

　　李怡：我以爲這種方法論的意義至少有三個方面：一是倡導我們的現代文學學術研究應該進一步回到民國歷史的現場，而不是抽象空洞的「現代」，即便是中國作家的「現代」理念，也有必要在我們自己的歷史語境中獲得具體的內容；二是史料考證與思想研究相互深入結合，近年來，對現代文學史料的重視漸成共識，不過，究竟如何認識「史料」卻已然存在不同的思路，有人認爲提倡史料價值，就是從根本上排除思想研究，努力做到「客觀」和「中性」，其實，沒有一種研究可以是「客觀」的，從來也不存在絕對的「中性」，最有意義的研究還是能夠回答問題，是具有強烈的問題意識的研究。如何將史料的考證和辨析與解答民國時期文學創造的奧秘相互結合，這在當前還亟待大家努力。第三，正如前面我們所強調的那樣，我們也努力將外部研究（體制考察）與內部研究（精神闡釋）結合起來，以「機制」的框架深入把握推動文學發展的「綜合性力量」，這對過去「內外分裂」的研究模式也是一種突破。

　　周維東：最近幾年，中國出現了「民國熱」，談論民國，想像民國，出版民國讀物，蔚爲大觀，有人擔心是否過於美化了那一段歷史？

　　李怡：這個問題也要分兩重意義來說，首先是爲什麼會出現這樣的「熱」？顯然是我們的歷史存在某種需要反省的東西，或者將那個時候的一切統統斥之爲「萬惡的舊社會」，從來沒有正視過歷史的應有經驗，或者是對我們今天──市場經濟下虛無主義盛行，知識份子喪失理想和信仰的某種比照，在這

樣兩種背景上開掘「民國資源」，我覺得都有明顯的積極意義，因為它主要代表了我們的不滿足，求反思，重批判，至於是否「美化」那要具體分析，不過，在「民國」永遠不會「復辟」的前提下，某些美好的想像和誇張也無需過分擔憂，因為，「民國」資源本身包含「多元」性，左翼批判精神也是民國精神之一，換句話說，真正進入和理解「民國」，就會引發對民國的批判，何況今天分明還具有太多的從新體制出發抨擊民國的思想資源，學術思想的整體健康來自不同思想的相互抵消，而不是每一種思想傾向都四平八穩。

周維東：的確是這樣。所謂「美化」的背後其實是缺失和批判。學術史上又太多類似的「美化」，屈原、陶淵明、李白、杜甫等文化名人形成的光輝形象，不正是研究者「美化」的結果嗎？魯迅也曾經「美化」過魏晉。在研究者「美化」歷史人物和歷史時期時，我想他（她）不是諂媚也不是褒貶，而是在更大的文化空間上，揭示我們還缺少什麼，我們如何可以過的更好。

李怡：還有，也是更主要的一點，我們的「民國機制」研究與目前的「民國熱」在本質上沒有關係。我們要回答的是民國時期現代文學的創造秘密，這與是否「美化」民國統治者完全是兩回事，我們從來嚴重關切民國歷史的黑暗面，無意為它塗脂抹粉，恰恰相反，我們是要在正視這些黑暗的基礎上解答一個問題：現代知識份子如何通過自己的抗爭和奮鬥突破了思想的牢籠，贏得了民國時期的文學輝煌，我們把其中的創生力量歸結為「民國機制」，但是顯而易見，民國機制並不屬於那些專制獨裁者，而是根植於近代以來成長起來的現代知識份子群體，根植於這一群體對共和國文化環境與國家體制的種種開創和建設，根植於孫中山等民主革命先賢的現代理想。

周維東：「民國機制」不是民國統治者的慈善，不是政治家的恩賜，而是以知識份子為主體的社會力量主動爭取和奮鬥的結果，在這裏，需要自我反省的是知識份子自己。

李怡：「民國機制」的提出歸根結底是現代文學學術長期發展的結果，絕非當前的「風潮」鼓動（中國是一個充滿「風潮」的社會，實在值得警惕），近三十年來，中國現代文學研究一直在尋找一種更恰當的自我表達方式，從1980 年代「二十世紀中國文學」在「走向世界」中抵消政治意識形態的干預到1990 年代「現代性」旗幟的先廢後存，尷尷尬尬，我們的文學研究框架始終依靠外來文化賜予，那麼，我們研究的主體性何在？思想的主體性何在？我曾經倡導過文學研究的「生命體驗」，又集中梳理過中國現代文學批評的術

語演變，這一切的努力都不斷將我們牽引回中國歷史的本身，我們越來越眞切地感受到更完整地返回我們的歷史情境才有可能對文學的發展作進一步的追問。對於現代的中國文學而言，這一歷史情境就是「民國」，一個無所謂「美化」也無所謂「醜化」的實實在在的民國，回到民國，才是回到了現代中國作家的棲息之地，也才回到了中國文學自身。

周維東：最後一個問題，我們研究民國時期的文學，是否也應該考慮當時歷史狀況的複雜性，比如是不是民國時代的所有文學都從屬於「民國機制」？比如解放區文學、淪陷區文學？除了「民國機制」，當時還存在另外的文學機制沒有？

李怡：這樣的提問就將我們的問題引向深入了！我一向反對以本質主義的思維來概括歷史，社會文化的內在結構不會是一個而是多個，當然，在一定的歷史時期，肯定有主導性的也有非主導性的，有全局性的也有非全局性的。在「民國」的大框架中，也在特定條件下發展起了一些新的「機制」，但是民國沒有瓦解，這些「機制」的作用也還是局部的。延安文學機制是在蘇區文學機制的基礎上發展起來的，軍事性、鬥爭性和一元性是其主要特徵，但這一機制全面發揮作用是在「民國」瓦解之後，在民國當時，延安文學能夠在大的國家文化體系中存在，也與民國政治的特殊架構有關，在這個意義上，也可以說是民國機制在特殊的局部滋生了新的延安機制，並最終爲發展後的延安機制所取代。至於淪陷區則還應該仔細區分完全殖民地化的臺灣以及置身中國本土的東北淪陷區、華北淪陷區和上海孤島等，對於完全殖民地化的尚未光復的臺灣，可能基本置於「民國機制」之外，而對其他幾個地區，則可能是多種機制的摻雜，雖然摻雜的程度各不相同。但是，從總體上看，我並不主張抽象地籠統地地議論這些「機制」比例問題，我們提出「民國機制」最終還是爲了解決現代中國文學發生發展的若干具體問題，只有回到具體的文學現象當中，在分析解決具體的文學問題之時，「民國機制」才更能發揮「方法論」的作用，啓發我們如何在「體制與人」的交互聯繫中發掘創造的秘密。我們無需完成一部抽象的「民國機制發展史」，可能也完成不了，更迫切的任務是針對文學具體現象的新的符合中國歷史情境的闡述和分析。

周維東：對，我們的任務是進入具體的文學問題，將關注「民國機制」作爲內在的思想方法，引導對實際現象的感受和分析。

目

次

第 1 章　喜劇與時代

　　提到喜劇，人們馬上會聯想到笑。就一般意義而言，喜劇的確是一種笑的藝術。然而，在我們即將論及的歷史時段當中，日漸分明的政治分野、日趨濃烈的階級戰火、日見深重的民族危機，使本已多災多難的中華民族處於一種普遍的分裂狀態，統治集團倒行逆施，社會形勢雲譎波詭，人民生活動蕩不安。面對如此嚴峻的歷史情勢，一種笑的藝術難道是時代所需要的嗎？這正是那個特殊的時代向我們提出的一個微妙而複雜的問題。人們往往會把喜劇理解為一種令人輕鬆解頤的藝術形式，但在全面考察本期喜劇創作之前，我們卻不得不回答這樣一個並不輕鬆的問題：那個時代真的需要喜劇嗎？

　　答案當然是肯定的。但是，為了說明和論證這一「當然」的結論，我們卻不得不將探究和思考的觸角伸向有關喜劇本質的世界，伸向那片至今依然是眾說紛紜、謎團叢生的領域。

縱的追溯：喜劇的主觀意向性

　　「喜劇」，作為術語，是在近代被引入中國的，時間當在 1904 年前後〔註1〕。但作為實際客觀存在的藝術現象，其在我國卻有著深邃邈遠的歷史。如果把古代那些善於在滑稽詼諧的表演中諷喻刺上的俳優的出現視為喜劇性藝術的濫觴，那麼我們至少可以上溯到公元以前夏桀的時代，難怪有的學者會認為：在中國，「喜劇的產生似乎比悲劇要早」〔註2〕。

〔註1〕　關於這個問題，可參見拙著《中國喜劇觀念的現代生成》，北京：北京大學出版社 2005 年版，第 51～54 頁。
〔註2〕　曲六乙：《戲劇舞臺奧秘與自由》，天津：百花文藝出版社 1984 年版，第 201 頁。

　　文化人類學、民族學和民俗學的大量材料表明，中國喜劇的起源同原始巫儀有關。我們可以將原始巫儀分爲兩種最爲基本的類型：祈祝模式和驅除模式。這兩種模式中的任何一種都可以激發初民的歡樂意識，而正是在這種儀式化的處於生命高峰體驗下的歡樂意識中孕育了喜劇美的原始基因。前者通過對豐年、成功和種的延續的求祈或歡慶，滿足主體的生存意願；後者則通過對於災難、瘟疫、厲鬼等不祥因素在虛擬情境中的驅除，泄導人們的恐懼和憎惡等負面情緒，表達主體淨化生存環境的主觀意向。隨著原始巫儀逐漸世俗化的歷史過程，在這兩種模式當中便分別孵化出後世肯定性喜劇和否定性喜劇的早期原型。中國的原始初民由於受當時生存環境的影響，其原始巫術的發生和發展「完全是按著保護自身的原則」進行的，因而較少涉及異己的敵對因素。〔註 3〕這就意味著中國原始巫儀的典型模式實際上是祈祝模式，而在其物質外殼下隱含著的核心意識勢必是意向的主觀性明顯大於功利的客觀性的。進入階級社會後，帶有濃重蒙昧色彩的巫文化爲中國早期理性精神所揚棄。巫儀中的一部分經過規範化的改製成爲國家儀典的基礎，大部分則裹挾著特有的意識內容散落到社會各個層面，同林林總總的民俗事象及民間文藝結合起來，從而對中國的古代喜劇藝術及其觀念產生了深遠的影響。

　　在繼承和改造原始巫文化傳統的過程中，先秦儒家和道家做出了重要努力，並且爲包括喜劇精神在內的中國藝術精神奠定了基礎。

　　《樂記》作爲我國最早的一篇美學專論，從表現「情」的角度對藝術的本質做出了基本的定義：「夫樂者樂也，人情之所不能免也」，「人不耐無樂，樂不耐無形」。《樂記》中固然還有「象成」之說，但「象成」的目的卻在「飾喜」，可見表情仍然是最主要的。從對情的思考出發，《樂記》發現：性主靜而情主動，爲了保證「樂而不流」，避免「惑而不樂」，就必須強調「以道制欲」，依理節情，強調「哀樂之分，皆以禮終」，從而建立起禮對於樂的統攝地位。《樂記》認爲：「禮自外作」而「動於外」，旨在「辨異」，通過導志節心，使人明序而相敬，相敬而無爭；「樂由中出」而「動於內」，旨在「統同」，通過和性治心，使人向善而相親，相親而無怨。從以上關於禮樂分工的總體設計中可以看出：作爲藝術總體的「樂」，其性質偏於主觀，目的在使人從內心情感上融洽合和，不僅無爭，還要無怨，從而達到「同民心而出治道」、安樂長久、大命永存的終極目的。原始巫文化所具有的現實功利性和主觀意向

〔註 3〕參見張紫晨：《中國巫術》，上海：上海三聯書店 1990 年版，第 32 頁。

性的雙重性質，雖然包含原始藝術在內，但並不特指藝術因素。到了先秦儒家手中，藝術從現實功利目的出發卻被賦予了高度的主觀性。所謂主情、表情、「動於中」、治心和性都是這種主觀性的最好說明。主觀內向性由此成為中國藝術精神的主調。同時，這種對於「中和」與無爭無怨的強調也必然加強了中國古代否定性喜劇發展的文化心理阻力。〔註4〕

　　《莊子》作為道家的扛鼎之作，對中國藝術精神的形成和發展，同樣起到了極為重要的作用。所謂「逍遙遊」的理想，體現出的實質上是莊子以自身的有限（有待）對於無限（無待）的追求。正如那種「培風」「怒而飛」的鯤鵬意象所暗示的：世間萬物皆有待，因此，由有待向無待，就不可能是一種現實行為，而只能是一種精神活動，用作者自己的話說，即是「遊心」於「無何有之鄉」。莊子由此而「貴精」。《養生主》認為「養生」之「主」即在精神；《達生》題旨在於暢達生命，但主旨亦在養神，此處之「神」依然是精神。對於主體精神的高度張揚甚至使莊子得出人類精神薪盡火傳、以達永存的結論。莊子這種決意「入無窮」、「遊無極」的精神超越實際上只能是一種向內的超越。在注重內求這一點，道家和儒家殊途同歸。不同的是，儒家的內求追求的是一種自我約束，一種內在的秩序感；而道家的內求關注的是一種自我解放，一種內在的自由感。一部人類的思想史告訴我們：大凡訴諸內求的學說，往往伴隨著主體對於外部世界極不自由的認識，正是外部的挫折使人的本質力量從外求的道路上折回，返歸本心。因此，在莊子及其後學向內心求索自由的思想中實際隱藏著的是一種挫折感和失落感。莊子由此又提出「縣解」（縣通懸），他的內求取向注定這種「縣解」只能是一種內心意義上的「自解」。他勸導人們在知天安命的情況下，通過「心齋」與「坐忘」，去達到「無己」、「無功」、「無名」、「無用」、「無為」的超脫境界，藉以化解基於現實人生產生的一切憂患。莊子這種「自解」思想的提出為中國古代的藝術精神添加了重要的一筆，主觀心靈世界在很大程度上具有了某種自足性，藉重這種自足性，它可以緩衝乃至在一定程度上消解來自現實的衝擊。〔註5〕

〔註4〕　有關《樂記》部分的寫作，曾參考董健師的《〈樂記〉是我國最早的美學專著》和《論「禮樂」精神》。前文見《樂記論辯》，北京：人民音樂出版社1983年版；後文見《人民日報（海外版）》，1991年8月27日。引文出自《禮記·樂記第十九》，見王文錦：《禮記譯解》（下），北京：中華書局2001年版。

〔註5〕　有關《莊子》部分的寫作，曾參考陳鼓應先生《莊子今注今譯》中的部分譯文，北京：中華書局1983年版。

　　這種由儒道兩家共同奠基的古代藝術精神投射或內化到中國戲劇藝術的發展中，從而規定了中國古代喜劇在思想意蘊和藝術構成諸方面的種種特徵。中國古代喜劇當然也會包含反映現實的社會內容，但其最擅長、同時也是最樂於做的顯然是正面抒寫主體對於美好事物和理想社會的一種主觀式的希冀和精神上的企盼。

　　在中國喜劇性藝術源遠流長的演化中，我們的民族形成了自己對於喜劇本質的獨特理解。早在《左傳・昭公二十五年》當中，已有這樣的文字：「喜生於好，怒生於惡」，「生，好物也；死，惡物也。好物樂也；惡物哀也」。〔註6〕近些年來，包括本書作者在內的一些大陸學者常用「喜生於好（hǎo）」一語概括中國古典喜劇的特徵，固然不無道理。但正如董健先生指出的：從《左傳・昭公二十五年》中的相關語境來看，「喜生於好」中的「好」，並非美好的「好」，而是愛好的「好」。〔註7〕好（hǎo）與好（hào），不僅是聲調上的區別，對於我們的論題而言，它們還具有某種理論上的意義。美好的「好（hǎo）」，是主體在認識客體特徵之後對於客體的一種價值判斷，其中包含了比較明顯的客觀性內容。而愛好的「好（hào）」，則主要是強調主體性特徵，帶有強烈的主觀意向性。「喜生於好（hào）」，也就是說，在我們祖先那裏，「喜」作爲人們受到美好的富有生命活力的事物感染後所產生的一種具有快樂的感情色彩的心理現象，是同正面表達出來的主體對於生命和生存的肯定意向聯繫在一起的，偏重的是主體對於美好事物和理想生存環境的一種希冀和企盼。因此，在我國古代，「喜」字又與「樂」字相通〔註8〕，同時又可作「福」解〔註9〕。即便到了今天的現代社會裏，中國人這種對於「喜」的理解仍然隨處可見。這種由古代傳承下來的對於「喜」的理解，或許還遠遠算不上什麼系統性的喜劇觀念，但它顯然有著民族廣遠深厚的思想文化背景，並早已滲入到整個民族的風習禮俗和文化心理之中，因此它也就必然地決定了我們民族的喜劇藝術及其觀念的總體格局。

〔註6〕楊伯峻：《春秋左傳注》，北京：中華書局1981年版，第1458～1459頁。

〔註7〕董健師的「好（hǎo）好（hào）之辨」，見於先生90年代初與筆者的一次談話。

〔註8〕《說文》：「喜，樂也。」段注：「喜、樂無二字，亦無二音。」阮籍在《樂論》中亦有「樂謂之喜」之說。

〔註9〕在2000年版的《辭海》（1999年版縮印本）當中，我們仍然可以找到古人關於「喜」字「喜，猶福也」的說法。

　　中國古典戲劇史上的一個基本事實是：在我國古典戲劇中，雖也有《東郭記》、《綠牡丹》、《胡秋戲妻》一類的否定性喜劇，但大部分卻是有如《西廂記》、《望江亭》、《救風塵》、《李逵負荊》、《打金枝》等一類的肯定性喜劇。這些情況十分清楚地表明在我們民族古典戲劇中根深蒂固的那種著重歌頌良善和智慧、著意表達人們對於幸福和美好事物的主觀追求，偏重以「好」、「善」、「福」、「樂」爲喜劇內涵的喜劇傳統。由於這種喜劇傳統十分重視喜劇與歡悅的心理聯繫，於是也就決定了它對喜劇效果——「笑」的看法。我們往往更喜歡從喜笑和歡笑去理解喜劇之笑，這又使我們的傳統喜劇和喜劇思想把娛樂性看得很重。

　　需要特別指出的是，所謂「中國傳統的喜劇觀念」實際是一個具有高度廣延性的概念，其時間跨度很大。它在數千年的傳承與沿革當中固然保持了某種共同的特質，但在其發展的不同階段又會具有各個階段的特殊性。爲了更準確地把握中國傳統喜劇觀念的歷史演化情況，我將其具體劃分爲「初期」、「中期」和「晚期」三個主要發展時期〔註 10〕。

　　在其初期，由於儒道兩家的共同努力，中國的傳統喜劇觀念基本形成了主體內向發展，重在生命的體驗中獲取精神愉悅的價值導向。不過由於當時正值傳統喜劇觀念的早期，相形之下，尚比較注重喜劇性行爲對於外部世界尤其是外部社會倫理秩序的影響，於是遂有「淳于髡仰天大笑，齊威王橫行。優孟搖頭而歌，負薪者以封。優旃臨檻疾呼，陛楯得以半更。豈不亦偉哉」（《史記·滑稽列傳》）之說。此期的喜劇觀念津津樂道的是「談言微中，亦可以解紛」和「善爲笑言，然合於大道」（《史記·滑稽列傳》），強調「會義適時，頗益諷誡。空戲滑稽，德音大壞」（《文心雕龍·諧隱》）。

　　中國古典喜劇在宋元之際形成以後，中國傳統喜劇觀念由此進入其古典時期，也即中期。作爲前一期喜劇觀念物態化的古典喜劇在獲得自身的藝術生命之後，反轉過來又對喜劇觀念的演化產生了巨大影響。其間雖有文人的介入，然而喜劇仍爲正統文化所拒斥，其中一部分上升到雅文化與俗文化的中間地帶，其餘大部分則繼續在民間蕃衍。這使此期的喜劇觀念更加著意於表達人們對於美好生活和社會正義的主觀企盼，同時也開始較多地關注喜劇的娛樂性和藝術性。

〔註 10〕本書認爲：中國傳統喜劇觀念史中的初期指宋代之前，晚期指明中葉之後，兩者之間爲中期。

　　明中葉以後，進入後古典的晚期的傳統喜劇觀念，由於城市經濟的發展、市民階層力量的增強和資本主義生產關係的萌發等多種歷史因素的作用，開始出現了某些新的思想信息。人性朦朧的覺醒導致了對於理學的懷疑與批判，造成與已經僵硬化的封建禮教間的衝突，從而增加了喜劇中的諷刺因素。但是這種新思潮在力量對比上根本無法同綿瓦千年的傳統勢力相抗衡，也無力改變那種執意內求的主導模式，叛逆的精靈被迫重新返回內心，導致了遊戲人生傾向的惡性膨脹和社會對於舒憂遣愁心理需求的強化。《歌代嘯》雜劇中「謾說矯時勵俗，休牽往聖前賢。屈伸何必問青天，未須磨慧劍，且去飲狂泉。世界原稱缺陷，人情自古刁鑽。探來俗語演新編，憑他顛倒事，直付等閒看」〔註11〕的憤激之辭難免蒙上一層末世之感，這些加上封建統治階級的日趨腐朽則使傳統喜劇觀念在其理想價值層面和實踐操作層面出現難以彌合的巨大裂痕。「合於大道」的古訓猶存，但喜劇主體的關注方向卻在內心的調適，在幻想中平復精神的傷痛，泯滅鮮活的現實追求，致使中國的傳統喜劇及其觀念逐漸沉落到那種大團圓式的自我陶醉和「精神勝利」的大澤之中。

　　1840 年，西方列強的堅船利炮撞開了中國的大門，同時也打破了老大帝國怡然自得的天朝心態。空前的社會危機與民族危機，極大地激發了中國民眾的愛國熱忱，趨新、求變、自強以保種圖存的呼聲迅速彙成時代思想的主潮。一部分先進的中國人開始進一步審視本土的傳統文化，中國傳統戲劇及其觀念自然也被攝入人們的理性視域之內。正是在這種歷史氛圍之中，傳統喜劇及觀念中的消極因素逐漸爲人們所認識，並且在 20 世紀初，特別是在「五四」前後，受到了來自進步思想文化界的嚴峻挑戰。深沉浩蕩的悲劇精神受到人們熱情的推崇和大力的倡導，與此相反，傳統的喜劇精神在很大程度上作爲一種強作歡顏的淺薄需求而遭到人們的貶斥和鄙夷。有人甚至還推衍出了「夫劇界多悲劇，故能爲社會造福，社會所以有慶劇也；劇界多喜劇，故能爲社會種孽，社會所以有慘劇也」〔註12〕的極端結論，似乎中國的落後罪在喜劇精神本身，持論的武斷是顯而易見的。我們絲毫不想抹殺這次對中國古典戲劇的集中回視和反思對於現代戲劇產生和發展的巨大而深遠的影響，也無意於當時一些論者在視野初開的情況下所產生的偏激傾向上大做文

〔註11〕《徐渭集》第 4 冊，北京：中華書局 1983 年版，第 1233 頁。
〔註12〕蔣觀云：《中國之演劇界》，阿英：《晚清文學叢鈔‧小說戲曲研究卷》，北京：中華書局 1960 年版，第 51～52 頁。

章，我們想要指出的只是：在當時貶斥喜劇的潮流中，攝入人們批評視野的主要還是中國式的傳統喜劇，在對於喜劇的本質理解方面，多數批評者並沒有高於傳統民族喜劇觀念之上的認識高度。這就使他們當時還不可能認識到：中國的戲劇界不僅需要「眞正」的悲劇，而且也需要「眞正」的喜劇。這種推崇悲劇貶抑喜劇的餘波一直持續了較長時間，直到 30 年代中期，隨著社會生活本身的變化，隨著中西喜劇觀念的交融和人們對文藝本質認識的深化，才有了漸趨明顯的緩解。

從內向型的中國傳統喜劇觀念出發，面對中國民國史上的 30 年代，人們爲自己對喜劇創作的輕慢似乎找到了最爲充分的依據。既然戲劇是人生的寫照、現實的反映和時代的表現，既然人生是一種悲多樂少的人生、時代是一種讓人難以發笑的時代、現實是一種陰暗慘苦的現實，那麼戲劇所應當反映的就絕非是什麼生活的歡愉，而是人們的苦難、憤怒和反抗，那麼我們所需要的也就只能是悲劇和正劇，而不是喜劇。然而，在這種跳躍式的機械推理中，人們忽視了另外的一些富有啓示意義的事實。「子路赴衛難」，爲什麼可以從容就死？謝安石面對敵軍的百萬之衆何以能夠「彈棋看書」「寂然不動」〔註 13〕？魯迅先生在白色恐怖中爲什麼還會時常向友人講講笑話？一些英烈身陷囹圄爲什麼還會發出令敵手喪膽的「放聲大笑」？處在一個嚴峻的年代，眞正的文學作品不會不反映出這種社會的現象，但這種反映生活的必然性在具體的文學作品中卻並非一定要表現爲一種直接意義上的線性的因果關係。它完全可以反映爲一系列多向運動的可能性，它的「反應」既可以是悲劇式的，也可以是喜劇式的，同時又可以是悲喜結合式的。這裏有一個文藝創作的主體精神問題。

喜劇，應當說，就是最能體現這種主體精神的體裁之一。笑，不僅有著繁多的種類，而且並不一定就是淺薄的。如果說，喜劇的實質是人類在對象世界中以肯定的方式所表達出來的對於自身自由本質的肯定，那麼，爲什麼不可以用笑的方式去表現人類對於正義、美好和幸福的追求以及對於自身力量的確信呢？自原始社會解體、人類進入階級社會以來，占社會人口絕大多數的勞動群衆一直處於一種被奴役的地位。如果按照喜劇取消論的觀點，喜劇文學似乎早就應該死滅了，不然，它就早已蛻化爲一種地道的廟堂藝術。

〔註 13〕郭沫若：《論幽默——序天虛〈鐵輪〉》，載上海《時事新報》1936 年 2 月 4 日。

然而歷史的事實卻並非如此。無論是中國的還是外國的喜劇藝術都不僅在曲折中延續下來，而且還在曲折中發展起來。其中最根本的原因在於它和人民生活尤其是日常生活的廣泛而密切的聯繫。在一個相當長的歷史時期裏，喜劇由於它鮮明的民間性而受到統治階級的鄙夷和賤視。它的地位，到了近代才有了提升，呈現出日益昌明的趨勢，而這一點，又是和近代以來的民主運動和社會逐漸平民化的歷史趨勢有著直接的關聯。應當說，這種歷史發展的邏輯已經為人們證明了喜劇藝術生存和發展的合理性。

在漫長的苦難時代中，人民用喜劇的形式表達自己對於幸福的追求，這種追求是生命力的表現，它無疑是合理的。有了生命的追求，才會有爭取生存和解放的鬥爭。我們之所以詛咒黑暗，一個重要的理由就在於正是這種黑暗在不斷地摧殘絞殺著人們對於光明的追求。在中國的封建社會中，皇帝是不允許人民隨意言笑的，因為一旦「他們會笑，就怕他們也會哭，會怒，會鬧起來」〔註14〕。這也正是喜劇在我國古代那種政教合一的倫理世界中何以倍受壓抑和扭曲的主要原因。既然如此，在「五四」以後人性解放的時代裏，在反對封建禮教的鬥爭中，我們為什麼要取消人民笑的權利呢？這種人民的笑早已成了綿延的世代間傳導美好追求、維繫樂觀精神的重要載體，就這一點而論，笑完全可以成為人民力量的表徵。

「五四」新文化運動，作為中國現代史上一次偉大的思想解放運動，給予中華民族整個靈魂震撼的強烈程度是難以名說的。數百年來一直在一個封閉狀態中被壓抑被淤塞的歷史動能一旦被突然掀動和釋放出來，那是任何一種思想、政治和社會的反動所不能逆轉的。鮮明的愛國主義思想、強烈的民主革命要求和理性批判的科學精神，衝破了歷史的閘口，彙成了不可遏止的反帝反封建的大潮。深沉的憂患意識催發了中華民族決心在現代化的歷史抉擇之中重新扶搖而起的信念。「人」的意識的最終覺醒，導致了人對自身價值和尊嚴的大膽肯定和對能夠「幸福的度日，合理的做人」〔註15〕的光明未來的熱烈期盼。越來越多的中國人由此看到了「薄明的天色」和「新世紀的曙光」〔註16〕。而這一切也就必然使得我們這個古老的民族煥發出一種高度的樂觀主義精神和激揚踔厲的青春活力。詩集《女神》中的絕大部分篇什正是

〔註14〕《魯迅全集》第 4 卷，北京：人民文學出版社 1981 年版，第 570 頁。
〔註15〕《魯迅全集》第 1 卷，北京：人民文學出版社 1981 年版，第 130 頁。
〔註16〕《魯迅全集》第 1 卷，北京：人民文學出版社 1981 年版，第 356 頁。

這一時代精神的表現，從那些充滿生機和生命偉力的詩章裏，無論是就民族還是個人的角度，我們都可以感受到一種對於新生的渴望。濃重的社會黑暗有時也會使這種樂觀和活力帶上悲愴的色調，甚至帶上一種歷史的負重感，但就最高意義而言，它們是早已頑強地存活在我們民族的血脈當中了。它們不僅表現為直接的高歌猛進，而且還體現在曲折、彷徨、低沉和苦悶之後的奮然前行上。這就是為什麼「五四」運動後期儘管出現了新文化陣營內的分化和復古的回潮，但是人民終於在短短幾年之後就迎來了第一次國內革命戰爭的高潮；這也就是為什麼國民革命失敗後僅僅經過了二十幾個年頭，一個新的中國在世界的東方就已經開始崛起。明於此，我們就不難理解到「五四」新文化運動基於對民族尊嚴和「人」的價值的現代方式的肯定而煥發出的高度樂觀主義精神和昂揚的青春活力深遠的歷史影響。這種昂揚樂觀的基調和青春的活力正是民國喜劇賴以形成和發展的最重要的背景性條件，同時也構成了 30 年代喜劇藝術漸趨活躍和成熟的重要的歷史性依據之一。

　　當我們在喜劇取消論面前為人民笑的權利而熱心申說的時候，當我們肯定了用喜劇形式表現人民的美好理想和樂觀精神的合理性和可能性的時候，我們絲毫沒有忘記民眾的現實苦難。專制社會的種種黑暗不能不在很大程度上限制了人民笑的權利，使他們無法從一個根本的意義上開懷暢笑。人民愈是要笑，與整個舊社會的矛盾衝突也就愈熾烈。為了能夠參拜天堂的聖土，人們必須在地獄中和惡魔鏖戰，並且要承受煉獄的磨難。人民笑的權利有時是需要用戰鬥來獲取的。這樣一來，我們就不得不修正我們在論述起始時提出的問題，問題的要害也許並不在於那個時代是否需要喜劇，而在於它需要的到底是什麼樣的喜劇？

　　在這裏，我們發現了中國傳統喜劇及其觀念的重要弱點。我們在那種收視內心、執意內求的喜劇思想的深處找到了一種「人對永恆無奈的自我收縮」的要素，體味到了一種「集體的非物質性的自嘲」〔註 17〕的苦澀。在人民為了爭取實現理想的實際鬥爭中，僅僅正面地歌頌良善、表達期盼是遠遠不夠的。人民當然需要娛樂和歡愉，但是僅僅如此，同樣也是不夠的。對於我們民族的喜劇傳統，人們應當自覺地揚棄那種極易流為面對現實苦難的一種低調的補償性的精神滿足的傾向，而大大強化其正視現實、擊刺醜惡、干預實際歷史進程的批判精神。正是由於時代的客觀需求，我們的戲劇界對於西方

〔註 17〕唐文標：《中國古代戲劇史》，北京：中國戲劇出版社 1985 年版，第 5～6 頁。

的喜劇觀念給予了愈來愈多的注意。中國現代喜劇向西方喜劇觀念學習的過程，儘管總的方向上和現代悲劇保持著一致性，但在其具體的表現形態上，卻沒有經過悲劇那種登臺疾呼、有聲有色的階段，它以一種不大引人注目的方式，悄然而又堅實地進行著。

橫的觀鑒：喜劇的客觀必然性

對喜劇，西方美學的奠基者亞里士多德曾經有過一個經典性的定義：「喜劇是對於比較壞的人的摹仿，然而，『壞』不是指一切惡而言，而是指醜而言，其中一種是滑稽。」〔註18〕自此以後，喜劇「模仿」「壞人」、表現「醜惡」，成了絕大多數西方人理解喜劇本質的一種普遍觀念。後來的多種喜劇理論也正是從這樣的基點生發開去，而以諷刺和嘲笑為主的否定性喜劇也就成了西方喜劇世界的主角。在亞里士多德以後的很長一段時間裏，由於統治階級意識的滲透和控制，喜劇一直以嘲諷所謂卑賤的下層平民為能事，到莫里哀和哥爾多尼時代，喜劇在這方面開始有了明顯的轉變。人們對諷刺對象的社會等級失去了興趣，批判的鋒芒進一步指向了社會的罪惡和惡習。而在這之後，喜劇的矛頭愈來愈多地指向了社會上層的醜惡。從黑格爾和別林斯基等人開始，西方喜劇理論在思辯的深度上開始了真正的騰躍，一般意義上的「醜惡」概念已為「矛盾」的意蘊所深化，但直到馬克思的時代，西方的喜劇觀念在不斷的嬗變中卻保持著穩定的一致性。

這裏，我們要提到馬克思的喜劇觀念。這位革命的思想家對於喜劇似乎一生都懷有好感。據說，他 19 歲的時候曾經寫過一部幽默作品，後來還萌生過創作笑劇的衝動。他對歐洲的一些著名的喜劇作品十分熟悉，故而常能得心應手地引用這些作品去反對自己的論敵。馬克思一生並未寫過有關喜劇的專論，也未曾給它明確地下過一個如恩格斯在 1859 年給「革命悲劇」所作的定義〔註19〕，他的喜劇思想儘管是一些散見在大量非美學的哲學、經濟、政治和史學論著裏的片斷論述，因而缺乏一種嚴整完備的喜劇理論的系統性，但是，他的喜劇觀念仍然表現出了一種另闢蹊徑的獨創性。這是馬克思在辯

〔註18〕〔古希臘〕亞里士多德：《詩學》，北京：人民文學出版社 1962 年版，第 16 頁。

〔註19〕參見恩格斯 1859 年 5 月 18 日致斐·拉薩爾的信，載《馬克思恩格斯書信選集》，北京：人民出版社 1962 年版，第 119 頁。

證唯物主義的基礎上，在汲取了包括黑格爾喜劇思想在內的西方古典喜劇美學精華的前提下，爲喜劇理論中的革命性變革所做出的重要貢獻。

馬克思喜劇美學思想的獨創性突出體現在它的宏觀性上。馬克思主要不是就藝術的喜劇本身去對喜劇的本質進行封閉式的探究，而是從其和客觀社會生活之間聯繫的角度對問題作出開放式的考察。正如他指明了社會的上層建築對於經濟基礎的必然依賴性一樣，他在喜劇美學領域也第一次集中明確地指出了喜劇範疇對於客觀社會生活的必然依賴性，並且在此基礎上又進一步深入考察了人類社會各歷史階段所客觀存在著的實體性的喜劇內容。這就無疑爲人們認識喜劇的本質打開了廣闊的研究視野，同時也提供了一種嶄新的立場、觀點和方法。

在馬克思看來，喜劇的實質在於，它是歷史矛盾運動中的以新舊交替爲具體內涵的喜劇性因素的一種藝術的集中表現。當某種事物在歷史發展中完全喪失了其存在的合理性依據的時候，它的存在就只能是一種「時代上的錯誤」。由於它的存在「駭人聽聞地違反了公理」、「毫不中用」。它也就必然地進入了自己的「世界歷史形成的最後一個階段」。然而，即便是在這樣的情勢下，它偏偏還要維護自己歷史存在的權利，以至用「另外一個本質的假象來把自己的本質掩蓋起來，並求助於僞善和詭辯」〔註 20〕，於是，最終「陷入可笑的境地」，從而「走向滅亡的必經之路」〔註 21〕。馬克思由此得出結論：喜劇最基本的社會功能和最高的美學意義在於它是笑著「把陳舊的生活形式送進墳墓」，「爲了人類能夠愉快地和自己的過去訣別」〔註 22〕。這無疑是馬克思以其哲學家的睿智和革命家的卓識爲人們作出的對於喜劇本質的極爲精闢的宏觀概括，對於喜劇美學內部的具體研究具有高屋建瓴的指導意義。這樣看來，除去單純的生理之笑不談，眞正的喜劇之笑就不應再是低調的個體內心意義上的自我滿足，而是進步的社會力量對於勝利的確信和戰鬥的歡欣。馬克思的上述喜劇思想對我們正確把握和處理喜劇和時代的關係有著首要的意義。

馬克思關於喜劇的論述，相對集中於《〈黑格爾法哲學批判〉導言》和《路

〔註 20〕《馬克思恩格斯全集》第 1 卷，北京：人民出版社 1956 年版，第 456～457 頁。
〔註 21〕《馬克思恩格斯全集》第 12 卷，北京：人民出版社 1962 年版，第 444 頁。
〔註 22〕《馬克思恩格斯全集》第 1 卷，北京：人民出版社 1956 年版，第 457 頁。

易‧波拿巴的霧月十八日》兩篇文章。人們如果能夠重溫一下他在這兩篇文章中對德國當時的封建制度和 1851 年前後法國革命時期社會情況所做的分析，就不難發現在德國當時的舊制度和中國現代史上的封建制度，1851 年以後的法國社會和 1927 年以後的中國社會之間都包含了豐富的歷史滑稽性和驚人的相似之處。

　　馬克思在分析德國封建制度的喜劇性特徵時指出：它早已腐朽到了自己不敢相信自己合理性的地步，「只是想像自己具有自信，並且要求世界也這樣想像」〔註23〕，於是只有乞靈於假象的遮掩、偽善和詭辯。「五四」以後的中國封建制度也正是如此。《國粹》（歐陽予倩，1931）中的土豪劣紳讓自己的姨太太出去，喊著「打倒土豪劣紳」的口號，實際卻意在把持社會上的女子解放運動。這固然說明了他們的陰險和狡猾，但同時又表明了他們已經不可能再按照自己的老樣子存在下去了，因而只能愈來愈多地依靠偽裝和欺騙。《以身作則》（李健吾，1936）中的徐舉人如果生在封建科舉盛世，將會何等的榮耀，但可惜他是處在一個「斯文倒地」的時代，所以只好成為被人嘲笑愚弄的「丑角」。這些表明：中國的封建制度早已喪失了它的進步性，成了被歷史遺棄的「真正的主角已經死去的」〔註24〕陳腐的舊物。

　　法國的路易‧波拿巴 1851 年 12 月 2 日夜間的反動政變更自然地使人想到蔣介石等人在 1927 年發動的政變。馬克思在談到路易‧波拿巴「侄兒代替伯父」的「霧月十八日事變再版」〔註25〕的時候，曾經認為法國歷史由此進入了最完美的再滑稽不過的喜劇階段。〔註26〕在《波拿巴目前的狀況》中，他又富有預見地指出：「陷入可笑的境地——這是法國政府走向滅亡的必經之路。」〔註27〕果然，這位在拿破侖一世的假面下串演著歷史喜劇的拿破侖三世皇帝 18 年後終於在色當成了普魯士人的俘虜，丟了自己的王冠；而一直以孫中山先生傳人自詡的「蔣委員長」則在發動政變後的第 22 個年頭淒淒惶惶地永遠地離開了中國的大陸。

　　蔣介石和路易‧波拿巴一樣都是通過血腥的政變來僭奪全國最高統治權力的。同時，他們又都在利用自己過去的某些影響，打著所謂「革命」的旗

〔註23〕《馬克思恩格斯全集》第 1 卷，北京：人民出版社 1956 年版，第 456 頁。
〔註24〕《馬克思恩格斯全集》第 1 卷，北京：人民出版社 1956 年版，第 456 頁。
〔註25〕《馬克思恩格斯全集》第 8 卷，北京：人民出版社 1961 年版，第 121 頁。
〔註26〕《馬克思恩格斯全集》第 27 卷，北京：人民出版社 1972 年版，第 401 頁。
〔註27〕《馬克思恩格斯全集》第 12 卷，北京：人民出版社 1962 年版，第 444 頁。

號，推行野蠻的軍事獨裁統治。國民黨在「四‧一二」政變後建立的南京政權，在其階級實質上和剛剛覆滅的北洋軍閥的北京政權並無本質上的區別。正如毛澤東當時指出的：「現在國民黨新軍閥的統治，依然是城市買辦階級和鄉村豪紳階級的統治，對外投降帝國主義、對內以新軍閥代替舊軍閥，對工農階級的經濟的剝削和政治的壓迫比以前更加厲害。」〔註 28〕但在表面上，他們畢竟又擁有舊軍閥所沒有的政治資本。蔣介石利用了其參加過國民革命運動的經歷、孫中山的名聲和三民主義的旗號，利用了有較長歷史的國民黨這個政黨形式，以「廢除不平等條約」、「關稅自主」、「約法」、「國民會議」、「工廠法」和「土地法」作招牌，去欺騙國人，「僞託民族國家或全民政治之名」〔註 29〕去行大地主大資產階級的法西斯主義統治之實。這種反動性和欺騙性的結合，正是國民黨政權在其統治初期的突出特點。

　　在思想文化領域，他們在大肆推行文化專制主義的同時竭力鼓吹「黨化教育」，串演五花八門的「新生活運動」鬧劇，以致整個社會沉渣泛起，掀起一股股封建主義的復古逆流。南京政府急急忙忙拼湊起來的這種不倫不類、矛盾百出的封建主義、買辦主義和法西斯主義思想混合物，只能使愈來愈多的人認清他們的眞實面目。他們的腐朽和虛弱已經快到了極處。左翼文化運動在十年內戰期間的崛起和所取得的成就正是從反面對此做出的有力證明。

　　如果馬克思對於歷史的和現實的客觀生活中喜劇性的理解是正確的，我們就不難發現在 1927 年以後國民黨統治下的中國社會裏所包容的歷史的滑稽的喜劇性因素得到了急劇的凝聚和膨脹。國民黨當局「在國家政權活動中，以全民族代表和統治者的莊嚴面目出現」，而這就必然會和其事實上推行的反人民的實際政策形成喜劇性的矛盾。國民黨作爲一個總體，在過去有過一定程度的進步意義，但在 1927 年以後，它卻業已喪失了這種進步性。這樣，在其實際現狀和「保留下來的原先的思想觀念、口號、傳統的表面意義之間」也必然要構成喜劇性矛盾。由於他們是倒行逆施者，是以醜惡的形式進行表演的歷史丑角，因此他們的慘淡經營和機關算盡同其必然滅亡的歷史命運又必然表現爲喜劇性矛盾。社會「公民生活」中的這一系列喜劇性內容，按照波斯彼洛夫的解釋，「乃是人們在其私人生活的活動、關係、習慣、作風中產生喜劇性的矛盾性的根源」

〔註 28〕《毛澤東選集》第 1 卷，北京：人民出版社 1966 年版，第 47 頁。
〔註 29〕《周恩來選集》上卷，北京：人民出版社 1980 年版，第 147 頁。

〔註30〕。對於一個經歷了「五四」新文化運動洗禮的正在逐步走向覺醒的民族來說，這種客觀存在的喜劇性的巨大矛盾不僅會通過各種渠道影響和規約著中國現代喜劇觀念的發展，而且也必然會刺激著中國現代喜劇性文藝的漸趨活躍。這樣，我們終於找到了本期喜劇藝術發展的客觀必然性。

從西方戲劇史上看，喜劇曾經出現過兩度昌明的盛世，一是阿里斯托芬的時期，一是近代喜劇產生的時期。前者正處在古希臘城邦民主政體由盛而衰的時期，後者則處於封建制度式微而近代資本主義關係迅速發展的時期，可見喜劇藝術的活躍和發達恰恰是和那種新舊制度交替的特定時代密切相關。黑格爾曾天才地窺測到這一點，而這無疑給了馬克思重要的啓迪。從一定意義上看，喜劇藝術是在舊時代的崩壞中應運而生的，人們不妨把它看作是一種「笑著向舊制度告別的」〔註31〕藝術樣式。

我們論及的這個時期正是處在這樣的歷史階段。有著兩千餘年履歷的中國封建制度到晚清已經顯露出明顯的頹勢，其後又經過了北洋軍閥的統治，1927 年後已經全面地進入了它的垂死期。國民黨政權的獨裁統治成了封建主義在中國最後的統治形式。舊制度在表現出其臨死前的兇暴瘋狂的同時，也將自己由裏到外的荒謬背理、倒錯反常、虛假腐爛逐漸暴露在人民的面前，爲喜劇的創作提供了豐富的源泉。

當然，我們不會把「生活的喜劇」和「藝術的喜劇」混爲一談，因爲這是兩個既有聯繫又有區別的範疇。我們在這裏著重強調的是喜劇藝術現代發展的客觀的歷史的必然依據問題，而要使這種歷史的必然性最終轉化爲藝術的可能性，顯然還有賴於人們在喜劇觀念和藝術實踐上的不懈努力。

觀念重塑：喜劇的多種可能性

喜劇，作爲戲劇樣式中的一種，在 20 世紀初乃至整個五四時期，其地位沒能同它的同胞兄弟——悲劇那樣得到突然的騰躍，依然處於被人賤視的境況之中。但作爲美學範疇，它卻開始了悄然的嬗變，這是當時整個中西文化交流的潮頭挾裹所致。

〔註30〕〔前蘇聯〕波斯彼洛夫：《文學原理》，北京：生活・讀書・新知三聯書店 1985 年版，第 289 頁。

〔註31〕孫子威：《馬克思的喜劇和諷刺藝術》，《美學文學論文集》，北京：北京師範大學出版社 1986 年版，第 28 頁。

　　在中國喜劇觀念歷史轉型的意義上，王國維是我們應該最先提到的重要人物〔註32〕。這不僅因為他是中國最早使用「喜劇」術語的人之一，而且因為他還對它做出了進一步的闡釋，並同時將其運用到美學和戲劇學的研究中，從而為這兩個學科確立了一個新的範疇。他對喜劇現象的低調評價，同正統文化的影響固然不無關聯，但和後者對於喜劇的貶斥又不盡相同，其中蘊含了對於傳統喜劇觀念的懷疑和部分的否定，而這一點卻是喜劇觀念由傳統形態向現代形態歷史嬗變不可或缺的中介。

　　王國維對於中國現代喜劇觀念最大的理論貢獻在於，是他最早明確地將「痛苦」同喜劇聯繫在一起，從而表現了豐富的歷史文化內涵。數千年來的中國傳統喜劇觀念一直建立在「天人合一」的樂感文化基礎上，一廂情願地沉迷於對美善的期許，以致最終形成盲目樂天自足的集體潛意識，並且陷入僵死的模式化，逐漸脫離現實，甚至走向社會進步的反面。王氏的「痛苦說」，其真正的歷史意義就在於它執意要打破這種主觀式的沉迷，破壞這種自欺式的喜悅，結束這種古典式的和諧，讓人們睜開雙眼看一看這充滿痛苦和缺失的人生。儘管近代資產階級的先天不足和其本人的思想局限性使他至死未能真正全面地認識人生，他的「痛苦說」卻無疑已經表達了這位大學問家追索人生「真相」的強烈渴望，同時它也是中國喜劇觀念現代轉換不可避免所要帶來的精神震盪的一種理論表現。在王國維那裏，「痛苦」未能直接化入喜劇喜感本身，但它卻已經逼近喜感的身旁，包圍並擠壓著後者，急欲尋覓著進入其中的理論通路。或許是由於對傳統喜劇觀念的失望，他將自己的喜劇理想寄託在「幽默」身上。在他的「歐穆亞人生觀」中，我們感受到難以化解的衝突，經歷了崇高的洗禮。衝突帶來痛苦，痛苦鍛造崇高，這兩種因素，對於中國喜劇觀念的現代重塑來說，正是亟需的良方。

　　在王國維稍前或稍後，林紓、吳沃堯和吳梅等人都曾對傳統喜劇觀念表示過一定程度的不滿，希望喜劇能對社會的維新與改良有所裨益，但在總體上卻未能脫出傳統觀念的基本框架，因而他們的看法只能是一種修補意義上的內部調整。王國維的喜劇觀與之不同。他對人生真實的哲理追求，使他的喜劇觀具有一種知識論的基礎，從而顯示出他同「文以載道」封建傳統的某種程度的脫裂。他於 1907 年曾翻譯出版丹麥人海甫定的《心理學概論》，書

〔註32〕參見拙文《痛苦的遊戲與虛幻的解脫——王國維喜劇美學思想批判》，《南京大學學報》1992 年第 3 期。

中闢有專節討論喜劇問題，他談到喜劇問題的重要文獻正好發表於 1907 年前後，這說明他是帶著自覺意識去審度喜劇現象的〔註 33〕。這樣，他就不僅給中國的喜劇觀念增添了一種科學的意向，而且提供了一個全新的視角，從而為其本人的喜劇觀帶來了比較明顯的現代性特徵。作為前驅者，我們並不指望他能夠建構起宏富而嚴整的體系，但他在思考喜劇問題過程中所涉及到的方法和原則以及諸如性格、欲求、同情、解脫、遊戲等一系列概念都在許多後來者的理論中反覆出現。從而在相當長的時間裏影響了中國現代喜劇觀念的實際演進。

　　1913 年 12 月，錢智修以《笑之研究》為題譯介了美國人勃魯斯的論文。又過三年，章錫琛譯介了日本《東洋哲學》雜誌上的另外一篇同名文章〔註 34〕。這兩篇論文儘管譯自不同的國家，卻表現出相同的理論取向：它們都注重從生理學和心理學角度研究笑和喜劇問題，同時也都介紹了西方心理學界在這一領域最新的研究成果。與此相聯繫，它們都指出，笑的背後並不一定是單純的喜悅，還可能是不快、痛苦乃至憤怒等等。這除了表明它們對於情感的注重外，無疑也擴展了笑與喜劇的情緒內涵。由於他們的研究側重的是人們的心理世界，他們得出的基本結論是：笑與喜劇的根本目的在於解除人的心理壓迫以「寬慰心神」（錢文）；笑的本質是「一種緊張經最坦蕩之途而解發」（章文）。至此，人們已經開始意識到：心理學應成為喜劇研究的最重要的新方法，「痛苦」到此時亦已不再只是具有外在的意義，而被內化為笑感或喜劇感中的一種有機成分。這兩篇同名文章儘管有著譯介域外思想的外在形式，但卻足以說明那些關注喜劇觀念的中國學人們正在沿著王國維等人開闢的徑路前行著。

〔註33〕海甫定（Harold HÖffding 1843～1931），丹麥心理學家，哥本哈根的哲學教授，屬於康德和叔本華的哲學流派。其 1882 年出版的《心理學大綱》，不僅是心理學論著，而且也是一部宣傳唯意志論的哲學著作，在當時的西歐頗有影響。王國維根據英譯本將其轉譯為中文，由商務印書館於 1907 年出版。據統計，截至 1914 年，該書中文版七年間再版 5 次，及至 30 年代再版約達 10 次，可見當時流傳的範圍是比較廣的。中文譯本書名為《心理學概論》，全書凡七篇，後三篇根據康德知、情、意的三分法，分別為知識之心理學、感情之心理學和意誌之心理學。在感情心理學部分的第 5 章第 9 節中專門討論了「滑稽之情」問題，同時也談到了「幽默」，這部分文字正是王國維喜劇觀念的主要思想來源。

〔註34〕錢文見《東方雜誌》第 10 卷第 6 號，1913 年 12 月；章文見《東方雜誌》第 13 卷第 10～12 號，1916 年 10～12 月。

　　值得指出的是，錢文還明確提出了研究笑與喜劇本質的兩條截然不同的思想路線問題，認爲：這兩種基本的理論致思路線，一條「從詮釋可笑事之性質入手」，一條「在研究笑之自身行爲，與其對於能笑者之關係，而不在所笑之人物或言語」；文章同時認爲：前一條路線使問題「斷不能得完全之解決」，而後一條路線才是「正當之點」。上述歸納，對中國現代喜劇觀念後來的實際發展具有重要的認識價值，因爲現代史上幾乎所有同喜劇問題有關的人士大都可以分別歸於這樣兩種思想路線之下。本書將前者稱之爲「客觀論」，將後者稱之爲「主觀論」。客觀論認爲笑與喜劇發生的根本原因不在主體內部的心靈世界，而在作爲客體的對象之中；它把喜劇的本質理解爲主體對於客體的模仿或是主體對於外部世界的反映。主觀論則恰恰與之相反，側重的是從主體內心世界的角度去看待和闡釋喜劇問題。事實上，客觀論和主觀論只是代表著中國現代喜劇觀念內部的思想分野，它們同屬於新文化的觀念系統，對於中國喜劇觀念的現代重塑都做出了各自的貢獻，同時也都具有各自的偏頗或局限。〔註35〕

　　在 20 世紀最初十幾年中，處於反省與重生階段的中國喜劇觀念當然還不可能在短時間內形成主觀論和客觀論雙峰並立的思想格局，反省的痛苦和新生的寂寞顯然耗去了它的大部分心力，以致其在理論建設上不大可能取得顯赫的實績。在中國民主革命的高潮過後，傳統的喜劇意識又成復燃之勢，正當中國早期的現代喜劇觀念陷於思想困頓的時候，一場更爲深刻的思想解放運動開始了。民主與科學的時代大潮，不僅給中國現代喜劇觀念帶來一種全新的質素，而且同時規定了中國喜劇觀念的現代重塑必須與現代中國的反封建主義歷史運動結伴而行。「人」的覺醒，一方面會使人的主體力量頑強地向外發展，堅持改造社會的理想，強化主體的社會功利意識和社會批判精神，從而產生了社會批評說和文明批評說，爲中國現代諷刺理論的建設奠定了重要的基礎。另一方面，也可能使主體力量在強大的現實壓力面前暫時折返內心，發展爲自我心理層面的調適與改造。既然趨利避害、避苦求樂是人的天性，既然宇宙無限而人力有限，人不妨以此自解自慰，這種思想取向後來衍化成中國現代幽默理論的核心精神。科學的啓蒙開闊人們的眼界，提高了人

〔註35〕 可參見拙文：《論中國現代喜劇思想史上的主觀論取向》，《四川大學學報》2000
　　　　 年第 3 期；《論中國現代喜劇思想史上的客觀論取向》，《內蒙古大學學報》2003
　　　　 年第 1 期。

們的理性認知與批判的能力以及理論建構的志趣，新文化陣營中的一部分有識之士開始嘗試在美學和戲劇學兩個層面，通過理論化和系統化去結束那種中國喜劇觀念一直未達自覺的狀態。而在方法的選擇上，他們必然會傾心於社會學方法和心理學方法，因為前者和人們認識、改造社會的要求相通，後者與人們認識自身的意向相聯。總之，「五四」新文化運動對中國喜劇觀念的現代化進程產生了多方面重大而深遠的影響。

「五四」以後，成仿吾寫過《喜劇與手勢戲》；張聞天翻譯出版了柏格森的《笑》，使人們在 1921 年就接觸到了西方現代喜劇美學的原著；瞿秋白和鄭振鐸等人較早翻譯了俄羅斯的諷刺喜劇作品。瞿秋白在果戈理《僕御室‧譯者志》中已經比較明確地表露了自己對喜劇功能的看法。他認為當時的中國「處處是惡」，而大多數的國人卻身處「惡」中而不知其為惡，這就要有人「在側面著筆，以文學藝術的方法變更人生觀，打破社會習慣」，寫出「社會的惡』，其結論是：「現在中國實在很需要這一種文學。」〔註36〕這段文字寫於 1920 年。20 年代上半期以及其後的一段時間，魯迅、周作人和林語堂都對喜劇問題發表過重要看法。魯迅對諷刺的表述要早於他的弟弟，他在此基礎上提出了自己的喜劇定義。周作人的《自己的園地（八）》是中國現代喜劇觀念史上較早集中論述諷刺的文章〔註37〕。林語堂則不僅為「幽默」確定了譯名，而且引進了一些以「幽默」為主體的西方喜劇理論。與此同時，呂澂、陳望道、范壽康等人先後在美學層面比較集中地表達了自己對於喜劇的理論見解，這三位各自寫有《美學概論》，書中都曾專門討論過喜劇問題，並且不約而同地都提到了立普斯的心理學美學。儘管這些一時還算不上喜劇問題系統探討方面的明顯進展，但它們卻和「五四」新文化運動所取得的其它思想成果一起，直接孕育了 20 世紀 30 年代喜劇思想的新成就。

到 20 世紀 30 年代，主觀論和客觀論已經形成分途發展的格局，並且沿著各自的思想走向分別取得了相對系統的理論建樹。

中國現代喜劇思想史上的主觀論者，多為一些崇尚「思想自由」的人文知識分子。他們在 30 年代最重要的代表是林語堂和朱光潛，此外還有周谷城、老舍、錢鍾書、陳銓等人。而丁西林、宋春舫、徐訏、李健吾等人則為其在

〔註36〕瞿秋白：《僕御室‧譯者志》，《現代名劇輯選》，上海：潮鋒出版社 1941 年版，第 254～255 頁。
〔註37〕該文刊載於 1922 年 3 月 19 日的《晨報副刊》。

喜劇創作方面的代表性作家。主觀論者往往以一種內斂的方式，側重從主體的角度去詮釋和處理喜劇的理論與創作問題。儘管他們難免也會涉及到笑與喜劇的對象問題，但主體內在的因素顯然受到更高程度的重視——這些因素被他們視為笑與喜劇最本質的終極原因。在他們看來，「快樂由精神來決定」，「精神是一切快樂的根據」〔註 38〕；喜劇的產生固然「需要外在的指示，甚至離不開實際的影響」，但「最後決定一切的」卻是創造者「自己的存在」，是「一種完整無缺的精神作用」的結果〔註 39〕。當然，在確定和表述主體內在因素時，他們的看法並不完全一致，但有一點卻又是相同的：他們主要是在「內省」的基點上，將笑和喜劇現象理解為主體的某種內在的主觀精神性因素的外化，社會實踐性的因素往往會被排除在他們的視野之外。他們在主體內在層面的意義上，最愛強調的是遊戲精神、非功利的旁觀與超脫、推己及人的同情、自我的調適和情緒的排遣。「幽默」由此而成為了這派人在喜劇美學上的最主要的標識，他們對於戲劇實踐的直接影響主要體現在幽默喜劇和相當一部分風俗喜劇的創作上。

中國現代幽默喜劇的開創者丁西林說：「一篇喜劇，是少不了幽默和誇張的。劇詞之中，對於社會的各方面，也多少含有諷刺的意味。可是這些諷刺都是善意的，都是熱忱的」〔註 40〕。中國現代風俗喜劇的大家裏手李健吾則說：「我不要鞭撻，這落在我對於人性的孕育以外」〔註 41〕。李健吾的喜劇十分注意喜劇人物心理世界的開掘，作者對這些人物的嘲諷時常隨著描寫轉入人物內心衝突的過程而被「同情」所鈍化。在主觀論者們對於「幽默」的百般呵護當中，我們能夠感覺到一種深沉的人性意識。這種積極肯定人性的深層意趣和 20 世紀初以來「人的覺醒」直接相關。

當個體人從社會人的關係網絡中脫穎而出以後，他肯定了自身的本能，肯定了自身追求快樂的權利，並對自身的生理組織和心理結構發生了濃厚的興趣。與此相適應，主觀論在自我表現的基礎上建構起理論的雛形。但是人畢竟不是孤立不群的動物，人的本質決定他只有在三種基本的關係中才能生

〔註 38〕錢鍾書：《寫在人生邊上》，北京：中國社會科學出版社 1990 年版，第 24～25 頁。

〔註 39〕參見劉西渭：《咀華集》，廣州：花城出版社 1984 年版，第 39 頁。劉西渭即李健吾。

〔註 40〕《丁西林劇作全集》上卷，北京：中國戲劇出版社 1985 年版，第 302 頁。

〔註 41〕李健吾：《黃花‧跋》，上海：文化生活出版社 1947 年版。

存和發展。這三種關係是人和自然的關係、人和社會的關係、人和自身的關係，因此，人的喜劇觀念至少要在後兩個向度涉及人的關係問題。在現代喜劇的發生期，個體人對傳統意義上社會人的否定，並不意味在絕對意義上否定人的一切社會關係，而是謀求建立一種適合個體人發展的新型的人與人的關係，這就導致個體人從 20 年代末開始向社會人的在新的意義上的復歸。客觀論在這種復歸過程中，選擇的是一條強調「民族」、「國民」或「階級」意識的途徑，而主觀論更傾向於選擇一種較少社會內容的抽象的「人類」意識的復歸方式。這種「人類」意識固然美好，但任何一種新型的人與人關係的確立都不可能由「意識」單方面所成就，它同時也需要有社會制度和物質條件方面的相應變革，更不可能脫離社會實踐的基礎。主觀論企圖超越這些不可逾越的歷史環節，勢必會使自身的思想帶有了某種烏托邦的色彩，這就造成其理論上的困窘。主觀論者一方面需要在喜劇觀念中考慮人與人的關係問題——這主要體現在其對「同情」的強調上，「同情」總是由內向外的，其中明顯含有「及人」的意向，用李健吾的說法，則是「靈魂企圖與靈魂接觸」〔註42〕；而另一方面他們又害怕這種關係會危及他們格外珍愛的個人自由，於是他們又要強調「超脫」和「遊戲」。至於「排遣」之說則表明他們向外追求建立新型人與人關係的理論志趣在現實當中的受挫。從 30 年代開始，爲了超越這種理論上的困窘，主觀論豐富了自身的思想體系，尤其是在喜劇審美心理的研究方面貢獻了自己獨到的思考，而這一點恰恰是客觀論的弱項。

主觀論者著重從心理學視角發掘主體隱秘的心靈世界。他們對笑與喜劇心理與生理基礎的研究是一種完備而科學的喜劇觀念體系不可缺少的組成部分。他們對於人自身尊嚴的肯定和對於自我價值的反省不僅體現了一種反封建精神，而且也透視出一種在現代中國悄然生長的人類意識和宇宙意識，從而表達出思維主體對於精神自由的重大期許。相對寬容的心態使他們得以用一種世界的眼光爲中國引進異域自古至今爲數衆多的喜劇學說。無論是朱光潛的《笑與喜劇》，還是林語堂的《論幽默》都表現出決意建構中國現代喜劇觀念體系的理論抱負。他們對喜劇主體的強調在一個方面契合了喜劇創作的內部規律，因而影響了一部分主要從事幽默喜劇或風俗喜劇創作的戲劇家，中國現代喜劇史中的不少上乘之作出自他們的手筆。二三十年代是主觀論迅速發展的時期，而這正是中國現代幽默喜劇和風俗喜劇從發生到活躍的黃金

〔註42〕《李健吾創作評論選集》，北京：人民文學出版社 1980 年版，第 510 頁。

時代，似乎不是巧合，它在一定程度上證明了主觀論對喜劇創作的積極影響。然而這種影響又是複雜的，它在推進幽默喜劇創作勃興的同時也埋下使之沉落的種子，它注定了這類喜劇纖弱的格局，因而削弱了它們適應現實的能力。這又從另一方面證明了主觀論的局限。忽視社會實踐、忽視社會現實是主觀論者們的通病，這使他們經常遊離於現實主潮之外。他們對精神自由的追求，在現代的中國具有某種超前性，他們內向型的理論志趣，似乎又在回覆著某種傳統的基因，具有一定的滯後性，於是他們往往飽受著超前與滯後的雙重困擾，在困擾中超脫，在超脫中困擾。他們是中國現代喜劇史上的沉思者，以致注定不能在那個特殊的年代對社會現實和喜劇創作的大氣候產生迅捷有力的總體性影響。

　　對於中國 20 世紀 30 年代的社會現實和喜劇的總體發展產生迅捷而深刻影響的是中國現代喜劇史上的客觀論者。一部變亂不居的中國現代史顯然對他們情有獨鍾，這使他們注定要成為中國現代喜劇發展中最為活躍的角色。他們的思想取向和藝術追求在很大程度上賦予了現代喜劇藝術以實踐的品格，在一種惡劣的環境中為這個命途多舛的文藝類型在中國的生存和上達找到了一條現實的通路。30 年代客觀論喜劇思想最為重要的代表人物是魯迅，此外還有馮雪峰、鄭伯奇、徐懋庸、歐陽予倩、熊佛西、洪深、張天翼、章泯、宋之的等。陳白塵作為中國現代戲劇史上最具代表性的諷刺大家之一，將魯迅的批判精神和成功的藝術實踐結合起來，對三四十年代的中國喜劇藝術產生了日見明顯的影響。

　　魯迅對於中國喜劇觀念現代化進程的重要貢獻，首先在於其對喜劇觀念中封建傳統因素勇猛而不懈的批判。他對傳統的團圓主義以及那種「僵屍的樂觀」〔註43〕深惡痛絕，熱切地希望自己的同胞儘早走出瞞和騙的大澤，直面這個充滿缺失、醜惡且又危機四起的社會。為此，他同時也批判了傳統喜劇觀念中惡俗、淺薄和遊戲人間的成分。他顯然是將中國喜劇觀念的更新再造看作是改造國民性的整個思想工程中的一部分，惟其如此，他對中國現代喜劇問題的思考也就比別人顯得更為深廣。他的以諷刺為中軸的喜劇觀具有鮮明的實踐品格，他的喜劇性作品不僅僅是藝術，而且也是戰鬥的匕首和投槍。這使他的喜劇觀念中充滿著對於抗爭、剛健和偉力的呼喚，令人感到生命力的激活。尤其當這已不僅是個體生命力的激活，而且還包括了一個偉大

〔註43〕《魯迅全集》第 3 卷，北京：人民文學出版社 1981 年版，第 12 頁。

民族生命力的激活的時候，他在中華民族喜劇觀念現代重塑過程當中的實際影響，很可能是其他任何人所難以取代的。

他早在 1919 年之初，就已經提出了諷刺可以「針砭社會的錮疾」，「指出確當的方向，引導社會」的思想〔註44〕。20 年代又在此基礎上提出了其有關喜劇（諷刺）定義的著名的「撕破說」〔註45〕。魯迅不同於一般客觀論者的地方在於，他不僅具有鮮明的客觀對象意識，而且絕不輕視喜劇主體性的原則。他在最早提到諷刺的那篇文章中，同時也提到了「施針砭的人的眼光」〔註46〕。問題很清楚，沒有審視舊社會的全新眼光和立場，也就不會產生對於它的深刻諷刺和有力抨擊。魯迅在建構自己的喜劇觀念之前，曾經有過一個傾心於「新神思宗」主觀論美學的時期，然而即使是在那個「非物質」「重個人」的思想階段，他和主觀論者在原則立場上也是不同的。他所理解的「不用之用」，其最初的出發點和最終的歸結點是「用」而非「不用」。或許應當說，從青年魯迅棄醫從文的那一刻起，就注定他的喜劇觀念必然是一種以社會功能為其核心的思想體系。他最關心的顯然是如何才能使自己的民族克服亡國滅種的危機，走上國富民強的坦途。作為思想上的先覺者，他主張精神界的革命，主張立人，而指歸顯然又在立國。這使他不可能沉迷於對喜劇心理細膩入微的追索中，他寧願選擇喜劇與社會的聯繫這樣一種宏大的視角去思考喜劇問題。因此，當他在五四前夕最初審視喜劇問題的時候，最先投入其視野的必然是諷刺，因為在喜劇諸種美學形態中，諷刺是最具社會功利性和反抗性的一種。他將自己作為先驅者孤獨蒼涼的人生感受，將深刻的懷疑與批判精神，將掩藏在冷峻外表下的一腔熱血，將他對民族未來的希望和對一切舊物的憎惡，都融彙到他的諷刺作品中，為中國喜劇性諷刺文學的發展樹立了典範。隨著中國社會基本矛盾的進一步激化和其本人思想的不斷發展，魯迅喜劇觀念中原有的功利性、社會性、客觀性和戰鬥性被進一步凸現出來，從而在 30 年代成為客觀論喜劇觀念的傑出代表。

大約從 20 年代開始，馬克思主義的社會科學著作就已源源不斷地進入中國。據不完全統計，僅在 1929 年一年內就已翻譯出版這方面的理論書籍達 155

〔註44〕《魯迅全集》第 1 卷，北京：人民文學出版社 1981 年版，第 332 頁。
〔註45〕此處係指「喜劇將那無價值的撕破給人看。譏諷又不過是喜劇的變簡的一支流。」見《魯迅全集》第 1 卷，北京：人民文學出版社 1981 年版，第 193 頁。
〔註46〕《魯迅全集》第 1 卷，北京：人民文學出版社 1981 年版，第 53 頁。

種，可見到 20 年代末，這種大規模的思想輸入已成一時之盛。大革命前後，中國的馬克思主義文藝美學理論開始進入初步的奠基階段〔註 47〕，這無疑為徘徊不前的客觀論在理論上的騰躍提供了強大的助動力。正是在這種背景下，30 年代的客觀論在理論思考的明確性、完整性和深刻性等方面均有長足進展。唯物史觀在本期受到愈來愈多客觀論者的重視，從而使他們在對象意識和社會功利意識兩個方面達到了更為自覺的高度。諷刺理論的逐漸成熟和對俄羅斯諷刺文學傳統的社會性與戰鬥精神的認同，明顯削弱了喜劇否定論的影響，進一步引發了人們對於喜劇問題的興趣。為了適應自身理論系統性的需要和對於喜劇藝術性的追求，一部分客觀論者開始注意到對於喜劇審美心理研究成果的吸取。所有這一切都擴大了客觀論在文藝思想上的影響，從而逐漸在喜劇觀念領域佔據了主導地位。

客觀論喜劇觀念大致包括兩個基本的方面：對象意識和功能理論。

客觀論和主觀論的一個主要區別，在於它認為笑與喜劇發生的根本原因不在主體內部的心靈世界，而在作為客體的對象之中。當客體對象具備了某些特定的性質和條件時，必定會給主體帶來笑感或喜劇感。因此，客觀論在審視喜劇問題的時候，表現出的是一種外傾的總體特徵。他們當然有時也會涉及「心」的問題，但其理論興趣的重心卻始終如一地放到「物」的一面，這是因為他們把喜劇本質理解為主體對於客體的模仿，或是主體對於外部世界的反映。在這樣的理論前提下，他們對於客體對象必須具備的這些條件和特徵進行了有益的歸納和分析，他們一般是從微觀和宏觀兩個角度去考慮問題的。

在微觀角度上，他們將對象理解為一種實際上是被分離開來的單一的人物或事件，這時，他們強調對象所具有的矛盾、反常、失諧、重複和機械性等特徵。在這方面，熊佛西、馬彥祥、怡墅、徐凌霄等人都曾發表過頗具代表性的意見。在宏觀的意義上，他們最感興趣的是研究喜劇性文藝的發生問題。馮雪峰和鄭伯奇都將喜劇文藝的發生同方生未死的社會矛盾聯繫起來，這就為人們對喜劇本質的理解提供了一種新的尺度、一種客觀的歷史依據。魯迅、郭沫若、張天翼和韓侍桁等人在此基礎上則進一步指出：這種諷刺或幽默文學的產生和專制主義的社會壓迫有關，人們的言論受到鉗制，不能自

〔註 47〕參見鄧牛頓：《中國現代美學思想史》，上海：上海文藝出版社 1988 年版，第 83 頁。

由地表達思想，於是不得不採用一種曲折或隱晦的方式發表意見。把上述兩種觀點綜合起來，不難得出結論，喜劇性文藝爲了更有力有效地排擊舊物，就必須同時反對舊的社會勢力和專制統治，這就使喜劇性文藝最終進入到政治領域，成爲社會反抗的一種方式，成爲一種從事階級或社會鬥爭的武器。

客觀論者在社會和思想立場上實際是一種比較複雜的組合，大體言之，包括革命派和啓蒙派兩種基本成分。這就決定了他們在功能理論上的同中有異的格局。作爲客觀論者，從明確的對象意識出發，他們都把喜劇看作是教育民眾的手段，認爲喜劇可以幫助人們更爲理性更爲透徹地認識社會人生的眞實，從而實際促進社會人生的改進，達到有益社會人生的終端效應。這種改造外部世界的理論志趣使他們注意到自身理論同主觀論「遊戲說」、「同情說」、「超脫說」和「排遣說」的原則區別。強烈的歷史使命感和社會責任感，加上對於國難當頭民不聊生的社會現實的眞切感受，使他們不能容忍「消閒」和「遊戲」在自己的觀念系統中佔據重要地位。他們當中有人也時常提到「同情」和「愛心」，但其中卻並不包含那種絕對而普泛的意義。他們當中有些人也曾論及個人抑鬱情愫的排遣問題，但更多的人卻在不斷地強調喜劇之笑的社會作用和社會意義問題，單純意義上的個人悲歡喜樂並不在其理論視界的中心。他們中也有人偶爾提到超脫問題，但那是指去除主觀偏見後所達到的精神境界，目的仍是要擁抱現實，以便發現社會的「眞實」。當然，作爲革命派和啓蒙派的集合，他們對喜劇功能的具體理解時常又會表現出明顯的差異性。

早在 20 年代，魯迅提出了喜劇「撕破說」，熊佛西和洪深先後提出了「批評說」，由於魯迅的「撕破說」實際上是建立在「社會批評」和「文明批評」基礎上的，因此在當時，這兩種觀點之間並未表現出明顯的不同。進入 30 年代以後，他們的看法成爲客觀論中被普遍接受的觀點，由於每個人社會立場的不盡相同，在他們接受這些觀點的時候也就自然顯示出某種程度的差別。「撕破說」在新的歷史條件下，被賦予更多的社會的、政治的和階級的內容，被更多的人、尤其是革命派所接納。反映到喜劇功利觀上，強調對現行社會的反抗和鬥爭、特別是被壓迫階級對壓迫階級的反抗和鬥爭，認爲喜劇是打擊敵人教育群眾的有力戰具。熊佛西和洪深的「批評說」大致停留在其 20 年代末的水平上，代表了啓蒙派的功利觀。洪深本人當然是位政治色彩相當濃厚的戲劇理論家，後來成爲左翼劇運中的重要人物，但這並不等於說他的喜

劇觀念的變化和其本人政治思想的變化必然是同步的，因此，他在喜劇功能理論上表現出一定程度的滯後性並不難理解。在啟蒙派的喜劇功用理論中，值得注意的有三點：一是他們對於「淨化」人心的重視，認為喜劇通過對社會一切反道德言行的批評，可以樹立新道德的權威；二是對社會和諧的企盼，認為喜劇通過提倡團結合作的精神，可以增進人們的公民意識，結束社會的混亂，恢復社會的秩序；三是對「進化」的強調，認為喜劇可以救治社會麻木的神經，恢復社會的活力，促進社會文化和文明的進步。

　　總而言之，中國現代喜劇觀念中的客觀論側重從社會學角度考察問題，不僅強調了喜劇中的理性認知因素，而且為它提供了一個恢宏的社會背景，並將其納入一個堅固有力的社會功能系統。喜劇藝術不可避免地要和外部世界建立廣泛的社會聯繫，並且在這種聯繫中對生活發生這樣或那樣的實際影響。在一個惟有奮鬥和抗爭才能贏得民族生存的特殊的歷史年代中，它勢必、也應該介入這種鬥爭生活。客觀論由此賦予喜劇參與社會重大變革實踐的新機運，從而使新興的中國現代喜劇藝術獲得了在艱難時世中存活下去的權利和發展起來的力量。對於喜劇社會性和戰鬥性的高度重視，使客觀論的主流走向諷刺，並以這種特殊的喜劇審美形態為中軸營建起自己愛憎分明的喜劇觀。客觀論逐步走向主導地位的 20 世紀三四十年代，也正是中國現代諷刺喜劇臻於成熟並取得顯赫成績的重要時期。中國的喜劇藝術正是在此期間走出了大都會的小劇場，不僅走上了十字街頭，而且進入了廣大的農村、工廠和軍營，成為激揚民族精神的有力武器之一。隨著喜劇藝術在民眾中普及的過程，出現了一系列經典性的作品。所有這些在很大程度上消解了人們對於喜劇的輕慢、戒備心理，提高了它在社會生活和藝術創作中的地位，顯然，沒有這些也就沒有中國現代喜劇後來的大發展。

　　以諷刺為軸心範疇的客觀論為中國的現代喜劇贏得了殊榮。然而在這種歷史的殊榮之中，既包含了它的成功，也隱含著某種危機的成分，這一點同客觀論自身的理論局限直接相關。客觀論者往往偏面地強調喜劇中的理性因素而在很大程度上忽視了人作為文化主體複雜的情感內涵。從熱烈急切的社會功利出發，他們把喜劇藝術推向昌明；但從同樣的意識出發，他們也有可能窒息喜劇藝術的發展。因為喜劇在他們的心中最終只是一種工具、一種武器。這似乎表明：客觀論和主觀論一樣，只是人們走向對於喜劇問題的真理性認識的一個必須經過、同時又必須超越的階段。相對於已經過去了的那個

歷史時代，它的確具有合理性，但這種合理性畢竟不是絕對的，客觀論同樣需要經過人類精神的選擇與揚棄，被整合到一個更高的思想層面上去。

喜劇觀念是人類對於喜劇現象的理性思考的結晶，這種理性思考在根本意義上必然要受到喜劇本性的規定。喜劇是人的內部世界與外部世界、主體與客體在相互影響後而形成的一種具有物質外殼和物質內容的人類精神的創造物，這就決定了喜劇本身必然包含了兩個方面：主觀和客觀，從而為喜劇觀念中主觀論和客觀論的分野提供了客觀基礎。儘管這兩個方面實際上是相互聯繫的、甚至是不可分割的，但人們對於這一情況的認識卻不可避免地要經過一個由淺而深，從偏到全的歷史過程。

從人類認識的發展規律觀之，人對任何一種事物或現象的認識一般都要經過三個基本階段。在第一個階段，人們的認識是渾沌而朦朧的，他們還不大可能把自己需要認知的具體對象從無限的關係網絡中分離出來；到了第二個階段，精神的進化使人具有了明確的對象意識，他們開始將對象的各個方面分離開來，對它們分別進行精確的研究；到了第三個階段，人類認識在經歷了否定之否定的過程之後，開始從分離式的單向度思考進入到一個新的綜合式的整體審視的層面。

人對喜劇問題的認識實際上也存在著這樣三個階段。中國傳統喜劇觀念大致相當於第一個階段，喜劇甚至沒有自己獨立而明確的稱謂，對喜劇現象的認識往往同「悲」、「社會」、「倫理」、「政治」等諸多因素混融在一起。現代以來，中國的喜劇觀念實際上進入的是第二個階段，人們不但產生了明確的「喜劇」意識，而且對喜劇本質所包含的各個方面進行了分離式的考察，這就為主觀論和客觀論的分野從認識規律方面提供了依據。就此言之，中國現代喜劇觀念中主觀論和客觀論的分途發展以及隨後而來的思想鬥爭不僅具有歷史必然性，而且有著明顯的合理性。應該將這種二元並立的狀況視為中國現代喜劇觀念歷史演進過程中的一個不可逾越的歷史階段。應當看到兩者都為中國喜劇觀念的現代重塑作出了不可替代的貢獻。只有從這樣的認識出發，我們對於雙方在理論上的功過得失才可能做出科學的歷史評價。

主觀論和客觀論儘管存在著思想上的重大分歧並曾為此展開過熱烈的爭論，但它們畢竟存在著某些思想上的共識。它們的分歧以及由此而來的爭論一般來說屬於新文化內部在喜劇現代化問題上不同思想取向之間的鬥爭。它們都認為傳統的喜劇觀念不足以適應現代中國社會的歷史需要，因而有再生

重建之必要；它們都認爲中國喜劇觀念的這種再生重建必需建立在科學的基礎上，馬克思主義理論對一大部分客觀論者的吸引，主觀論者對心理學的景仰，都同人們心中對於科學的崇尚有關；同時，它們也都認爲喜劇應當有益於人生狀況的改善。作爲這些共識的體現，無論主觀論者，還是客觀論者，他們都主張一種有意義有思想的笑，反對笑和喜劇趨向下流和庸俗。正是這些共識爲他們之間的整合提供了可能性。而他們各有短長的理論觀點和方法又爲整合提供了互補的需求。

事實上從 30 年代初開始，中國現代喜劇觀念不同思想取向之間已經開始出現某些相互吸取的迹象。這些發生在「幽默與諷刺」論爭前夕和早期的「相互吸取」，當然只能在極其有限的意義上進行。論爭期間，雙方對於對方理論的拒斥心理暫時阻遏了互補的需求，直到抗戰軍興之後，在那種廣泛的民族認同感的作用下，觀念整合的車輪才又繼續前行。

無論是作爲可以引發新的藝術經驗的思想先導，還是作爲對於已然出現的新的藝術事實的理論概括，喜劇觀念在歷史轉型和現代重塑過程當中所呈現出來的是一種多元互補的、開放性的思想格局，它昭示著喜劇藝術的多種可能性，同時也預示著中國現代喜劇藝術實踐創造性發展的巨大空間。正是在這樣一種大的時代文化背景之下，20 世紀 30 年代的民國喜劇在思想內涵、表現形態、作家構成、總體格局、創作風格和藝術方法等諸多方面出現了越來越明顯的新變化，呈現出前所未有的歷史新氣象。

第 2 章　幽默的喜劇

　　20 世紀 30 年代，中國社會發生著急劇的變化，由政治到思想，由道德到習俗，由文化到藝術，客觀生活中的喜劇性因素迅速滲入到社會幾乎所有的領域。與此同時，隨著我國喜劇觀念現代重塑的歷史進程，這種客觀的喜劇性因素被愈來愈多的人所發見、認識和攝取。狹義的喜劇無疑是表現這種客觀因素最爲有力的藝術樣式之一。這就必然促成了中國現代喜劇在艱難時世中的長足發展。這種發展的主流顯然是諷刺喜劇，但這並不妨礙歷史作出了如下的安排，它選擇幽默喜劇的形式，爲民國喜劇藝術生命的綻放進行了最初的躍動。

幽默喜劇的日漸活躍

　　20 世紀 20 年代下半期到 30 年代初，民國話劇史上曾經出現過一個以幽默爲其主要藝術特色的喜劇日漸活躍的時期。1928 年 8 月，作爲當事人和見證者的胡也頻，在一篇序言裏曾就這一現象發出過感喟，他認爲：這種幽默喜劇爲「現在的中國」「一般觀衆所喜歡」，以致影響了其它戲劇的上演，實在是「一個很可歎惜的錯誤」〔註1〕。即使到了半個多世紀之後，作爲親歷者和見證人的李健吾，在談及這一時期戲劇創作的情況時仍然沒有忘記指出：當時的那種「資產階級幽默風靡了人心」〔註2〕。幽默喜劇的活躍，算不算是

〔註 1〕 胡也頻：《〈捉狹鬼〉序》，載《中央日報》副刊《紅與黑》第 6 號，1928 年 8 月 9 日。
〔註 2〕 《李健吾獨幕劇集・後記》，銀川：寧夏人民出版社 1981 年版，第 177 頁。

一種全然的「錯誤」，在當時的「幽默」之前是否一定需要冠以「資產階級」的頭銜，我們姑且不論，但人們從中卻不難想見幽默喜劇在當時確乎爲一時之盛。

「人們自己創造自己的歷史，但是他們並不是隨心所欲地創造，並不是在他們自己選定的條件下創造，而是在直接碰到的、既定的、從過去承繼下來的條件下創造。」〔註 3〕這種歷史的繼承性和規定性，在文藝的研究中尤其不應忽視。因此，當我們論及幽默喜劇驟興原因的時候，也就不能不首先注意到那種來自上一時期的影響。

上一時期，中國話劇的主要成就雖然集中表現在悲劇和正劇方面，但這似乎並沒有妨礙在現代喜劇園地裏也綻開了一枝奇葩——丁西林的幽默喜劇。它在當時受過現代教育的受眾群體中獲得的成功幾乎是被公認的。丁西林的《一隻馬蜂》（1923 年）被陳瘦竹列爲五四時期「最早的優秀獨幕喜劇」〔註 4〕；他的《壓迫》（1925 年）被洪深視爲那個時期「喜劇創作中的唯一傑作」〔註 5〕；田禽說他的喜劇「幾乎演遍了全中國」〔註 6〕。向培良是較早向丁西林提出挑戰的人，但即便是這位犀利苛刻的作家，在批評丁西林喜劇思想「淺薄」的同時，也不能不承認其喜劇創作「技術底純熟和手段底狡猾，是沒有旁的劇作家可以趕得上他的」，「在現在的民衆間，是很受歡迎的東西」〔註 7〕。丁西林的成功對那些有心一試的劇作者們來說，自然具有著強大的吸引力。而這一點也就很自然地成爲了促使幽默喜劇在本期之初日趨活躍的直接的原因。

當然，這只是事情的一個方面。事情更爲重要的另一方面則深植在社會的現實之中。當別林斯基昂然宣佈「藝術是現實底複製」〔註 8〕的時候，他是以一種過於極端的形式強調了一個眞理。儘管我們不應當再用一種機械的思維方式去理解文藝對於現實的依賴性，但從一個最高的意義上看，文藝無疑是現實的產兒。1927 年國民革命失敗後的社會現實是複雜的。一方面，「五

〔註 3〕《馬克思恩格斯選集》第 1 卷，北京：人民出版社 1972 年版，第 603 頁。

〔註 4〕陳瘦竹、沈蔚德：《論悲劇與喜劇》，上海：上海文藝出版社 1983 年版，第 113 頁。

〔註 5〕洪深：《中國新文學大系·戲劇集·導言》，上海：良友圖書印刷公司 1935 年版，第 70 頁。

〔註 6〕田禽：《中國戲劇運動》，重慶：商務印書館 1944 年版，第 49 頁。

〔註 7〕培良：《中國戲劇概評》，上海：泰東圖書局 1928 年版，第 43 頁。

〔註 8〕《別林斯基論文學》，上海：新文藝出版社 1958 年版，第 106 頁。

四」以來在人們心中催發起來的對人類追求光明與自由的充分合理性的肯定，對人性必勝的樂觀信念以及開始獲得自我意識後的生命躍動，並沒有也絕不可能因為革命形勢的逆轉而蕩然無存，它們頑強地存活在人們的心中，儘管備受摧殘，但卻仍在不斷地生長和發展。另一方面，人們又確實生活在一個艱難嚴峻的時代。大革命的高潮，曾使他們一度躍上希望的峰巔，而今又一下子被拋進了幻滅的谷底。在社會巨變剛剛過去的幾年間，在追求光明的知識分子和廣大民眾中間，因看不清前途而苦悶、愁悵和彷徨的人是相當普遍的。

　　這裏，我們看到了一種富於啓示性的藝術現象——那種源於兩極的幽默：樂觀固然可以產生幽默，悲哀同樣也能產生幽默。對於前者，我們似乎不必贅述；關於後者，我們不妨借用梁遇春的一句話來加以說明。這位頗具才華然而不幸早逝的語絲派文人說，「我是個常帶笑臉的人，雖然心緒淒其的時候居多。」〔註9〕基於此，他才斷言卓別林如果不是內心憂鬱，則「絕不能夠演出那趣味深長的滑稽劇」〔註 10〕來。梁遇春受英國文學影響頗深，他雖是散文作家，但其獨到的體味和切身的感受，對我們全面把握 30 年代喜劇中的幽默因素不無裨益。這裏的幽默不再是樂觀和愉悅的表徵，而成了人們深感精神負荷而又無法擺脫時的一種反沖，成了人們憎惡黑暗、嚮往光明而又一時茫然失路時抑鬱心理的一種逆態表現。

　　就本期話劇藝術角度而言，其最初的幾年正處於藝術的戲劇運動階段〔註11〕。話劇運動的先驅者們在具體的藝術實踐問題上往往採取的是一種平正的和實驗的態度，為了實現他們建設「真正」本土化的中國話劇藝術的初衷，正在戲劇的不同領域內進行著多方的嘗試，田漢、熊佛西、歐陽予倩、洪深等人莫不如此。至於那些後起的劇作者們更是急於品嘗戲劇園圃中的各種滋

〔註 9〕　《梁遇春散文》，北京：中國廣播電視出版社 1993 年版，第 199 頁。

〔註10〕　《梁遇春散文》，北京：中國廣播電視出版社 1993 年版，第 77 頁。在梁氏看來，滑稽即 humour，見該書第 76 頁。

〔註11〕　筆者認為有三種戲劇運動對 30 年代的包括喜劇在內的民國話劇藝術影響甚大，它們分別是藝術的戲劇運動、革命的戲劇運動和職業的戲劇運動。20 世紀 20 年代中期到 30 年代初，是藝術的戲劇運動的活躍期，其代表人物為上海南國社的田漢、北平戲劇系的熊佛西、廣州戲研所的歐陽予倩。強調戲劇作為綜合藝術的本質屬性，堅持藝術的獨立品格，重視專業人才的培養，主張多方面的戲劇實驗與實踐，是他們的共同主張。可參見拙文《三十年代的三種戲劇運動》，《中國現代文學研究叢刊》1999 年第 4 期。

味。胡也頻和袁牧之等人在這個階段，都寫出了不少的喜劇、悲劇和正劇；在喜劇創作中，除幽默喜劇之外，他們還從事了諷刺喜劇的試驗。正是在這樣的藝術氣氛下，喜劇的創作開始逐步受到戲劇界的重視，喜劇在戲劇世界中的地位有所上升，喜劇理論中的一些重要問題開始愈來愈多地得到了人們的關注。

多方的實驗和探索，是藝術走向成熟的必經之路，這一點無論是對一位作家、一種文藝樣式或對一個時代、一個民族的文學來說都是適用的。不過，在這方面，丁西林或許可以算作是一個例外。到我們正在論及的這個時代為止，他的創作一直是在幽默喜劇領域內進行的，其間雖然不難看出作者也在不斷進行著自我調試的努力，但其探索的觸角卻一直未能越出既定的領域。這也許是由於他不願淺嘗輒止，也許是他從一開始就找到了同自己的精神氣質正相契合的文學樣式，亦或是因為他作為一位業餘的作家沒有更多的時間和精力去從事更為廣泛的嘗試。但有一點可以肯定，他的執著為他帶來了成功，而他的成功又引來了更多企望成功的後來者。這一點，對於剛剛脫離草創期後不久的中國現代話劇藝術來說具有著特別的意義。

這裏，我們還要提到 1928 年洪深為「話劇」所做的「正名」。這種「正名」本身未必周延，但它畢竟道出了中國新興的現代戲劇和其對立物——古典戲曲的明顯區別，而人們對於任何一種新事物的認識總是從它和作為「他者」的舊事物的「區別」開始的。和傳統戲曲相比，失去了音樂性的「唱功」和舞蹈性的「做功」之後的話劇藝術究竟應當依靠什麼去爭取和培養自己的擁戴者呢？當時的話劇劇本在體制上一般都比較短小，人物關係相對單純，結構也比較簡單，在這種情況下，若想依靠曲折的故事情節或豐滿的人物形象取勝，對於絕大多數的話劇作者來說顯然是不現實的。於是，人們將視線自然而然地投向了話劇語言。「話劇靠說話」，在這個樸素的命題中包含了一條重要的藝術規律：語言是話劇的一個極為關鍵的表現手段。幽默喜劇對於「說話」有著很高的要求，在很大程度上，它所倚重的主要就是「話功」，就是語言藝術的功力，其中尤其是對話藝術的功力。有鑒於此，當時的一些劇作家比較自覺地將這種幽默喜劇的寫作當成了磨練和砥礪自己戲劇語言藝術的實驗場。這種劇情單純、關係簡單、對話緊湊的喜劇不僅有利於語言藝術的錘鍊，同時也有助於表演藝術的提高。這也是當時不少劇作者喜愛創作幽默喜劇、多數業餘劇團喜愛排演幽默喜劇的一個不可小視的因素。

就 30 年代的幽默喜劇創作而言，比較重要的劇作家有丁西林、袁牧之、徐訏、胡也頻和顧仲彝等人。除此之外，田漢、熊佛西、鄭伯奇、林語堂、袁昌英、朱端鈞和黎錦明等人也都寫過這類作品，但大都是偶爾為之。除林語堂的《子見南子》和朱端鈞改譯的《寄生草》外，他們的作品在這個特殊的領域沒能產生太大的影響。顧仲彝的作品主要是些配合學校演劇的改譯劇。胡也頻的喜劇創作明顯集中在 1927 年至 1928 年兩年間，此後在創作的興趣上可謂是移情別戀了。丁西林自然是這類喜劇創作中當之無愧的「聖手」，但在 30 年代中卻只有很少的幾篇作品。因此，更準確地說，最能代表 30 年代幽默喜劇真正特點的，不是丁西林而是他的兩位私淑弟子。其中一位是活躍在上海劇壇的後起之秀——袁牧之，他既是劇作者又是演員，在這位被時人稱為「千面人」的年輕劇人的作品中，人們可以更加細緻和真切地體味到本期幽默喜劇特有的風韻。另外的一位是在北平創作界嶄露頭角的「鬼才」徐訏，他似乎更擅長案頭的工作而和當時實際的戲劇運動保持著某種距離，因此在戲劇界的影響顯然要略遜袁氏一籌。

如果我們把 30 年代的幽默喜劇作品，理解為一個在特定的時代背景下形成的特定的藝術系統，我們就會發現，儘管這些作品出自不同作家的手筆，但是在它們當中卻或顯或隱地存在著一種一以貫之的東西。我把它稱之為 30 年代幽默喜劇的中心主題——對人性，對友誼、愛情、寬容和生命美的一種積極的肯定。

這一中心主題，在鄭伯奇的《合歡樹下》，化作了對於以「北地青年」和「南國少女」為代表的青年男女間純潔愛情牧歌式的禮贊。校園、滿月、花香、合歡樹，這一切也許並非「幽默」所必需，但卻有效地加強了全劇夢幻般的詩意氛圍，充分體現出了對於人生的美好憧憬。在胡也頻的《灑了雨的蓓蕾》中，同樣的中心主題變成了對於青年人在爭取戀愛自由過程裏所表現出來的鎮定與機智的肯定。在他的《捉狹鬼》裏，中心主題採取的是另外一種形式，通過一種虛假的「不和諧」來讚美自主婚姻的和諧、歡樂和愉悅。至此，我們看到了那個時代的「新人」們由對自由戀愛的幢憬到自主命運的掌握，再到自主婚姻後的幸福的相當完整的藝術系列。玉痕女士以一種女性特有的想像力，在《愛的勝利》中構想出一幕青年勝過老年，愛情高於金錢的喜劇。田漢的《生之意志》，為人們彈奏的是一曲新生命的強音，劇中新生兒的一聲啼哭竟成了扭轉劇情的關鍵。熊佛西的《模特兒》儘管有著一個

調和的結局，但畢竟將享受生命美的權利慷慨地給予了那位新派的青年畫家。袁昌英的《結婚前的一吻》讚揚了時代新女性的美德，而這種美德又是以其對人的感情的尊重為實質內容的。丁西林的《瞎了一隻眼》和《北京的空氣》以欣賞的態度和含蓄委婉的方式表達了人類對於理解、寬容、友愛和相互關切的渴望。本期幽默喜劇的中心主題在袁牧之的《寒暑表》中，使人看到了一幅青年男女在冷漠世界裏相互慰藉的圖景；在他的另一篇作品《甜蜜的嘴唇》中則讓人感到了男女主人公間的愛情對於現實的階級藩籬的衝擊。

最後，我們要提到林語堂的《子見南子》，作者在這篇風行一時的喜劇中，為我們演唱了一首現代人性戰勝封建傳統的凱歌。這首凱歌或許可以作為對於現實生活某些方面的概括，或許是對人性不斷獲得解放的歷史趨勢的一種描述。但有一點可以肯定，《子見南子》中所表現出來的基本內涵構成了 30 年代幽默喜劇整個的背景性因素，只有清楚地認識到這點，我們才可能對上述作品做出科學而公正的評價，既不貶損過甚，也不讚揚過溢；我們才可能深刻把握住這些作品中心主題的歷史意義和時代局限。

大體言之，30 年代幽默喜劇的中心主題是通過兩種基本模式來表達的，其中一種我稱之為「胡也頻模式」，另外一種我稱之為「丁西林模式」。之所以使用這兩位作家的名字分別命名，是因為在我們論及的這一時段，這兩種模式正是由他們最先分別採用的。

胡也頻模式和林語堂的《子見南子》

「胡也頻模式」最初見於《灑了雨的蓓蕾》，在《子見南子》一劇中取得了較大成就。屬於此類的較有代表性的作品除上述兩劇外，還有《生之意志》、《愛的勝利》和《模特兒》等。這一模式的突出特徵在於，它往往是通過新舊力量之間直接的衝突來表達中心主題的。這種新舊衝突在表現上一般不具備根本的「嚴重性」，從而為喜劇性的「碰撞」留下了足夠迴旋的餘地，人們在這種「碰撞」中不難發現那種幽默與機智的實質性的火花。

《灑了雨的蓓蕾》是胡也頻作於 1927 年的一齣兩幕劇。劇中的新舊衝突發生在一對正在相愛的青年大學生和一對保守的父母之間。熊慧珠在愛國活動中和同學江文輝發生了熱烈的戀情，不意被父母察覺。當旅長的父親認為

女兒的自由戀愛是對父母的侮辱，不禁怒火中燒，接著利用江文輝和女兒在公園約會的機會設下圈套，決心親自懲辦女兒的「勾引者」。至此，戲劇開始時的那種輕鬆幽默的喜劇情調完全被一種緊張嚴重的悲劇氣氛所籠罩。

第二幕開場以後，除尚未到來的江文輝以外，所有主要的劇中人都陷入焦灼的等待之中。由「佩著刺刀手槍」的馬弁簇擁著的熊父急欲江文輝的到來，以便一吐胸中之氣；儘管守舊但畢竟善良的熊母「臉上現出非常的憂愁」，擔心著一幕愛情慘劇的發生，熊慧珠「顫抖」著身體，爲了即將到來的戀人的似乎不可避免的厄運而黯然神傷。新舊衝突這裏已經採取了緊張的對抗形式，幾乎沒人懷疑，江文輝會爲了這種衝突的嚴重性付出高昂的代價。隨後，是江文輝的到來，這位「千呼萬喚始出來」的新派人物終於在這種劍拔弩張的氣氛中登場。當他站在滿臉怒氣的熊父面前時，也曾有過剎那間的「驚疑」，但理智最終成就了他。謙恭有禮的儀態，成功的自我克制，對於情勢清醒的判斷，對於人情世故的諳熟，機敏而得體的應變能力，尤其是那種機智乖巧的談吐很快解除了對方的武裝，促成江文輝在矛盾衝突中的地位由被動向主動的轉化。

當江文輝尚未登場的時候，熊父是全劇的主宰，劇中每個人都可以感到他的威懾力量。而當江文輝一旦站到他的面前，情勢卻很快發生了出人意料的逆轉，不管他本人是否意識到，青春和智慧的攻勢使他不能不退避三舍，他也因此不再是劇中的主宰。他的怒氣從「低減」到「大減」，終而揮開了馬弁；從撚鬚「沉思」到面含「微笑」，在其攜妻同去之前終於爲那對年輕的情侶留下了回眸的一笑。一身殺氣而來，卻懷著恬淡的幽默而去；抱著兵戎相加的初衷反而得到了握手言歡的結果；自由戀愛的破壞者一下成爲了自由結合的默許者。全劇由喜劇的基調開始，其間經過近乎悲劇式的考驗和撞擊，重又回覆到喜劇的氛圍之中。新舊衝突嚴重情勢的全部虛假性構成了主觀預期和客觀結果之間的矛盾，從而產生了「一種從緊張的期待突然轉化爲虛無的感情」，一種如獲重釋的輕鬆幽默的喜劇美感。這種喜劇美感實質性的內核則是新舊比照之下的對於新生者力量和智慧的肯定，對人性的力量和追求的肯定。當然，在一個最直接的意義上也是對戀愛自由的肯定。

在《子見南子》中，人們看到的是另一種類型的新舊衝突，雖然這種衝突的最終走向仍然是對於本期幽默喜劇中心主題的肯定判斷。由於這種衝突是在「外化」和「內化」兩個層面上進行的，因而也就無疑地增強了衝突的

表現力和深刻性，甚至在一定程度上逼近了恩格斯多次提到的那種「歷史的幽默」〔註12〕。這就自然奠定了該劇在「胡也頻模式」中的突出地位。

《子見南子》是林語堂 1928 年的作品，最早發表在 1928 年 11 月的《奔流》雜誌第 1 卷第 6 號上。作者自言它是一齣「A one-Act Tragicomedy」〔註13〕。「Tragicomedy」譯成中文是「悲喜劇」的意思，很容易和我們今天理解的「正劇」相混淆，但就當時的戲劇理論而言，仍沒有脫離喜劇的範疇，是一種帶有一定悲劇意味的喜劇〔註14〕。然而，從作品的實際來看，《子見南子》應當屬於中國現代戲劇中比較有代表性的幽默喜劇。

正如劇名所示，劇本寫的是魯定公十四年（公元前 496 年）孔子和衛靈公的夫人南子會面的故事。全劇有一半左右的篇幅用作這次會見前的鋪墊。作者首先抓住對於全劇衝突至關重要的兩個關節之點，揭示了孔子性格中虛假的成分。其一，孔子骨子裏明明是求官心切，同時也不乏對於俸祿一類世俗利益的重視和追求，但表面上偏偏又要說得堂而皇之。孔子自身的言語和表情等微妙細節之間的不協調，加上遽伯玉在一旁不時的「點破」，十分含蓄地暗示出孔子的心口不一，並不斷點染出一種喜劇特有的氣氛。其二，通過子路和彌子瑕等人的談話和活動向人們昭示出相互矛盾的兩極。一極是「目光炯炯」、「高顙寬頤」、「五十多歲魁偉」的孔子，他信奉的是周公之禮的古制，主張男女應當有別；一極是思想「新穎卓絕」、行為驚世駭俗、年輕貌美的南子，她尊崇的是「人生的真義」，認為男女應當無別。構成全劇主要喜劇性的矛盾衝突正是在這樣相互對應的兩極之間展開的。

對立兩極的存在，是事物矛盾衝突的基礎，但要想使矛盾衝突從潛在的可能變成活生生的現實，還須具備將它們雙方聯繫在一起的條件。只有讓矛盾的兩極共處在同一個統一體中，讓它們發生關係，「碰撞」才是真正可能的，因而也才是必然的。這個關鍵性的條件在劇本中是由第一個關節點提供的。正因為孔子身上有一種真假摻半、亦真亦假、真真假假的性格特徵，有著求官心切的內在欲望，他才有可能答應南子「面談」的邀請，破例去見一個女

〔註12〕《馬克思恩格斯論藝術》第 1 卷，北京：人民文學出版社 1960 年版，第 97 頁。

〔註13〕 林語堂：《子見南子》，《奔流》第 1 卷第 6 號，1928 年 11 月。

〔註14〕 如陳治策就認為：悲喜劇 Tragi-Comedy 是「喜劇而帶有悲劇的色調者，如莎士比亞的《威尼斯商人》、《如願》。」參見朱肇洛編著《戲劇論集》，北平：文化學社 1932 年版，第 228 頁。

人。這樣，作者就以他的結構藝術為這次不同尋常的會面提供了來自人物性格的合理性，而這種藝術的合理性本身又包涵了一種明顯的諷刺意味，同時又為衝突向人物心靈的延伸埋下了伏筆。

孔子和南子在衛侯的「延賓室」會面的場景，無疑是全劇最富光彩同時也最能體現作者意圖的主幹部分。會見伊始，孔子是那樣的自持和練達，他並不懷疑自己在這種尷尬情境中遊刃有餘的能力。然而，就在南子夫人走出垂簾和他並肩賞玉的剎那間，一種從未體驗過的新鮮感受使他不禁「驚愕失色」，一種塵封已久的潛藏於意識深層的東西在靈魂的震顫中驀然蘇醒。至此，表現於人物之間的新舊衝突開始向人物心靈轉換。接下去，南子關於「飲食男女」的宏論，使他在窘迫的同時又感到了一種新的興味。到南子撫琴、歌吟、起舞之時，他的內心雖也經歷了幾度掙扎，但終而不能不落得忘情「出神」的地步，直到南子舞畢才「忽然猛醒，警惕起來」，他感到了人性的力量。傳統的道德感提醒他，要他務必克制住自己，於是他開始了心靈的征戰，不是對南子，而是向自己。伯特蘭・羅素在談到基督教禁欲主義的時候，曾用犀利的譏諷口吻指出：迴避絕對自然的東西就意味著加強，而且是以最病態的形式加強對於它的興趣〔註 15〕，這裏發生了同樣的事情。孔子深感自己的難以自持，他對子路連聲說：「我有所怕。我有所怕。」這種隨著內心征戰而出現的恐懼感清楚地表明在人性大潮的衝擊下，他內心那座非人性的禮教堤壩已經快要到了崩潰的邊緣。當南子以一種輕盈的步態離他而去時，孔子卻陷入痛苦的思索之中。

劇本終了的時候，孔子和子路的一席對話是富有深意的。那是一個道學家在封建禮教已經開始全面崩潰時代裏悲哀的自我告白，我們從中不難看出一顆受傷的靈魂。他決心要用「走」來壓制自己的頓悟，結束不祥的靈魂征戰。而這不過是人們所具有的那種「潛在的自我懲罰傾向」〔註 16〕的外化而已。他屬於那個正在完結的時代，因而沒有勇氣同自己的過去告別。但是時代和民眾卻在他的悲哀中看到了走向未來的前景，感受到人性無所不在的勝利，進而最終獲得一種「能夠愉快地和自己的過去訣別」的力量。想想開篇

〔註 15〕 參見〔保加利亞〕基里爾・瓦西列夫《情愛論》，北京：生活・讀書・新知三
　　　　聯書店 1984 年版，第 12 頁。
〔註 16〕〔奧〕西格蒙・弗洛伊德：《日常生活的心理分析》，上海：上海文學雜誌社
　　　　1985 年版，第 103 頁。

時那位儀表堂堂、躊躇滿志的「魯人」，再看看眼下這位心旌搖曳、精神委頓的「聖者」，你會從中體會到一種巨大的幽默感。一方不過是談笑風生、輕歌曼舞，而另一方卻是心勞日拙、一觸即潰。這種可笑性在很大程度上並不來自道學先生們的慘敗，而是來自他們包藏在貌似強大和神聖的假面下全部的虛弱和虛假。因其虛弱而虛假，又由於虛假而虛弱，這就是一個有著上千年歷史的封建舊制及其思想體系在它們的衰亡期裏的必然表徵。當喜劇家用自己獨特的解剖刀剝去了那些封建舊物頭上的靈光之後，人們不難發現那種歷史的滑稽性。

在《灑了雨的蓓蕾》中，同樣是新舊之間的比照，同樣是在這種比照中間顯示出新對舊的優越，但作者的著眼點主要是放在新的一邊，它是通過新對舊的主動進擊來表現的，同時這種表現又往往是直接的和外在的。《子見南子》則不同，它的著眼點更多的是放在舊的一邊，作品以新興因素的衝擊為背景，幽默含蓄地描寫了傳統勢力的代表人物由於心靈的鏖戰而至委頓的過程，以此證明新的力量，它既然發自人的本性，當然也就能夠深入人的心靈。新與舊的歷史性衝突終於將喜劇性鍥入了劇中人物的靈魂，這是《子見南子》一劇重要的成就。由於劇中的衝突主要是在孔子內心的人性和非人性兩種傾向之間進行，因此作者對於這一藝術形象的審美判斷就既非簡單的肯定，也非簡單的否定，而是一種包容了肯定的否定。它否定的是這個人物所代表的壓抑人性的傳統古制，肯定的是這個人物作為人生而具有的本性。這也就規定了全劇諷刺與嘲弄的溫和性，在戲劇諷刺與嘲弄的同時又注入了同情以及由這同情而產生出來的悲哀，從而構成劇本中幽默的總基調。

林語堂，如果從他自 1924 年在《晨報》副刊上撰文提倡「幽默」時開始算起，到 1970 年在第 37 屆國際筆會演講《論東西文化的幽默》為止，其間講了將近半個世紀之久的幽默。我們不清楚這位曾被一些人奉為「幽默大師」的文人在散文創作領域到底留下多少真正經得住推敲的「幽默」之作〔註17〕，但他的《子見南子》在中國現代幽默喜劇的發展中卻似乎留下了成功的足迹。

〔註17〕陳平原在《林語堂與東西文化》一文中認為林氏的「幽默文章既不見得怎麼正經，也沒有多少幽默」。參見《中國現代文學研究叢刊》1985 年第 3 期。

丁西林模式和袁牧之兩個角色演的戲

　　「丁西林模式」在本期最早見於《瞎了一隻眼》，在袁牧之的喜劇作品中達到了它的高峰。除此之外，可以列入這一類型的還有《北京的空氣》、《合歡樹下》、《捉狹鬼》、《結婚前的一吻》等。在這類作品中，一般找不到「胡也頻模式」裏常有的那種比較明顯、直接的新舊衝突，它們往往表現爲對於愛情，對於人際關係中的溫情、尊重和體諒的含蓄的讚美、欣賞和肯定。「丁西林模式」中較爲出色的作品往往讓這種愛、溫情和諒解同整個社會的冷漠和嚴酷構成一種實質性的矛盾，表達出生活於社會中下層的人們對於現實的眞切感受，從而婉轉地道出人性的渴求。

　　《瞎了一隻眼》發表於 1927 年。在此一年之前，它的作者丁西林發表了《壓迫》；在此三年多以後，他寫下了《北京的空氣》，這是我們把握丁西林本期劇作的三個支點。《壓迫》被認爲代表了作家在上一個「十年」中的最高成就，而其後的兩篇作品則是丁西林在 1937 年以前發表的僅有的兩篇劇本。從很大程度看，丁西林對 30 年代幽默喜劇主導性的影響並非是由於這兩篇作品的結果，而是因爲他在上一個時期的藝術成就所產生的慣性衝力所致。當然，我們對《瞎了一隻眼》和《北京的空氣》的考察，依然是有意義的，因爲，它們至少是從一個重要的方面體現出了現代幽默喜劇創作的某些特點。

　　《瞎了一隻眼》和《北京的空氣》是兩篇比較集中地受到進步評論界抨擊的作品。長期以來形成的一般看法是：它們代表了作家在本時期思想和藝術上的倒退。大而言之，這種看法或許不無道理，但問題是我們不應對於這種倒退現象做出絕對化的理解。從丁西林整個前期劇作的要旨來看，這兩篇劇作完全是作家先前創作思想合乎邏輯的發展，在它們和丁氏之前的作品當中深藏著一種共同的東西。明乎此，我們對《瞎了一隻眼》和《北京的空氣》的判斷就不會過分地去貶低，對《壓迫》的評價也就不會去人爲的拔高。

　　誠然，在《壓迫》裏，我們見到的是一種有著明顯新舊衝突線索的結構。儘管它是丁西林的前期代表作，儘管許多人認爲它體現了丁西林早期民主主義、人道主義思想和喜劇藝術所達到的極致，但就他同時期的其它作品來說，丁西林使用更多的並不是表現主題意識的這種邏輯結構，而是被我們稱之爲「丁西林模式」的那種方式。《壓迫》是作家爲紀念亡友而作。無論是從劇前小序，還是就劇本實際的內容來看，它們都明確透露出作家當時關於人生的一個重要看法：人應當去抵抗壓迫和邪惡，但這種抵抗必須是「聯合」的，

而相互間的「同情」、「諒解」、「寬容」和「互助」則是實施和保證這種「聯合」的重要樞紐。在這裏，「同情」和「互助」可以說是丁西林早期思想中非常關鍵的兩點。而這兩點在作家心目中的天平上又不是對等的，刻度的指針明顯偏向「同情」的一邊。

這樣，我們就看到了一種現象：當作家的筆端在「抵抗」思想上方盤旋的時候，他採取的是以比較尖銳的新舊衝突線索來表達主題；而當作家的興奮中心在「同情」的遐想中流連忘返的時候，他就很自然地採用了這種「丁西林模式」的邏輯結構。應當承認，這後一種方式才是丁西林 1923 年至 1930 年的前期劇作中最爲常見的。如果說，在 1927 年以前的作品中，作家對「同情」的讚美和渴望還較多地和其它的一些因素渾然雜處著，那麼，在 1927 年至 1930 年間的作品裏，我們看到的則主要是一種比較集中、純粹的對於「同情」的肯定。

有論者在批評《瞎了一隻眼》時曾經認爲此劇的「主旨在於嘲笑庸人自擾和弄巧成拙」，「沒有什麼現實意義」〔註 18〕。這一點，甚至就連丁西林的一些擁護者有時也很難否認〔註 19〕。然而，事實並非如此。這篇喜劇的重心在於它對「同情」和「體諒」的笑的肯定，而這一點恰恰是作家自其處女作以來的一貫思想。

先生受了傷，太太嚇破了膽，一時的慌亂和恍惚使她神差鬼使般地給先生在外地的友人寫了一封實際上是誇大其詞的告急信。這顯然同她一貫的「神經過敏」有關，但從中不正可以看出夫妻感情的摯誠深篤嗎？先生的朋友見信後沒吃好飯「沒睡好覺」，急匆匆地由外地趕來探望先生的傷勢，這不正是朋友間的一片眞情嗎？然而先生的傷並不重，只是當時血流得多了些。太太欣慰之餘又犯了愁，愁的是自己下不了臺，覺得實在是對不起朋友。靈機一動，按下先生「裝病」，但卻又反對他將傷勢「裝」得過重，因爲這樣一來就會「太對不起」友人了。可見，裝假是應當嘲諷的，但其中也不乏一點歉疚、一點爲他人著想的成分。友人來到，趁太太在廚房，先生一下扒開了繃帶，好讓朋友放心，接著告訴對方，他之裝病是在賭氣嚇唬太太，這就又開脫了

〔註 18〕陳瘦竹：《現代劇作家散論》，南京：江蘇人民出版社 1979 年，第 199 頁。
〔註 19〕如爲丁西林作傳的王震東在《他給人們以幽默的微笑》中仍認爲：「《瞎了一隻眼》的鬧劇味較濃而思想意義較淺薄。」參見《中國話劇藝術家傳》第 2 輯，北京：文化藝術出版社 1986 年版，第 11 頁。

妻子。為他們兩人著想的結果，是先生自己獨自承擔了「罪責」。正直的友人義憤填膺，不是為了自己徒然的往返，而是認為先生「太欺侮」太太了，他質問自己的朋友：「噢，天啊！你替她想想沒有？」為了「伸張正義」，友人當著先生的面向太太挑開了這層「秘密」，但是，太太卻一邊說著「You dear！」一邊「快活」而「感激」地撲向了自己的丈夫。

　　在劇中這一連串的矛盾、誤會、溫和的嘲諷、善良的假話和突如其來的兩全的機智背後，人們看到的是一種可貴的真實，這就是夫妻之間、朋友之間乃至人與人之間一種真誠的同情和理解，一種設身處地「替旁人想想」的精神。也正是這種健康的精神構成了丁西林筆下許多幽默人物「可愛」〔註20〕的特徵。

　　《北京的空氣》（1930）的情況也同樣如此。劇本根據宇文的同名小說改編，小說原載於 1926 年 9 月 25 日的《現代評論》第 4 卷第 94 期上。其中寫有這樣的話：「這各地的人各色的人雜住成了習慣的結果，養成了一種極可寶貴的人對人應有的一種雅量，一種寬恕的態度。」這一點顯然同丁西林的一貫思想兩廂契合，於是作家圍繞著這一點對小說進行了改造。這種改造主要表現在描寫視角的變換上。小說是以第一人稱口吻寫的，其中的「我」是上海來京的一位商界的客人，這個作為「客人」的「我」是小說的中軸。到了劇本中，中心則在「主人」，重心整個放在「主人」和聽差「老趙」之間的關係上。作家著力表現的是在這種關係中體現出來的某種人生原則。

　　李健吾對這個劇本的主要內容做過如下歸納：

　　　　在《北京的空氣》裏，丁西林先生寫了一個被雇用多年的聽差

　　老趙，隨便偷主人的東西，窮教授拿他沒有辦法，香煙也讓老趙偷

　　光了，窮教授靈機一動，自己也去偷了老趙偷的自己的香煙請客。

　　北京偷東西成風，連「關係密切的聽差」在偷字上也堪稱第一，這

　　可能是所謂「北京的空氣」。〔註21〕

這段話無疑寫出了劇本的主要情節，同時點明全劇是在一個「偷」字上做了文章。但問題是丁西林的這個「文章」在實際上又是怎樣做的，作家的興趣

〔註20〕丁西林：《紀念劉叔和》，《丁西林劇作全集》上卷，北京：中國戲劇出版社 1985
　　　年版，第 61 頁。

〔註21〕李健吾：《丁西林劇作全集・序》，《丁西林劇作全集》上卷，北京：中國戲劇
　　　出版社 1985 年版，第 5 頁。

並不在老趙的「偷」上，而在那位「窮教授」如何對待這個「偷」上。偷回被偷去的東西，這是個雙重的否定，其結果成了一種肯定、一種默認。主人並不昏聵，他完全清楚老趙的所作所為，但他卻從來沒有想到過要解雇他，非但不解雇，你如果細讀一下放在劇首的信，還會在嘲諷的外殼下辨識出讚賞的意味。信中，他對朋友提到自己的聽差「趙先生」時這樣說：「他比主人慷慨，你放心的來吧。」這是對聽差的一種讚賞，同時更是一種對自己的自我讚賞，讚賞主人對聽差的「雅量」和「寬容」。沒有這種東西作保證，聽差斷然不會如此「慷慨」，更會不為「偷」而不受任何懲罰的。

這種「雅量」和「寬容」，說穿了，是一種對於人的尊重，這種尊重對僕人也是適用的。正因如此，當急欲吸煙的友人假意說要去揭發老趙，而證人就是主人自己的時候，主人公才會那樣緊張、尷尬、惶恐，以致這位「可憐的失主，犯了罪似的躲到書桌邊，裝做尋找東西」的樣子，因為他不能也不願向一個人的尊嚴挑戰，也正因如此，他的家才會由於一個「好客」的僕人的緣故而成了人們常來常往的「咖啡館，煙酒鋪，洗澡堂子，公共閱報室，沒有結婚、無太太可陪的人的俱樂部，結婚過久、陪太太陪得太多了的人的逋逃所。」而這也就是老趙「偷」的秘密。

丁西林是在上海寫的這個劇本，這個現代大都市中激烈的人生角逐，濃重的商業氣氛和日見分明的政治分野，特別是再加上上海文壇派別林立、論爭蜂起的現實，使作家對其生活了七年之久的古城北京懷有一種深深的眷戀之情。他沉浸在自己的作品中，再一次領略著他心目中的北京那種令人依戀的古樸寬厚的溫煦空氣。

在《瞎了一隻眼》和《北京的空氣》兩劇中，美是以醜的形態表現的，嚴肅的人生思考和執著的人性追求採取了戲謔的形式，正是在這種形式與內容的矛盾中激蕩著喜劇性的美感，使人們在獲得這美感的同時也就肯定了人性優美的一面。如果說，在丁西林的劇作中，這種對人的價值的肯定和對同情、理解、體諒、寬容與愛的渴求是用一種含蓄輕靈並且多少帶有一點烏托邦色彩的方式表現出來的話，那麼，在袁牧之的喜劇中，同樣的肯定和渴求則表現在一系列更為俏皮、更富有生活實感同時又多少有些直露的描寫之中。

袁牧之是30年代重要的劇作家之一。1928年，當他還是大學生的時候，就開始了戲劇創作的嘗試。而在這之前，他早就成了一位頗有名氣的業餘話劇演員。袁牧之從13歲時起就參加學校演劇活動，後來很快又成了戲劇協社

唯一的一位小社員，1927 年加入辛酉劇社，以後又成爲了復旦劇社的活躍分子。因此，當他執筆作劇的時候，他在話劇表演藝術方面已經具有了相當的造詣。他是帶著通過舞臺實踐而獲得的對於戲劇藝術的眞摯熱愛和切身感受走上創作道路的。他從處女作開始就充分顯示了自己卓越的藝術才華和鮮明的個性特徵。

　　袁牧之曾多次扮演過丁西林喜劇中的主要人物，因此對於丁西林喜劇的藝術特色有著較長時間的揣摩和體味，丁西林的作品一度也就成了他學習的楷模。就在其躋身於劇作家之列以後的第五年，袁牧之出版了他的《演劇漫談》一書，其中有段文字曾經談到他如何花費好幾年的時間經過多次失敗和曲折才最終得以把握丁西林《酒後》眞諦的執著過程。在這段文字的後面，他緊接著寫道：

　　　　《酒後》這劇本曾受象牙之塔裏的雅士們極力地歡迎；也曾受
　　十字街頭上的同志們極力地唾罵。然而，在喜劇的編著技巧上講，
　　中國的劇作者是沒有再能勝過西林的了，尤其是他的《酒後》，他對
　　詞句的周密簡直不容增減一個字，而且上演的舞臺性又十分豐富，
　　雖然他不是個舞臺出身的人。〔註22〕

充溢在字裏行間的那種誇讚崇敬之情依然可見。

　　從 1928 年開始寫劇起，到 30 年代中期爲止，袁牧之創作話劇劇本約 13 種，其中大部分是悲劇，只有 4 種是喜劇。但一個作家的藝術成就並不完全取決於作品的數量。袁牧之的喜劇創作在量的意義上固然有限，但卻能自成一家、特色獨具，相反，他的悲劇作品倒多爲泛泛之作。1930 年之後，丁西林的創作勢頭戛然而止，袁牧之也就自然成了 30 年代初期日漸活躍的幽默喜劇領域中的佼佼者。1930 年袁牧之出版了自己的第一個部獨幕劇作集《愛神的箭》，內有四劇，其中包括了一個諷刺喜劇《愛的面目》。第二年，新月書店又出版了他的第二部獨幕劇作集《兩個角色演的戲》，內中又是四劇，其中有兩篇是幽默喜劇：《甜蜜的嘴唇》和《寒暑表》。1932 年他又創作了一篇帶有濃重機智色彩的幽默喜劇《一個女人和一條狗》。自此之後，他轉向了集中的悲劇和正劇的創作，並於 30 年代中期進入電影界，很快成爲一位優秀的電影藝術家。對於中國的電影界，這當然是件幸事，但對話劇事業特別是對命途多舛的中國新興喜劇的發展，卻終究是件令人遺憾的事情。

〔註22〕袁牧之：《演劇漫談》，上海：現代書局 1933 年版，第 1 頁。

《甜蜜的嘴唇》作於 1929 年 4 月，是袁牧之的第一篇幽默喜劇。像他以前的幾篇作品一樣，這個劇本也是以「性愛」爲其主題的，它描寫了一種發生在兩個不同的社會之間的愛。劇中的主人公，一位是「少爺」，一位是「女僕」。這種少爺和女僕之間的愛，在現實的社會中恐怕十之七八是要以悲劇結束的。對於這一點，作品已經給了我們足夠的暗示。不過，這並沒有妨礙作者在這篇短劇中調動藝術假定性的優勢，讓愛的潛流衝破階級的藩籬，使全劇有了一個合於人性的結尾。

劇本著重描寫了他們兩人由原來默默地相愛到終於互通心曲的心理過程。就喜劇構成的角度而言，全劇的喜劇性主要來自兩個層次。

其外在層次主要指劇中人物之間那種特有的含蓄的談話方式。情竇初開的少女明明是自己在關心著少爺的去向行蹤，卻偏偏要打著「太太」的旗號；女僕和少爺明明是在傾吐自己的愛情，卻偏偏要借《黃陸之愛》〔註 23〕的題目發揮。應當承認，像這樣幾乎做到了通篇的含蓄已經很不容易，再要在此基礎上進一步使含蓄做到合情入理，那就更是難上加難。但《甜蜜的嘴唇》卻成功地做到了這一點。這種含蓄在那位天眞未鑿的女僕身上表現得尤爲突出，它恰同女僕卑下的社會地位和備受壓抑的心靈特點完全吻合。男女主人公之間不得不委婉地溝通心志的特殊方式正是純潔愛情受到現實扭曲的折光。這樣，含蓄就不再是一種純然的語言文字上的遊戲，它在社會的現實生活和人物性格中找到了內在依據，從而成爲一種有內容、有感情、有根基的人類智慧的表徵。

含蓄當然並不單獨屬於喜劇，作爲文藝美學的一個範疇，它有著自己廣闊的天地。但對於一齣好喜劇，特別是對於一齣好的幽默喜劇來說，含蓄卻是一種不可缺少的要素。它雖然不能單獨構成喜劇性，但卻可以同多種喜劇性的因素結合在一起，從而分別規定出它們在整個喜劇世界中各自的品位。就幽默而言，它和含蓄的關聯十分密切，你完全可以設想出沒有幽默的含蓄，卻永遠想像不到全無含蓄的幽默。在一定意義上，含蓄甚至可以說是構成幽默不可缺少的要件。除幽默外，機智和含蓄也有著緊密的關聯，在一連串緊張精短的對話中要想保持始終如一的含蓄，非機智是難以做到的。從這個意

〔註23〕《黃陸之愛》是《甜蜜的嘴唇》男主人公看過的一齣影戲的劇名。這齣影戲寫的是「黃陸案件」。「黃陸案件」是 1928 年在上海轟動一時的公案：黃家小姐和聽差陸根榮相愛，後因私奔未遂，陸根榮被地方法院判處徒刑。

義上說，機智又成了含蓄的基礎。這樣，《甜蜜的嘴唇》中的含蓄一端和幽默相通，另一端又和機智相聯，在總的含蓄的對話方式中將幽默和機智這兩種喜劇因素融彙在一起，從而構成了作品的獨到之處。

從內在的層次來說，全劇的喜劇性來自那種基於純潔愛情而生發出來的對於「人」的價值和力量的樂觀主義的肯定。如果說，美的實質恰恰是人的本質力量的客觀顯現的話，那麼喜劇美的最高實現也正是美對醜的直接戰勝，是人的本質力量對壓抑、扭曲這一力量的一切社會力和自然力的直接克服。《甜蜜的嘴唇》中青年男女之間的愛情由沉潛於心到溢於言表的曲折過程，正是他們在不斷地戰勝和克服了自卑感、恐懼感和階級偏見之後所達到的人性的發揚和升騰。

劇中那位學生身份的「少爺」對少女說過這樣的話：「唉！你的階級思想太深了，小姐就是人，用人就不是人嗎？純潔的愛是不顧這些的。」「用人怎麼呢？用人也不會做千年用人的，主人也不會做千年主人的。」在這席話裏，我們看到那種正在萌發的「人」的觀念已經成了人們對抗階級分野和宿命論的思想武器。如果我們不是抽象地評價這一思想，而是將評價和當時具體的歷史背景、幽默喜劇的自身發展等因素結合起來看問題，那麼就不難看到《甜蜜的嘴唇》中所孕育著的思想和藝術上的進步。

丁西林劇作中那種對於同情、諒解和互相關切的讚美，《合歡樹下》那種對於愛情充滿詩情畫意的禮贊，《結婚前的一吻》對於人情的肯定，《捉狹鬼》中對新式家庭裏親密無間的情意的欣賞，到了這裏不僅較多地溶進了人間的煙火，而且逼進了階級壓迫的邊緣，人們從中可以透視出某些社會的苦難。「當幽默變得更深刻，而且確實不同於諷刺時，它就轉入悲愴的意境，而完全超出了滑稽的領域。」〔註24〕正因如此，當大幕在情人們甜蜜的互吻中合攏時，人們也許會體味出留在他們唇邊的幾絲苦澀。戲劇的結局是圓滿的，但這種圓滿的結局畢竟是在一個萬籟俱寂的夜晚、一間小小的臥室中發生的，它能否經受住社會的考驗，還是一個有待回答的問題。在這種情況下，人們的心頭難免不會再一次襲來「黃陸之愛」的陰影。在袁牧之幽默喜劇的處女之作裏，我們看到了一種含淚的微笑。這種笑，在已有的喜劇創作中並不多見。

四個月後，袁牧之完成了《寒暑表》的創作。《甜蜜的嘴唇》的格調是幽

〔註24〕〔美〕喬治·桑塔耶納：《美感》，北京：中國社會科學出版社 1982 年版，第
　　　 175 頁。

默含蓄的，同時伴隨著一種淡淡的悲哀，而《寒暑表》中卻增添了一種俏皮機智的色彩。這種俏皮和機智主要表現在男女雙方的爭吵和鬥口之中。

　　劇本相當完整地狀繪出他們一次爭吵的「起承轉合」的全過程。就起因而論，爭吵顯然是出於男女間常見的妒嫉心理。劇中的「女子」同另外一個男人出去，三天未歸，「男子」於是憋足了心頭的悶氣，一俟「女子」回來，爭吵也就很快開場了。從這點看，劇本似乎很難有什麼積極意義。但我們如果變換一下視角，追究一下他們「和好」的原因，就會發現30年代幽默喜劇的中心主題即便在這樣的劇本中依然也是存在的。當戲劇的高潮隨著爭吵的白熱化而漸漸逼近時，正如男女主人公共同認定的那樣，一切似乎都已經完結了。但劇作者的藝術才華恰恰在於他能夠在這種「絕地」中使全劇的喜劇性向前大大地推進一步。沒有這一推進，人們得到的就只能是一種極為淺薄的笑；有了這一推進，劇本也就把讓人發笑和令人思索的兩種力量同時交給了人們。

　　作者讓戲劇情調在這裏發生了一個明顯的轉變，男主人公由此轉入了一種抒情的慢板，開始了哲理式的思考：為什麼男人和女人總是「笑著走攏」而又「鬧著走開」？為什麼常見的戀愛戲劇又總是以「喜劇開場」而又以「悲劇收場」？哲理的思考往往離不開歷史的回溯，男主人公在提出這樣的哲理命題之後緊接著回憶起他們兩人的過去。他們在不幸的境遇中相識，「是同情，是眼淚的結合，是一個悲的開場。」相互結合之後，他們又在艱難的環境中相依為命、同舟共濟。那麼，既然開場時他們已經有了一個例外，為什麼他們收場的時候不能同樣地不落窠臼呢？換句話說，為什麼不能有一個喜劇的結局呢？這個抒情的慢板表面上是喜劇性暫短的中斷，但正是在這一中斷裏，作者培植起使喜劇性得以深入的力量，同時，這個中斷也給了男女主人公以思考的時間，讓他們認真考慮一下那些在激烈的爭吵中無暇顧及的問題。隨著理性的回覆，男女雙方幾乎在同一時刻產生了悔意。當劇中的「男子」剛剛離家而去就又破門而入的時候，「和好」的結局當然會毫不遲疑地向他們走來。至於「男子」驟去旋歸的理由，是不是同他本人的解釋一樣，僅僅是因為戶外太陽光太毒的緣故，恐怕只有劇中的那支寒暑表最清楚了。現在，一切都已經過去，無論是索隱徵微的揭發，還是唇槍舌劍的進擊，無論是緊張的鬥口，還是刻薄的舌戰。不協調卻引來了協調的結果，作者引導人們用笑去肯定由於同情和體諒帶來的和解。

在前面的《甜蜜的嘴唇》和這裏的《寒暑表》中，我們可以發現一種相同的結構方式。乍看來，兩劇中都沒有什麼實質性的新舊衝突，但只要稍加品味，就會發現其間仍然隱含著一種具有社會意義的矛盾，那就是人和社會環境的矛盾，人要求合乎人性的發展，而社會環境卻在阻扼、扭曲著這種要求。這種險惡的社會環境的存在，在《甜蜜的嘴唇》中是通過「黃陸之愛」的社會悲劇和少女心中的自卑感、恐懼感和命定觀來折射的；在《寒暑表》中則是通過主人公戀愛經過的回憶和室外烈日的灼烤來象徵的。正是在人和社會的矛盾這種隱隱綽綽、時隱時現的大背景下，作者以笑的方式肯定了處於世態炎涼之間的愛情、友誼、同情、寬容的可貴，抒發出對這類美好感情的嚮往和渴求。

袁牧之的幽默喜劇都是那種只有兩個角色演的戲。作者認定這種戲劇形式在當時最能培養和訓練新的劇人，也許不無道理，但有一點卻是明顯的：它們出色的成就顯示了作者在戲劇語言方面的功力。極其簡單的人物設置，不能不極大限制了劇本中的生活含量。一般說來，它們往往缺少那種十分生動和複雜的故事情節，也很難見到那種縱橫捭闔的戲劇結構，因而「如果沒有玲瓏機智的對話，那一定是很單調的」〔註25〕。然而，這樣的藝術格局給予人們的絕不僅僅是諸多的限制，還有發展藝術家某一方面特殊才能的機會。袁牧之的戲劇語言在這種過渡性的戲劇形式中表現出鮮明的特色。它們一般不是長篇大論，而是在「一句接著一句」的對話中逐漸交待前史，並且適當「穿插一些小的動作和趣味，演出時也很能吸引觀眾」〔註26〕。兩個角色上演的戲劇在語言方面的高度要求正與喜劇的內部規律暗合。比起悲劇和正劇，喜劇對於語言有著更為苛刻的要求，而在喜劇內部的各種類型當中，幽默喜劇對語言的依附性更為至關重要。丁西林喜劇在很大程度上是靠漂亮、含蓄、俏皮的語言站立起來的，而袁牧之的喜劇則可以說幾乎全部是仰仗機智、乾脆，緊湊的對話去獲取成功的。

袁牧之對於丁西林喜劇語言的繼承關係是很明顯的，但同時又嶄露出了作家自己的個性。作為民國話劇史上的第一代知名作家，丁西林不僅有著西

〔註25〕 王瑤：《中國新文學史稿》上卷，上海：上海文藝出版社 1982 年版，第 313 頁。

〔註26〕 王瑤：《中國新文學史稿》上卷，上海：上海文藝出版社 1982 年版，第 313 頁。

學的功底，而且不乏中國古典文學的深厚淵源，這使他的喜劇語言在俏皮之中更帶有一種含蓄、一種詩意、一種雋永的神韻。袁牧之作為第二代劇作者，一個初登劇壇的年輕人，他的喜劇語言中缺少的正是這種深厚的蘊藉和悠長的意味，而更多的則是緊湊、活潑和機智，同時又難免有一點直露。對於後一點，我們似乎不應予以苛責，因為它在一個側面上也反映出話劇觀眾結構上的變化，隨著中國話劇觀眾群體向小市民層的擴展，那種帶有直露特色的語言風格恐怕是難以避免的。

老舍作為一位中國語言藝術的巨匠，一位頗具人望的幽默家，曾經多次強調過喜劇語言的重要性，他認為喜劇的語言應當是「極富機智、使人驚喜」、「處處潑辣生動」、「一碰就響」的〔註27〕。袁牧之的喜劇正可以作為這些要求的極好的腳註。當然，袁牧之喜劇語言本身也有一個發展的過程，那種明快俏皮，不斷迸發出智慧火花的對話風格在其 1932 年創作的《一個女人和一條狗》一劇中得到了淋漓盡致的發揮。

一個女扒手對一個男巡警的戲弄，簡而言之，就是這個劇本整個情節的構架。本應銬住「罪犯」的手銬最後反而銬住了巡警自己的手腕，捉人的人反倒被被捉的人所捉弄，這不能不說是對社會常軌的悖反。劇本在這種反常中獲得了很大的喜劇效果。從這層意義看，劇本似乎更接近的是諷刺喜劇而非幽默喜劇，從戲劇的構造來說，劇本似乎更接近的是「胡也頻模式」而不是「丁西林模式」，但事實並非如此。這裏面有兩個原因：

第一個原因在於從全劇基調看，喜劇的中心不在諷刺而在對於機智的讚美。幾乎是從戲劇的一開始，劇中的「女子」就佔據著主動的地位，並且沒有一刻的喪失，甚至沒有遇到過一次真正像樣的挑戰。她站在高處，一步步地從容不迫地將巡警引入最終的圈套，達到完全逼其就範的目的。當巡警剛剛上場的時候，他是非「人」，是一條在「大鐵門之下為那些老爺太大們守家」的「狗」。而當巡警即將下場的時候，他已經變成了一個「人」，成了女主人公的「朋友」。究竟是什麼力量促成了這一轉換呢？是機智，是「女子」的機智戰勝了他身上的「狗性」，使他不再是有產階級忠實的鷹犬，使他平添了恢復人性的可能。可見，機智是這個劇中扭轉乾坤的力量，劇本在很大程度上正是對於這種人類智慧的讚頌和張揚。

第二個原因是，儘管作者寫作的初衷是「希望那些『狗』們不再在大鐵

〔註27〕《老舍論劇》，北京：中國戲劇出版社 1982 年版，第 82、28 頁。

門之下替老爺太太們守家，而做了我們的朋友」〔註 28〕，但作品實際主要表現出來的卻不是發生在現存秩序的維護者和破壞者之間的矛盾衝突，而是女人反對男人的戰爭。劇本當中多次提到這種「男女戰爭」的問題，認為女子應當去「抵制男人」、「制服男人」，以至得出結論，要用「一個妻子來領導一個丈夫」，用尼姑去對付和尚，用看護去對付兵士，用妲己去對付執政者。這些亦真亦假並帶有點怪誕不經的對話固然是為了造成一種幽默機智的效果，但在相當程度上卻淹沒了劇中男女主人公的現實規定性，使之成了兩個類的存在物──女人和男人。因此，我們所謂女扒手對於男巡警的戲弄，也就最終表現為女人對男人的勝利。當然，即便如此，在一個夫權仍占統治地位的半封建的社會中，在男女尚未取得真正平等的當時，其積極意義仍然不應抹殺。然而，它畢竟為此而犧牲了按照原來藝術構想所可能獲得的那種更為鮮明的社會色彩和戰鬥精神。

在這裏，我們終於看到了一種矛盾、一種徵候、一種預示。我們知道，隨著左翼文藝運動的興起，袁牧之的思想正在不斷地左傾。30 年代初，他為了反抗家庭對自己演劇活動的干涉，憤而放棄了大學的學業，同家庭脫離關係，全力投入了戲劇事業，愈來愈多地受到了左翼戲劇運動的影響。作家真誠地希望自己的作品能夠表現出廣闊的社會現實，能夠增強社會性和政治色彩，能夠更明確地表達自己內心對現行統治的不滿、憎惡和鄙夷。這種強烈的自我突破的意向可以說貫穿於他在 1932 年前後創作的一系列悲劇和正劇中，《東北女宿舍之一夜》、《鐵蹄下的蠕動》和《母歸》等劇都可成為這點的佐證。然而，他最擅長的畢竟還是喜劇，尤其是那種幽默喜劇，於是他很自然地開始了一種新的嘗試，想要讓這種喜劇和比較強烈的社會性和戰鬥精神結合在一起。這無疑對 30 年代幽默喜劇中心主題的發展和深化具有重要意義。《一個女人和一條狗》的創作正反映了這一嘗試性的探索。

劇本公演後，立刻博得了相當多觀眾「熱烈的好評」。但正如作者自己所評價的那樣：「這戲的技巧方面，寫成的超過了我們計劃的，但在意義方面，寫成的卻不如計劃的。」〔註 29〕袁牧之的嘗試並沒有獲得完全的成功。劇本

〔註28〕 朱一葦：《評〈戲〉月刊募款公演》，《矛盾》月刊第 2 卷第 4 期，1933 年 12 月。

〔註29〕 朱一葦：《評〈戲〉月刊募款公演》，《矛盾》月刊第 2 卷第 4 期，1933 年 12 月。

在藝術和技巧上是高明的，這一點給人們留下了極深的印象。田禽在十多年後寫作《中國戲劇運動》之際，提到丁西林喜劇成就時仍然不能忘情於此劇，他說：「在戰前，寫劇而能把握住喜劇情調的，恐怕除了我們綽號『千面孔』袁牧之的一個女人和一條狗，沒有再能和他（指丁西林——引者）比擬的劇作了罷！」〔註30〕然而，這種成功卻又完全是在原有基礎上沿著原有方向發展所取得的成功。作為袁牧之幽默喜劇創作的藝術總結，這個劇本和林語堂的《子見南子》代表了30年代幽默喜劇的最高成就。至於作家所竭力要在劇中表現的社會性的新因素卻沒有能和藝術的主幹部分完全地合成一體，不免給人一種貼附之感。儘管有此不足，袁牧之在《一個女人和一條狗》中所進行的嘗試本身卻仍然具有一種明顯的客觀意義，它表明：在現實的急劇變化中，幽默喜劇不能再像老樣子繼續下去了，它需要發展變化，需要突破自己已有的纖小的格局，對時代作出更為有力的反應，否則，就只有在岑寂中萎縮、中落。

幽默喜劇的美學品格及其歷史走向

幽默喜劇，顧名思義，追求的顯然是一種幽默的審美效果。這種特殊的美學追求在很大的程度上規定了其自身的一系列特徵，進而也成為了幽默喜劇日後演化的內部依據。

「幽默」是英語 humour 一詞的音譯。就詞源學角度看，它最早是個拉丁詞，英國文藝復興時成為文藝術語。到 17 世紀末 18 世紀初，它的現代義已經逐漸形成，並開始由英國本土傳至歐洲其它各國，隨後又傳到世界各國，從而成為世界通用的一個美學術語。

西方的幽默文學及其理論於 20 世紀初開始影響到我國。林語堂是我國繼王國維之後較早提倡幽默的人，他在 1924 年發表的《徵譯散文並提倡「幽默」》一文中說：「我早就想要做一篇論『幽默』（humour）的文，講中國文學史上及今日文學界的一個最大缺憾。」〔註31〕在稍後發表的另一篇文章裏，他又寫道：「幽默二字原為純粹譯音，行文間一時所想到並非有十分計較考量然後選定，或是藏何奧義。humour 既不能譯為『笑話』，又不盡同『詼諧』；若必

〔註30〕 田禽：《中國戲劇運動》，重慶：商務印書館 1944 年版，第 49 頁。
〔註31〕 林語堂：《徵譯散文並提倡「幽默」》，《晨報副刊》1924 年 5 月 23 日。

譯其意，或可作『風趣』『諧趣』『詼諧風格』（humour 實多只是指一種作者或作品的風格）。」「幽默的人生觀是眞實的、寬容的、同情的人生觀。」〔註32〕林語堂對於 humour 最初的音譯及其解釋很快爲中國的文化界所接受，逐漸發生了愈來愈廣泛的影響。還在林語堂公開提倡「幽默」前不久，丁西林已經創作了他的第一個幽默喜劇劇本——《一隻馬蜂》。這位 1920 年剛剛從英國留學歸來的理科碩士的幽默之作當然不是林語堂引發的，但從其所受到的主要影響的源流看，兩者大體上卻是一致的，都是歐美的幽默文學思想。

應當指出，無論是林語堂寫提倡幽默之文，還是丁西林寫幽默之劇，雖然都是以「西風東漸」的世界文化交流作爲總體背景的，但同時又都是我國「五四」運動出現回潮之後的產物。這一點儘管時常爲人們所忽略，但對我們準確地把握本期幽默喜劇的實質卻是十分重要的。它在以後一個不短的時間裏決定了「幽默」傳播的走向和基調。對我國幽默喜劇的產生和發展影響較大的國家是英國、美國和法國。從影響的渠道來看，大體有兩種：英國和法國主要是以文學作品的形式，美國主要是以戲劇理論的形式。

在中國當時的戲劇理論界，較早提到「幽默」問題的是曾經留學美國的熊佛西。作爲喜劇家，他在「幽默」上並沒有表現出超過水平線上的才情，但這並不妨礙他作爲理論家對它作出熱情同時又帶點「幽默」的肯定和讚頌：

> 幽默呢，是前面論及的四種（指滑稽、諷刺、機智和幽默——引者）之中最高尚的一種。它比滑稽細雅，它比諷刺輕爽，它比機智深刻。假如滑稽是桃花，那麼諷刺就是晚香玉；假如機智是玫瑰，那麼幽默就是素心蘭。假如滑稽是炸醬麵，那麼諷刺就是牛肉面加辣椒面；假如機智是肉湯麵加胡椒麵，那麼幽默就是清湯雞絲面。它沒有機智那樣的酸，沒有諷刺那樣的辣，亦沒有滑稽那樣的輕飄。但它是那樣的沉靜幽雅，深刻雋永。它不使我們聲笑，只使我們微笑，有時又使我們由微笑轉入苦笑，轉入淒切，如杜鵑啼血一般的淒切。它的目的只在啓發沉思默想，使群衆反省，使自己反省，使群衆約束，使自己約束。
>
> 幽默，如諷刺一般，也是根源於愛。幽默家其所以要幽默他的國家或社會，都是因爲愛護他的國家與社會。例如蘇格蘭與愛爾蘭的民

〔註32〕林語堂：《「幽默」雜話》，《晨報副刊》1924 年 6 月 9 日。

族是現代幽默獨出的創造者，他們產生了許多極富幽默的作品，他們有時咒罵祖國，這正是表明他們愛護祖國。他們的咒罵完全是出於無意，而決不像諷刺家的諷刺是出於居心。諷刺家往往諷刺他人而不諷刺自己。幽默家則不然，他們幽默別人即是幽默自己。他們自己就是他們的對象。所以富於同情與公正，又是幽默的特色。〔註33〕

朱肇洛的看法和熊佛西大體相同，他也認為「幽默」是「很富有同情的，很溫柔的，很淒切的，很鬱悶的，很細緻的，很文雅的」；「它不能引起人們的聲色，只能引起人們心中生出無限的感悟！」〔註34〕

　　有關洪深對待幽默的態度問題，我們知之不多。在從美國學劇歸來的學人當中，他是位特殊的人物。對於「幽默」，這位為人嚴謹的劇作家和戲劇理論家似乎一直保持著一種謹慎的態度，很少發表比較集中的言論，但有兩點應當指明：一是他對王爾德《溫德梅爾夫人的扇子》成功的改譯，不僅使其本人在 20 年代上半期獲得了巨大的聲譽，而且也使中國的觀眾在民國話劇的草創期就領略了英國幽默喜劇的真正風情；二是他在 1934 年發表的《編劇二十八問》中對喜劇進行分類時仍然認可了西方戲劇界將「形容人物或生活的幽默」的喜劇視為「High Comedy」的看法〔註35〕。人們從這兩件事上多少可以窺測出「幽默」在其心目中的實際地位。

　　綜上所述，不難看出，我國 20 世紀二三十年代的話劇界對於「幽默」的理解在很大程度上承襲了歐美傳統的幽默理論。然而，文化思想上任何一種真正意義的引進都不可能是機械的照搬和簡單的轉述，都必然是外來因素在本民族傳統文化心理結構中的一種融合，一種對純粹外來影響和原有傳統的雙重偏離。這種偏離，並不總是有益，也不總是有害，但歸根結底卻總是必然的。因此，只要我們將熊佛西等人的幽默思想和丁西林等人的幽默喜劇同西方世界的幽默文學及其理論稍加對照，就不難發現那種引進過程中所發生的變異，那種特殊的偏離傾向，它們集中體現在中國現代幽默喜劇及其理論對於溫和性的偏好上。

　　我以為，在西方傳統的幽默理論中，有兩個最為基本的支點：第一是認

〔註33〕熊佛西：《寫劇原理》，上海：中華書局 1933 年版，第 87～88 頁。
〔註34〕朱肇洛：《戲劇論集》，北平：文化學社 1932 年版，第 264 頁。
〔註35〕參見《洪深文集》第 4 卷，北京：中國戲劇出版社 1959 年版，第 458 頁。

爲幽默從根本上說是對生活中的「無理性」、「荒謬可笑」的「摹仿」〔註36〕；第二才是認爲這種摹仿應當是「溫和的」，應當抱著「諒解的」、「寬恕的」、同情的心態〔註37〕。因而，對一個幽默形象來說，正如桑塔耶納指出的那樣，必須既有其「荒唐的一面」，同時又具備「可愛的人性」。〔註38〕這也就是說，西方傳統的幽默理論雖然也承認幽默有其溫和性的一面，但在總體上看卻沒有單純地強調它，以至讓它完全脫離對立的另一面的制約。這樣就爲人們留下了抉擇和配置的餘地，使喜劇家的天平可以根據不同的情況在這兩者之間遊移擺動。但是，在本時期（同時也包括上一時期）的中國現代幽默喜劇當中，情況卻發生了很大的不同。人們給予這種溫和性以高度的重視和強調，以致使它幾乎成爲幽默諸要素中第一位的東西。而恰恰是這一點在很大程度上決定了 30 年代幽默喜劇的總體面貌和它的歷史命運。

對幽默溫和性的強調，直接造成了劇中同情、寬容和友愛的成分對於嘲諷非理性因素的絕對優勢，以至決不單是「友誼感」使得「諷刺」具有「一點抱歉和溫情的氣味」〔註39〕，而是後者幾乎全部地爲溫情的潮汐所吞噬。丁西林就認爲：「一篇喜劇，是少不了幽默和誇張的。劇詞之中，對於社會的各方面，也多少含有諷刺的意味。可是這些諷刺都是善意的，都是熱忱的。」〔註40〕作家寫下這段文字的時候，已經是 1941 年了。這時的他在思想上應當說早已發生了變化，這種變化表現在作品中，主要是題材範圍的擴大和諷刺因素的加強。但即便如此，他還是堅信幽默喜劇中的諷刺意味不過只是「多少含有」一點罷了，並且還要緊接著強調，這種諷刺必須是滿懷「善意」與

〔註36〕〔英〕赫斯列特：《英國喜劇作家》，伍蠡甫主編：《西方文論選》下卷，上海：上海譯文出版社 1979 年版，第 41 頁。赫斯列特（Wlliam Hazlitt 1778～1830），英國著名的文藝批評家和散文作家。

〔註37〕盧那察爾斯基對幽默的看法，當然不能簡單歸於西方的文藝理論。但是在幽默應當有溫情這一點上卻是對西方傳統幽默理論的明顯繼承。參見他的《社會主義現實主義》，《蘇聯作家論社會主義現實主義》，北京：人民文學出版社 1960 年版，第 42 頁。

〔註38〕〔美〕喬治‧桑塔耶納：《美感》，北京：中國社會科學出版社 1982 年版，第 174 頁。喬治‧桑塔耶納（George Santayana 1863～1952）美國哲學家，批判實在論的代表人物之一。《美感》是其重要的美學著作。

〔註39〕〔美〕喬治‧桑塔耶納：《美感》，北京：中國社會科學出版社 1982 年版，第 175 頁。

〔註40〕丁西林：《妙峰山‧前言》，此處引自《丁西林劇作全集》上卷，北京：中國戲劇出版社 1985 年版，第 302 頁。

「熱忱」的，生怕破壞了全劇溫和的蘊藉。熊佛西在《寫劇原理》一書裏，雖曾談起「幽默」有時也含有「咒罵」的意味，但畢竟是在舉例說明幽默「根源於愛」時的一種「一帶而過」。觀其全文，這種「一帶而過」，在對於「愛」與「同情」的用心、對於「細雅」和「輕爽」的美感、對於「沉靜幽雅」的風範、對於「微笑」的效果洋洋灑灑的禮贊之中的實際地位如何，其實是不言自明的。

「胡也頻模式」，相對而言，這種諷刺意味應當是比較濃重的，但實際又並非如此。《子見南子》開頭部分對於孔子的嘲弄和揭露隨著描寫轉入人物內心衝突的過程在很大程度上為對他的同情所鈍化和弱化，以致全劇的結尾竟染上了一層淡淡的悲悼之色。而這也就成為了林語堂將其稱作「悲喜劇」的一個原因。在《模特兒》（熊佛西）中，這種對友好與同情的追求很快導致了一個和解的結局，一對冤家對頭頃刻間化作了翁婿之好。「丁西林模式」中，這種情況更為明顯。在不少作品裏，人們很難找到那種真正意義上的嘲諷，有的充其量不過是一種令人解頤的調侃，如《捉狹鬼》（胡也頻）等。而在丁西林的《瞎了一隻眼》和《北京的空氣》等劇中，那種原本是在創作風格和作家心境意義上的對於同情與友愛的追求，現在破土而出，一變而成為作品實際思想內容中直接謳歌的對象。正如前述，這兩篇劇作的中心就在於對友誼、同情、諒解和寬容等本身的直接肯定。

對幽默溫和性的強調，帶來的另一個明顯結果是作品中讚美因素的加強，這一點同嘲諷因素的鈍化適成反比。胡也頻認為幽默喜劇主要「表現的是屬於人生愉快的這一方面」〔註41〕；丁西林在《壓迫》小序開頭的第二句話中就告訴人們：「這劇裏主人」具有「一種可愛的特性」〔註42〕。這些令人愉快的可愛的影像閃現在本期幾乎全部的幽默喜劇作品中（其實也包括上一時期的同類作品）。1926年發表的《壓迫》歷來被認為是丁西林整個早期劇作中最富鬥爭意義的一個劇本，然而即令如此，它的重心也不在展示「抵抗壓迫」這一鬥爭的意蘊上，而在歌頌男女新人們在「互助」意義上的可愛，雖說這兩個方面不無聯繫。本期的《捉狹鬼》更是如此，這裏已經沒有了「鬥爭」，而只剩下了「可愛」。

〔註41〕 胡也頻：《捉狹鬼·序》，《胡也頻選集》下冊，福州：福建人民出版社 1981
年版，第 1063～1064 頁。
〔註42〕 《丁西林劇作全集》上卷，北京：中國戲劇出版社 1985 年版，第 61 頁。

如果說，在《壓迫》和《捉狹鬼》等劇中，主人公的可愛主要是來自「機智」的話，那麼在《親愛的丈夫》和《北京的空氣》等劇中，主人公的可愛除機智外，還有一種學者與文人的「呆氣」。你只要想一想那位結婚兩個月竟不知「妻子」是男人的任先生，想一想那位明知僕人「偷」而絕然想不到去解雇他，最後只好以「偷」對「偷」的「主人」，你就會理解這個「呆」字的內涵。「呆」在一般人看來，不會有什麼價值，但在相當一部分知識分子心目中，卻是一種不肯追名逐利、堅貞自守的處世美德，就像沈從文提到「呆」字時說的，「越呆也越見出人性」〔註43〕，自然也就愈發顯得可愛。

這種可愛性甚至在「胡也頻模式」中的《灑了雨的蓓蕾》裏的熊父熊母身上也能找到。江文輝之所以能夠轉危為安，固然是由於他的應變能力，但又明顯和熊父本身的知書明禮有關，熊父最後幽默的「知趣」更加深了人們對他的好感。就劇中的描寫而言，你很難相信這是北洋軍閥屬下的一位旅長，實際上他只是經過作者「美化」後的一個新舊摻半的既讓人氣惱又讓人覺得可愛的倔強而不固執的老頭子而已。至於熊母，雙目的失明已經引起人們相當的同情，而那種對女兒深深的母愛和對女兒戀人的擔心，使人在對她的同情中又看到了「可愛」的品性。

應當說，在本期幽默喜劇的大部分作者看來，這種「可愛」正是來自人性。因此，我們才得以見到那種讚美和肯定人性可愛的中心主題。實際上，30 年代大部分的幽默喜劇都可以看作是這樣一種類型的讚美喜劇。

對幽默溫和性的強調，引起的又一結果是反映在作品題材上的：30 年代幽默喜劇經常描寫的往往限於作者身邊熟悉的日常生活瑣事，並且大都以現代知識者的兩性關係為背景。這一點和作品中的同情性與讚美性因素互為因果、相輔相成。惟其這樣的題材，才能保證他們作品的溫和性、同情性和讚美性；惟其有了那種對於溫和、同情和讚美的美學偏好，才會使他們在那個特定的大時代當中一心沉潛在這種狹小的題材範圍裏。

《一隻馬蜂》（1923）是丁西林的成名作。一般人為了強調作品的社會意義總愛誇大該劇中以吉先生和余小姐為一方的「新」對以吉老太太為另一方的「舊」之間鬥智的線索。從作品實際看，情況並不完全如此。作者嘲諷的是那個「不自然」的社會，而在這一點上，吉老太太很難被認作是一種典型的代表。作品對吉老太太，即便是有一定嘲弄的成分，也是相當溫和與微弱

的，更何況其中也並不缺少讚賞之意。究其原因，很簡單：原來吉老太太的原型就是作家自己的母親。可見這種心理上的同化是作品同情性、讚美性和溫和性的具體保證之一，而它同時又是以「熟識」為其必要條件的。

丁西林談到喜劇創作時曾經強調過：劇作應當是「生活的」，要「自然」、「平易」、「清淡」，要「從那最平淡的事件裏反映出眞實」〔註44〕。由於作家們對「溫和」、「同情」和「讚美」的強烈追求，這一創作思想在當時社會條件下的實現，就只能是題材的細小化。本期幽默喜劇即便是在描寫愛情與家庭生活的時候，也往往缺乏一種處理較大場面和過程的心境和魄力，因此我們經常見到的幾乎總是日常生活中極其平凡的一個小小的場景，一個小小的角落，一個小小的事件，一次短短的談話乃至一次小小的波瀾。這一點在《寒暑表》和《甜蜜的嘴唇》等劇中表現得尤為突出。這些作家似乎具有一種尺水興波的本領，他們在平常人的平凡細小的日常生活中精心地發掘著人性和人情的優美，努力給人們以輕鬆愉快的美感，而對重大的社會危機和政治事變盡量保持著一種審慎而緘默的態度。

對幽默溫和性的強調，也帶來了對於理性精神的重視和片面理解。我們當然可以把這一點看作是五四時期理性精神的合乎邏輯的延伸，但更確切的說法或許是：它和30年代幽默喜劇整個的美學追求是息息相關的。因為，在這種所謂的「理性精神」中固然依舊包含著「批判」的意味，但已經較多地融入了「克制」、「超越」和「精深」的涵義。丁西林晚年在《孟麗君·前言》中講到「喜劇與鬧劇有別」時特別指出：「喜劇是一種理性的感受」，它發出的應該是「會心的微笑」〔註45〕。可見這種思想對他的影響之深。同樣的思想，在熊佛西、朱肇洛等人當年的著作中都有所表現。

丁西林「會心的微笑」源自梅瑞狄斯的「thoughtful laughter」。而後者，按周煦良的譯法是「有深意的笑」，但也可以譯成「會意的笑」或者「理智的笑」〔註46〕。從中足見這種笑對於理性和理智的依附關係。這種對於理性精神的強調顯然和我國古典文學中追求含蓄蘊藉的傳統有關，但更重要的卻是

〔註44〕柏李：《會見丁西林先生》，《劇場藝術》1940年第2卷第8、9期合刊。
〔註45〕《丁西林劇作全集》上卷，北京：中國戲劇出版社1985年版，第308頁。
〔註46〕〔英〕梅瑞狄斯：《喜劇的觀念及喜劇精神的效用》，伍蠡甫主編：《西方文論選》下卷，上海：上海譯文出版社1979年版，第87頁。梅瑞狄斯（George Meredith 1828～1909）英國小說家、詩人。

因爲只有強調了理性精神，本期幽默喜劇的創作才可能做到溫和、同情和讚美，才可能在細小中發現人情的優美和人性的偉大。

在這些情況下，所謂理性精神實際上代表了一種超越的意向。在一個混亂的社會裏，現實是「悲多樂少」，那麼靠什麼才能創造出「樂多悲少」的幽默喜劇呢？只有靠「超越」。喜劇《壓迫》係爲紀念亡友而作，這是很多人都知道的。據作者自言，他寫完劇本的時候，「感覺到的只是無限的淒涼與悲哀」〔註 47〕。難以想像，沒有這種超越精神，作者能夠把內心的無限淒涼與悲哀經過美的處理而成爲喜劇。就這個意義上說，喜劇作家往往要站在生活的上面來俯視生活。只有這樣，他們在現實中的種種複雜而微妙的利害關係才可能得到某種程度的緩解，才能把執著的態度和超脫的方式結合起來，眞切的熱情才能化爲高度的理智，微觀的感受和宏觀的氣魄才能得到統一，他們也才有可能創造出喜劇的幽默之美和那種暫時「解除憂慮的輕鬆感」〔註 48〕。

應當承認，這種超越的精神並不總是同脫離或迴避現實的傾向相聯繫，它可能是消極地脫離現實，也可能不是，更可能是兩種情況兼而有之。在本期的幽默喜劇中正是這樣，既有脫離現實的一面，也有堅信人性崇尙理想的另一面。丁西林說自己的《壓迫》「不過是一種幻想」〔註 49〕，但更準確的說法，不是幻想而是理想。就這點而言，當時的一位批評家對其作品的評價可能更貼切些，他認爲丁氏的作品實際上是一種「浪漫主義與理想主義的混合」〔註 50〕。

本期的幽默喜劇其實大都表現了一種理想、一種渴求，一種希望人們能夠生活得自然而美好的理想，一種對人際關係中的愛及類似愛的種種感情的渴求。在那些關於日常生活的瑣細描寫中，有了這種理想和渴求，才可能產生有深意的笑、會心的笑；而缺少了這種理想和渴求，就很容易墮入油滑或流於浮躁。由此而論，這種理想和渴求中固然含有某些雜質，但畢竟含有諸多積極和健康的成分，深埋著一種樂觀主義的偉力。同時，我們還可以看到，只有有了這種理性的超越的精神，人們才可能控制住自己的感情，使其在作品中的表達呈現出強弱適宜的分寸感，才能切實保證那種寬容、同情的心態。

〔註 47〕《丁西林劇作全集》上卷，北京：中國戲劇出版社 1985 年版，第 62 頁。
〔註 48〕〔英〕馬丁・艾斯林：《戲劇剖析》，北京：中國戲劇出版社 1981 年版，第 86
　　　　頁。馬丁・艾斯林（Martin Esslin 1918～2002）英國當代戲劇理論家兼導演。
〔註 49〕《丁西林劇作全集》上卷，北京：中國戲劇出版社 1985 年版，第 61 頁。
〔註 50〕侍桁：《〈西林獨幕劇〉評》，《文藝月刊》第 3 卷第 6 期，1932 年 6 月。

　　總而言之，30 年代的幽默喜劇是以「溫和」為中軸，將「同情」、「讚美」、「自然」和「理性」等要素紐結而成的一個特殊的「網絡」系統，從而規定了它玲瓏雋永、細膩精雅同時又是纖弱細小的總體格局。其歷史的功過得失盡在於此。

　　新興的幽默喜劇對於民國話劇史的貢獻，是不容置疑的。我們沒有理由去懷疑它生存下去的合理性。但有一點應當明確，幽默喜劇正因為是「新興」的，因此，它就絕無理由在其誕生的初期就過早地封閉自己，它儘管略具鬚眉，但其肌膚還需豐潤，其骨骼還需壯健。而要想做到這一點，它就必須加強和時代的聯繫，從現實生活的土壤中獲取發展的生機和活力。為了這個原因，它或許需要於初露頭角之後經歷一段在寂寞中探索的行程。

　　1927 年大革命失敗以後，中國革命的歷史進入了十年內戰時期，南京政權的軍事獨裁統治很快引起了人們日益普遍的不滿和反對。在中國共產黨人的領導下，革命力量正在重新集結，農村革命根據地的創立和發展，國共兩黨在軍事上的武裝對峙，這一切都預示著一個新的革命高潮的到來。與此同時，隨著馬克思主義文藝思想的初步引進，左翼文藝運動的蓬勃興起，文藝界中思想的分野也就日益分明。對文藝社會功能和戰鬥作用的高度強調，使絕大多數左翼人士在很長時間裏對喜劇，其中首先是幽默喜劇持有一種深深的懷疑態度。在田漢、洪深等戲劇界的主要人物紛紛左轉的同時，也就很自然地出現了幽默喜劇在日漸活躍後不久驟然而來的止歇。

　　丁西林在 1931 年下半年出版了他的幽默喜劇集——《西林獨幕劇》，收錄了他自 1923 年以來的作品。無論就劇作集的內容還是其出版的時間看，這件事都帶有一定的象徵意義。它表明自「九‧一八」事變前後開始，我國幽默喜劇的創作實際已經進入了蟄伏期。丁西林在第二個「十年」中基本上是處於擱筆狀態。究其原因，並不像有人認為的，是因為「工作繁忙、備極辛勞」〔註51〕的緣故。他在 1927 年離開北大到中央研究院工作，其後為了籌建物理研究所而經常往返於寧滬之間。應當說，丁西林在 30 年代裏更加接近全國劇運的中心。但這卻沒能進一步激發作家的創作熱情，反而使其暫時放下了手中的寫劇之筆，並跟文藝界「很少」「來往」〔註52〕。這不是偶然的，而

〔註51〕王震東：《他給人們以幽默的微笑》，《中國話劇藝術家傳》第 2 輯，北京：文化藝術出版社 1986 年版，第 12 頁。

〔註52〕王震東：《他給人們以幽默的微笑》，《中國話劇藝術家傳》第 2 輯，北京：文化藝術出版社 1986 年版，第 12 頁。

是當時國內社會思想、文藝思潮急劇動蕩，階級鬥爭十分激烈的一種曲折反映。作爲一位追求社會進步的高級知識分子，他並不滿意於國民黨當局的所作所爲，而另一方面，他對中國共產黨人和他們的事業又一時缺乏理解，不可能接受當時左翼運動的主張。處於左右爲難之間的他難免懷有一種迷惘和困惑，不願捲入文藝界派別鬥爭的漩渦。結果造成了「擱筆」的局面。

丁西林的「擱筆」很有代表性，類似的情況也發生在顧仲彝、袁昌英等人中間。顧仲彝在 1933 年的一篇文章中曾經十分清楚地表露過他們這批人在「徬徨猶豫，躊躇不進，意見分歧，莫衷一是」窘境中的苦悶〔註 53〕。自 1932 年前後起，顧仲彝事實上也基本停止了幽默喜劇的改譯創作。

「九・一八」後，日本帝國主義加緊了對中國的侵略，民族矛盾日趨激化。深重的民族危機激發了民衆空前的愛國熱忱，救亡圖存已經成了每一位愛國者最爲關心的問題。幽默喜劇的作者們進一步喪失了必要的創作心境。正如于伶當時尖銳指出的：「『九・一八』事變已高照起瓜分的明燭，太平洋沿岸的新戰爭已點燃了藥線，在蟲、旱、水災中飢餓死亡之餘的中國被壓迫大衆，已沒有餘閒來輕鬆地笑了，即使民族性是『愛看喜劇』與有『追懷古人古事的習性』，『愛古的遺風』！戲劇是宣傳和教育大衆的最好工具，她該走怎樣的新途徑？應視大衆目前的遭遇與將來的前途而決定的。」〔註 54〕時代和民衆對話劇的要求已經發生了巨大的轉變，作家的社會責任感、「五四」以來不斷高漲的公民熱情、強烈的民族情緒使人們已經不能心安理得地在那種與時代關係遙遠的主題上打轉，他們迫切要求在幽默喜默的創作中也能隨之出現新的變化。

朱端鈞在《寄生草》成功的改譯之後不久投入了左翼戲劇運動，放棄了幽默喜劇的創作。袁牧之也如前述，在《一個女人和一條狗》的嘗試後，全力轉向了悲劇和正劇的寫作。本期的幽默喜劇在相繼失去了丁西林、袁牧之及顧仲彝、袁昌英、朱端鈞等作家之後，創作勢頭基本停頓了下來。而到林語堂提倡幽默小品、張揚「閒適」和「性靈」之時，他在幽默喜劇領域的應和者可謂寥寥無幾。

在 1932 年到 1937 年這段時間裏，幽默喜劇的創作除了陳白塵的《徵婚》和《二樓上》以外，再沒有出現過堪稱上乘的作品，一般的劇本都呈現著某

〔註 53〕顧仲彝：《戲劇運動的新途徑》，《戲》月刊第 1 期，1933 年 9 月。
〔註 54〕于伶：《評〈戲〉月刊第一期》，《戲》月刊第 2 期，1933 年 10 月。

種畸形和病態。其中需要一提的作品有兩篇：一個是黎錦明的《籠面紗的女人》，一個是張道藩的《自救》。

《籠面紗的女人》作於 1933 年。就藝術角度觀之，劇中不乏幽默和俏皮，但作者似乎是將丁西林和袁牧之的語言特點推向了極端，片面追求語言奇譎和機智的效果，給人以神秘朦朧之感，使人難以產生真切的現實感受。全劇的喜劇糾葛在貴婦、《惡之華》的作者和錢商之間展開，有一種濃重的上流社會氣息。劇本代表了幽默喜劇在語言藝術上的畸形發展和思想上的退化。

《自救》作於 1934 年，是張道藩的「初次嘗試」之作。全劇共分四幕，是 30 年代幽默喜劇中體制最大的一部。劇本上演後，讚揚者固然不乏其人，但多為專事逢迎的御用文人。綜觀全劇，很難找出被有些人稱道的那種「才調」和「喜劇真諦」〔註 55〕。劇中第四幕的一段，喜劇色彩比較明顯。金振華一面向曾秀芝求婚，一面又再三向其表示要同先前由於父母包辦而訂有婚約的曾麗英退婚。而他萬萬沒有想到：曾秀芝和曾麗英實際是同一個人。英法喜劇中常見的「假扮」在這裏使全劇微弱的喜劇性達到了形式上的高潮，而在這種形式的掩飾下，隱藏著的卻是一種社會文化思想上的曖昧。劇中嘲弄的指向並非包辦兒女婚姻的人，而是主張自主結合的金振華在戀愛過程中的盲目性。直到最後，他才明白：「他現在所追求不得的，即是從前惟恐拋棄不去的」，如果不是命運的偶然，他險些失掉父輩包辦為其選擇的佳偶。

劇本上演後，立即受到當時進步文藝界的批評，舒湮就曾明確指出：《自救》主張的是「一種『中庸』之道的方式」，它「仍然迷戀於封建的屍骸」〔註56〕。當然，更加實質性的問題也許並不在這裏。作者在婚姻觀念上表現出來的「調和主義」畢竟屬於表面現象。當時的一位論者對《自救》的詮釋可謂一語破的，他認為當時的新學與舊學、白話與文言等等中西新舊之間各執極端的爭論其實無非是一種「儀式的爭執」，當此爭執不休之際，尤當提倡超越態度，方能達到有如劇中「完滿的調和」之結局〔註57〕。這段話完全道穿了《自救》寫作的真正用意。力主調和，高唱超越，但說穿了卻是鑒於當時國

〔註55〕 徐悲鴻：《張道藩的〈自救〉》，《新民晚報》1934 年 9 月 30 日。
〔註56〕 參見舒湮《上海大學劇聯公演茂娜凡娜及其他》，上海《晨報》（快報）1934
　　　　年 8 月 23 日；以及《自救》南京正中書局 1935 年版第 128～129 頁的附錄部
　　　　分。
〔註57〕 參見屈義林：《觀張道藩先生〈自救〉後》，《中央日報》1934 年 10 月 5 日。

內日益尖銳的社會鬥爭形勢而要人們「和」到他們的「新生活運動」中去,「統」到他們「黨化」的文化專制主義中去。

1933 年前後,國民黨中央宣傳委員會及當時的中央軍校政訓處爲了對抗左翼戲劇運動曾「懸獎」徵求話劇劇本,但應徵者無幾,能用的劇本幾乎沒有,結果受到人們廣泛的譏諷。這個刺激就是讓張道藩執筆作劇的直接動機。他們想以此向左翼劇運爭奪劇壇的控制權,但這只能是一種幻想。中國話劇的劇壇是不屬於他們的,《自救》很像是本期幽默喜劇中的贗品。張道藩這裏實際上是利用了幽默喜劇自身的弱點,並且將它們推向了極端。

在紅色的 30 年代,《自救》的出現進一步拉開了中國進步劇作者和幽默喜劇之間的心理距離,本期的幽默喜劇創作也就以這種心理距離爲背景而走向沉寂。對於中國幽默喜劇本身和當時進步的劇作家們來說,這一點不能不說是一種歷史的遺憾。

當然,這種「沉寂」終將是暫時的。作爲中國話劇當中一個新興的品類,它還年輕,不會就這樣壽終正寢。它在話劇發展中播下了成功的因子,它也就有理由期待著更大收穫的來臨。在這驟至的沉寂之前,中國的幽默喜劇有過日見活躍的時期,而在這之後,又將是它的壯大和成熟。而要達到這樣一天,幽默喜劇就必須要有所變化,要突破自身已有的格局。

誠然,幽默喜劇經常伴隨著一種輕鬆的氣氛和「善意」的情調,但這種「輕鬆」和「善意」並不構成幽默絕對和唯一的特質。正如魯迅指出的:當人們「抱在黃河決口之後,淹得僅僅露出水面的樹梢頭」〔註 58〕的時候,「幽默」「就免不了改變樣子」,它應當「傾於對社會的諷刺」,否則就只有「墮入傳統的『說笑話』和『討便宜』」〔註 59〕。這裏,倒是這位聲明「我不愛『幽默』」〔註 60〕的文學巨匠用了一種特殊的「幽默」方式表露出他對於「幽默」的關切和期待。他在要人們力戒「幽默」過濫以免流於輕薄、油滑、庸俗和拙劣的同時,多次深刻而尖銳地指出:「幽默」要想在中國現時的土地上生存下去,就必須加強的不是它的「溫和性」和「娛樂性」,而是在輕鬆形式下面的「嚴肅性」和「社會性」。他在《小品文的危機》一文中說:「生存的小品文,必須是匕首,是投槍,能和讀者一同殺出一條生存的血路的東西;但自

〔註 58〕《魯迅全集》第 4 卷,北京:人民文學出版社 1981 年版,第 575 頁。
〔註 59〕《魯迅全集》第 5 卷,北京:人民文學出版社 1981 年版,第 43 頁。
〔註 60〕《魯迅全集》第 4 卷,北京:人民文學出版社 1981 年版,第 567 頁。

然，它也能給人愉快和休息，然而這並不是『小擺設』，更不是撫慰和麻痹，它給人的愉快和休息是休養，是勞作和戰鬥之前的準備。」〔註 61〕這裏，魯迅針對的是林語堂等人的小品文，但其基本精神同樣適用於本期的幽默喜劇。

中國幽默喜劇的發展至此已經到了一個關鍵的轉換關頭，它需要思想和藝術上的雙重反省，它需要磨練自己「以笑代怒」、「變憤為笑」、變義憤為輕蔑的本領。也許正是由於這種「反省」，它轉向了在寂寞中執著探索的行程。

〔註61〕《魯迅全集》第 4 卷，北京：人民文學出版社 1981 年版，第 576～577 頁。

第 3 章　諷刺的喜劇

　　中國的現代諷刺喜劇濫觴於文明戲時代，誕生於「五四」新文化運動之中，在 20 世紀 30 年代明顯地走向成熟。在我們正式考察 30 年代的諷刺喜劇之前，有必要簡略回顧一下民國諷刺喜劇的早期發展情況。

現代諷刺喜劇的早期嘗試

　　早在 1907 年 6 月春柳社在東京上演《黑奴籲天錄》的時候，由李濤痕扮演的奴隸販子海留一角就曾在第二幕「工廠紀念會」中發表過滑稽演說。這位深受日本新派劇著名滑稽演員藤井六輔影響的表演者在演說中，極盡諷刺調笑之能事，把一個放債人生性的邪惡和奸詐表現得活靈活現、淋漓盡致。〔註 1〕這則來自東瀛的史料似乎可以表明，諷刺性因素從一開始就與中國的早期話劇結下了不解之緣。

　　在春陽社和進化團的演出中，更是存在著大量針對現實政治、時事和風俗的諷刺。至於在新民社和民鳴社的滑稽表演裏，同樣不缺少諷刺的要素。正是在這樣的背景下，新劇界才可能出現像徐半梅這樣名噪一時的趣劇大家〔註 2〕。由於新劇界有識之士們的共同努力，到 1914 年前後，中國的早期話

〔註 1〕　參見黃愛華：《文明新戲與日本新派劇、新劇之關係》，南京大學博士論文，1993 年，未刊稿，北京圖書館藏。

〔註 2〕　鴻年在《新劇外史》當中說他「演劇資格固深，而不及其編劇資格老到，編正劇資格固佳，猶不及編喜劇資格完備。今日劇場所演之喜劇，及董別聲等倚爲金飯碗之滑稽劇本，大半出自徐君手筆，往者譯自東籍者居多，近則專務腦筋中結構者矣。」（《戲雜誌》第 6 期，1923 年 1 月）足見徐氏滑稽之作在當時的影響。

劇中已經出現了諸如歐陽予倩的《運動力》（1913，已佚）、張冥飛的《文明人》（1914～1915）、南開新劇團的《一元錢》（1915）和洪深的《賣梨人》（1915，已佚）等具有明顯諷刺精神的結構相對完整的戲劇作品。上述這些諷刺性創作或帶有明顯諷刺性內容的話劇作品在抨擊社會黑暗、揭發醜行惡德以及破除迷信等方面無疑具有重要的積極意義，它們不僅爲中國現代諷刺喜劇的誕生奠定了必要的基礎，而且也在很大程度上規定了其在早期亟待解決的關鍵性問題，也即「諷刺的喜劇化」問題。

諷刺喜劇，顧名思義，應當是諷刺因素和喜劇因素相互結合的產物。爲了避免那種將諷刺喜劇簡單理解爲「諷刺＋喜劇」的機械看法，或許我們需要將其更準確地定義爲「諷刺的喜劇化」。對此，我們可以從兩個層面上加以把握。

從美學角度而言，諷刺的喜劇化要求一種喜劇性的諷刺。愈來愈多的理論工作者已經發現，諷刺遠非一種嚴格意義上的喜劇性範疇，因而傾向於把它區分成非喜劇性諷刺和喜劇性諷刺兩類。前者的嚴肅性不僅使其與笑無緣，而且完全可以把它送入悲劇的領地。正如閻廣林所指出，蒲柏的《群愚記》、海涅的政治諷刺詩以及《詩經》中的一些諷刺王公貴族的作品，儘管具有極其明顯的諷刺性，但卻很難將其視爲喜劇性的詩篇。﹝註 3﹞就此而言，並非文明戲當中所有的諷刺性因素都能進入喜劇的範疇。南開新劇團編演的《新村正》（1918年首演），就標題提示的詮釋線索來說，是一部成功的諷刺性作品，但劇中的諷刺從總體來看卻屬於悲劇性的範疇，因而它對中國現代諷刺喜劇的誕生也就不可能產生重要的直接影響。

就戲劇學意義而言，諷刺的喜劇化不僅要求賦予諷刺以一種完整的喜劇（戲劇）形式，而且要求諷刺成爲這一話語系統中的支配性因素。在文學中，諷刺是一種滲透力和附著力極強的元素，因此「幾乎沒有哪一種文學體裁不能容納下諷刺之筆」﹝註 4﹞。諷刺，可以是小說，可以是詩篇，可以是散文，甚至可以是——並且僅僅是——一段普普通通的話，而只有當它被置放在一個總體的喜劇結構當中並且與這一結構有機地聯繫在一起的時候，它才有希望被判定爲諷刺喜劇。在文明戲中，大量的諷刺因素要麼屬於一種插科打諢的狀態，要麼

<hr>

﹝註 3﹞ 閻廣林：《喜劇創造論》，上海：上海社會科學院出版 1992 年版，第 167～168頁。此外，有論者將諷刺理解爲一種藝術手法，因而得出其不屬於喜劇範疇的結論，見潘智彪：《喜劇心理學》，海口：三環出版社 1989 年版，第 223 頁。

﹝註 4﹞ 〔英〕阿瑟‧波拉德：《論諷刺》，北京：崑崙出版 1992 年版，第 33 頁。

完全出自那些言論派角色之口，因而就總體而觀之，它們在實際上仍然處於諷刺的低級形態——諷刺性獨白及其變體的階段。此外，在某些早期話劇作品中，諷刺似乎已經具備了喜劇的形式，例如在《共和萬歲》（1911 年首演）第 11 幕中，逃官們的滑稽言動已經構成了極富諷刺意味的喜劇場面，但就整個劇本而言，它還僅只屬於一種局部意義上的喜劇諷刺，與諷刺喜劇尚有明顯的距離。

就普遍情況而論，文明戲時代的喜劇諷刺之所以不能上升到諷刺喜劇的階段，其根本原因在於那時絕大多數新劇家對喜劇和諷刺還缺乏真正的自覺。而這一點恰恰是諷刺喜劇化的基本前提。

自 20 世紀初以來盛行於進步文化界的揚悲劇、輕喜劇的思想傾向正是抑制現代諷刺喜劇誕生的重要因素之一。歐陽予倩在《回憶春柳》一文中曾說：「春柳劇場的戲悲劇多於喜劇，六七個主要的戲全是悲劇」。「在八十一個劇目當中，喜劇約占百分之十七，其中有一半是獨幕戲，而且除掉《鳴不平》當一個戲排練過以外，其餘差不多都是胡亂湊的。我們的演員都不大會演喜劇，也沒有認真加以重視，喜劇在春柳劇場只能算是臨時湊數的。」〔註 5〕可見，儘管對於春柳派的主要成員來說，他們都有著悲喜雙修的初衷，但一落到演劇活動的實處，他們真正器重的還是悲劇。只是因為中國的觀眾「不大習慣」「純粹的悲劇」，為了吸引他們，不叫他們「每次都帶著沉重的心情出戲館」〔註 6〕，春柳派同人才不得不串演一些助興式的喜劇節目，以做調劑觀眾情緒之用。春柳派在當時的演劇系統中，是最具藝術修養和追求的一支力量，他們尚且如此，其他派別的情況也就可想而知了。顯然，在這樣的社會心理與藝術心理指導下，諷刺與喜劇的結合問題是難以提到議事日程上的。

在 20 世紀的最初十幾年間，對於剛剛接受「喜劇」術語的中國人來說，顯然一時還無暇顧及到對於「諷刺」的深刻體認問題。這就必然造成兩種情況：首先，他們不可能從現代意義上去辨析諷刺與其他相關概念（如歐穆亞、諧謔、滑稽等）的區別；其次，他們更願意用某些傳統的概念去比附它。因此，當時的新劇界在有意無意之間往往把喜劇性的諷刺視為一種類似古代「滑稽」和「醜行」（戲曲行當中的一種）的東西，結果在創作實踐中導致了滑稽因素壓倒諷刺因素的明顯傾向，並且最終造成了滑稽的泛濫。正如鄭正秋在《新劇經驗談》中所言：

〔註 5〕《歐陽予倩全集》第 6 卷，上海：上海文藝出版社 1990 年版，第 174 頁。
〔註 6〕《歐陽予倩全集》第 6 卷，上海：上海文藝出版社 1990 年版，第 174 頁。

　　腳色多滑稽，難得骨子戲。

　　小生怕花旦，花旦怕老生，老生怕滑稽。

　　滑稽無所怕，獨怕國事戲與世界戲。〔註7〕

這種滑稽過濫的現象在後期文明戲當中實際已經嚴重損害了作品的思想性和藝術性，以至這些滑稽之作根本無法進入嚴肅的題材領域。正是為了這個緣故，一些具有責任感和事業心的新劇家不得不中止了自己的滑稽創作。徐半梅就是其中的一個，他說：「我的滑稽戲也只寫了三十多出，從此不再編下去了。與其使它變質，還不如不編。」〔註8〕足見，滑稽固然可以哺育諷刺，但在另一方面卻也可能抑制諷刺美在戲劇藝術中的凝聚和昇華。

　　當「五四」新文化運動到來的時候，現代諷刺喜劇的創造者們所面對的正是這樣一種遺產，其中既有成功的突進，也有失敗的迴旋。看來，為了建設中國的現代諷刺喜劇，人們至少需要在兩個方面同時進行努力：努力提高對於諷刺和喜劇的自覺；努力促成諷刺和喜劇的結合。

　　1919 年，魯迅從文明批評和社會批評的角度為「諷刺」做出了明確的功能性的現代定位。1922 年，周作人發表了中國現代喜劇思想史上第一篇比較完整的諷刺論。〔註9〕幾乎與此同時，人們對於喜劇的認識也正處於不斷深化之中。1921 年，宋春舫為了彌補中國向來少見「純粹的滑稽劇」的藝術缺憾而發出呼籲。一年以後，余上沅開始明確提到「喜劇的觀念」問題。1925 年，魯迅在其諷刺觀念的基礎上向新文化界貢獻出自己經典性的喜劇定義。正是在這樣的時代背景下，中國產生了第一批嚴格意義上的現代諷刺喜劇劇本。到了 1929 年，當馬彥祥正式提出「諷刺的喜劇」這一概念的時候，他所做的已經不僅僅是對於本·瓊森喜劇性質的判定，而且也是對於中國現代諷刺喜劇誕生的一種歷史性的追認。〔註10〕

　　1920 年，陳大悲創作了三幕短劇《雙解放》，這是中國最早的重要的現代諷刺喜劇劇本之一。從該劇的劇末附言中可以看出，作家在寫作過程中已經具備了明確的喜劇範型意識，也即是說，作家不僅是有意識地按照自己對於

〔註 7〕轉引自周劍云：《劇壇懷舊錄》，《萬象》第 4 卷第 3 期，1944 年 9 月。

〔註 8〕徐半梅：《話劇創始期回憶錄》，北京：中國戲劇出版社 1957 年版，第 66 頁。

〔註 9〕此處指周作人：《自己的園地（八）》，見《晨報副刊》，1922 年 3 月 19 日。

〔註10〕馬彥祥：《戲劇概論》，上海：光華書局 1929 年版，第 29～30 頁。本·瓊森（Ben Jonson 1572～1637），莎士比亞同時代的英國詩人、戲劇家，被認為是英國古典主義的先驅者、諷刺喜劇的奠基人。

喜劇特性的理解去從事寫作，而且還懷有一種力求使喜劇上達的可貴追求。
正如陳大悲自己所說，他之所以要進行《雙解放》的嘗試，其目的一方面是
要克服自己不能編演喜劇的「短處」，另一方面是想扭轉當時流行喜劇「穢褻
不堪」的局面。〔註11〕也正是由於有了這種喜劇的自覺，陳大悲的諷刺喜劇
從一開始就具有了自己鮮明的特點。

　　《雙解放》通過一對夫婦互換靈魂的幻想性情節，嘲笑了中國傳統的夫
權思想及其背後的封建禮教。在劇中，我們不難找到那種可以視爲點睛之筆
的概括性話語，這主要體現爲兩段臺詞。一處是作爲禮教代表者和維護者的
族長的夫子自道；另一處是主人公顧妻對族長的斥責。儘管這兩處臺詞揭示
了全劇的寓意所在，但是劇本整個的諷刺性意蘊卻不是由它們單獨負載的。
在這裏，早期話劇中那種司空見慣的概括性的結論已經不再是遊離劇本主體
的外在附加的插入式成分，它們已經被形象地內化於全劇的情節和人物描寫
之中了。因此，在我看來，《雙解放》的主要意義在於它首先是一種標誌，它
表明早期話劇中的喜劇性諷刺因素已經走出了諷刺性獨白及其變體的階段，
進入了諷刺喜劇化的新天地。不能小視這一歷史性的轉變，因爲它在實際上
爲早期話劇中諷刺因素的藝術化和諷刺意蘊的深化提供了多種可能性。當諷
刺處於獨白及其變體的階段時，其諷刺的意義往往是單一和直露的，但當它
發展到喜劇化階段的時候，由於情節、人物、結構、語言等因素產生的合力，
其意蘊就可能具有了某種層次感。

　　就《雙解放》的意義表層而言，其諷刺性的主題是極易理解的：禮教無
視人們內心的追求而抱著僵死的教條不放，而活人應當擺脫禮教的束縛。劇
本的諷刺如果僅僅停留在這一層面上，那麼它的意蘊仍將是單純和直露的，
但是作家對於顧妻這個人物形象的塑造卻無疑扭轉了這一情況。在這一形象
身上具備著被欺者與欺人者兩方面的特徵。作爲「強迫婚制底俘虜」，她深爲
封建夫權和禮教所苦，但同時她又不斷地將自己的痛苦轉嫁到丫環畹兒的身
上。不僅如此，當她換有了男性的靈魂之後，顧妻實際上是以一種以其人之
道還治其人之身的方法報復——自然也是一種「欺負」——她的丈夫。顧妻
之所以成爲被欺者，是因爲禮教的存在，而她之所以能夠成爲欺人者，同樣
也是由於禮教的緣故。看來，禮教不僅「俘虜」了她的肉身，而且也在很大
程度上「俘虜」了她的靈魂。在這種情況下，她即使有幸得到「解放」，但其

〔註11〕陳大悲：《雙解放·附言》，《晨報副刊》1920 年 10 月 31 日。

實際搬演的也依舊只能是一齣「壓迫」的鬧劇而已。作品在這裏不僅表現了被欺者與欺人者之間的對立，而且同時也展示出他們之間驚人的一致性。這樣，作家就通過人物形象身上負載的信息對諷刺的表層意義進行了補充、豐富和深化處理，不僅表達了他有關「實行個人靈魂底革命」〔註12〕的思想，而且也明顯提高了全劇在思想和藝術兩個方面的品位。

從 1920 年寫作《雙解放》開始，到 1923 年 7 月將近三年的時間裏，陳大悲對諷刺喜劇表現出明顯的熱情，除《雙解放》外，他先後創作了《愛國賊》、《「平民的恩人」》、《忠孝家庭》和《維持風化》等劇。《愛國賊》通過愛國賊和賣國官之間的比照，揭示出官不如賊的主題。《「平民的恩人」》通過一場黑吃黑的鬧劇脫去了平民的敵人披在自己身上的「平民的恩人」的外衣。《忠孝家庭》是陳大悲最成功的諷刺喜劇作品。它通過一個「割股療親」的故事諷刺了禮教信奉者愚昧迷信的一面。劇中的諷刺性和喜劇性開始具備了一種統一的寫實風格，預示著陳大悲諷刺喜劇創作中的某種轉機。《維持風化》是作家創作多幕諷刺喜劇的真正嘗試，可惜並未取得成功。作品試圖利用一系列懸念黏連過於鬆散的情節，結果不但未能造成集中的諷刺效果，反而導致了喜劇性的失落。

1923 年北京人藝劇專的解散，對於陳大悲來說無疑是一次沉重的打擊。自此以後，他停止了諷刺喜劇方面的探索。儘管如此，作為中國現代諷刺喜劇的早期開拓者之一，陳大悲對於中國民國喜劇史的貢獻仍然不應被抹殺。他在諷刺喜劇化方面的有益嘗試提高了人們對於這一領域的興趣，使 20 年代的現代劇壇出現了一批具有相當影響的諷刺喜劇作品，如：歐陽予倩的《回家以後》和《潑婦》（1922）、余上沅的《六萬元》（1922）、壽明齋的《含淚的微笑》（1922）、蒲伯英的《道義之交》和《闊人的孝道》（1923）、黃鵬基的《刮臉之晨》和《她的兄弟》（1926）以及熊佛西的喜劇等。應當看到，陳大悲在諷刺喜劇領域的嘗試是多方面的。在他的作品中實際上已經包含了中國現代諷刺喜劇三種基本模式的雛形：《雙解放》是一篇寓言劇；《忠孝家庭》傾向於寫實型的諷刺；而《愛國賊》則有著一種明顯的政治諷刺色彩。雖然他本人未能將這些嘗試進行到底，但畢竟為後來者提供了藝術上的借鑒。

〔註12〕陳大悲：《愛美的戲劇》，北京：晨報社 1922 年版，第 262 頁。

繼陳大悲之後，對中國的現代諷刺喜劇發展做出重要貢獻的戲劇家是熊佛西。人們總愛將他視爲陳大悲的同道，這種定見顯然忽視了他們兩人之間的區別，特別是他們在諷刺喜劇創作上所表現出來的區別。

在中外諷刺文學史上，大體有三種類型的諷刺家，他們在諷刺現實事物時所依據的理想標準是不同的。第一種人往往喜歡往後看，既然昨日之日不可回，他們的諷刺也就難免給人以一種沒落或幻滅之感。第三種人是向前看的，因此在他們的諷刺中，你可以發現那種「理想的光」〔註13〕；由於對未來的希望在一定程度上拉開了主體與現實醜惡事物之間的距離，所以他們最有餘裕去以一種藝術的和喜劇的方式表達自身對於醜惡的否定。第二種人是那類具有明顯過渡特徵的諷刺家，新舊參半是他們最大的特點。儘管在這個世界上並不存在絕對純粹的新或舊，但也並非隨便哪一位諷刺家的作品都是新舊雜陳的。大體言之，陳大悲屬於第二類諷刺家，而熊佛西則屬於第三類。至於說到第一類諷刺家，或許因爲現代喜劇對於中國人來說本來就是一種新生事物的緣故，在中國現代諷刺喜劇的創作領域似乎並不多見。

陳大悲早年因參加新劇活動而同他的官宦之家鬧翻，這充分表明他走向現代文明的決心。然而，從他以後曲折的經歷來看，他卻未能在新型文明當中爲自己的精神構築起一種穩固的家園。在他的諷刺之作中，我們可以發見一種對於驟然發迹者的敏感，《愛國賊》中的張景軒、《「平民的恩人」》中的汪銳庵、《維持風化》中的邱子鍵、《英雄與美人》中的張漢光以及《幽蘭女士》中的丁葆元，無一例外都是民初的新貴，並且政客居多。如果說諷刺新貴本身還不足以說明問題，那麼諷刺新貴的同時必欲揭示其先窮後達、先貧後富的生平變故這一事實本身卻可以表明，作家的諷刺多半是從一種沒落者的立場上發出的。因此，在這類諷刺中，既有對於辛亥革命的幻滅，又有對於社會巨變的怨恨。而這種怨恨往往會使諷刺的主體和客體緊緊地纏繞在一起，其最終的結果是使諷刺停留在一個直露的或特指的階段，難以進入喜劇藝術的佳境。這種新舊參半的特點在陳大悲諷刺禮教的作品中同樣有所反映。在《忠孝家庭》一劇中，儘管作家嘲笑了禮教中封建愚昧與迷信的一面，但卻未能揭示出其中的殘忍性，原因就在於作家本人對那種愚孝愚忠還懷有某種依戀。他既是「割股療親」行爲的批評者，但同時似乎又是這種愚行的由衷的欽佩者。這並不是說凡是對於傳統文明具有矛盾心態的作家都不可能

〔註13〕《魯迅全集》第 1 卷，北京：人民文學出版社 1981 年版，第 194 頁。

創作出上乘的諷刺喜劇作品，但要想做到這一點顯然是需要條件的。條件之一就是作家首先要能夠正視自己內心的矛盾，而這一點卻是陳大悲做不到的。陳大悲是位以啓蒙爲己任的劇作家，至少在 20 年代的上半期，他最熱衷的是如何去指導社會。只可惜他忘記了一點，即他自己也在應當接受改造之列。這樣，在一個相當長的時間裏，他對新思潮的理解只能停留在思想的表層，因而缺乏自我獨特的體驗。這就成了其諷刺喜劇創作時常流於表面化並且後來難以爲繼的重要原因。

同陳大悲相比，熊佛西在諷刺喜劇的創作心態上要輕鬆些，因爲他沒有那種新舊參半的明顯的負累，他有希望，或許也有沮喪，但惟獨沒有幻滅的困擾。他賴以自持並援引爲諷刺標準的是一種新的文明。值得注意的是，熊佛西雖然從 1920 年開始撰寫現代話劇劇本，在包括《新聞記者》在內的這批早期劇作中雖然已經具備了極爲明顯的諷刺性，但都算不上是喜劇之作，除了一個小小的例外——《偶像》。小品式的諷刺短劇《偶像》（1922）固然標示出作家諷刺思想的邏輯起點，但並無藝術上的成功可言。只有到了 1926 年，熊佛西才算真正進入了諷刺喜劇創作領域。從《洋狀元》（1926）開始到《蒼蠅世界》（1930）爲止，在 5 年的時間裏，他先後至少創作了 9 篇諷刺喜劇劇本。從中不難發現赴美留學對他的影響，也正是這種與中國傳統文明判然有別的異質文明激發了作家的喜劇熱情，並使他的諷刺喜劇與陳大悲的作品表現出明顯的差異性。就在陳大悲的諷刺喜劇嘗試難以爲繼之後不久，熊佛西的諷刺喜劇帶著一種獨特的美學風格出現在中國的劇壇上。

當中國新生的幽默喜劇轉入暫時沉寂的時候，喜劇的精靈在諷刺喜劇當中發出了熠熠的閃光。儘管「幽默」的因素依舊長存，但它畢竟將自己宗主的地位讓度給了「諷刺」，中國的現代諷刺喜劇就這樣被歷史的演進推向了喜劇舞臺的臺口。

20 世紀 30 年代的諷刺喜劇大致包括寓言型、社會型和政治型三種類型。這一時期諷刺喜劇的歷史同時又是這三種類型依次更叠、相互交融、不斷發展的歷史。正是在這樣一個歷史的節點上，熊佛西作爲 30 年代寓言型諷刺喜劇的代表性作家，對於中國現代諷刺喜劇的歷史發展率先做出了重要貢獻。

熊佛西和寓言型諷刺劇

作爲中國現代劇壇上的一位著名拓荒者，熊佛西幾乎在話劇藝術所有的

領域都曾留下過辛勤墾殖的痕迹。他在本期的劇作除了喜劇之外，還有正劇、悲劇及歷史劇，但喜劇無疑是其取得重要成就的主要園地。即便是在那些正劇和悲劇作品中，人們也能清楚地發現作家與衆不同的喜劇才能。在喜劇領域，熊佛西雖然也曾寫過幽默喜劇《模特兒》、社會型的諷刺劇《屠戶》，但寫的最多的還是寓言型的諷刺喜劇。到目前爲止，人們已經普遍注意到熊佛西喜劇的鬧劇成分，但這畢竟屬於對事物的表層認識。從一個比較深入的美學角度去考察，我們會發現：其喜劇創作最爲基本的藝術特徵在於事約義遠的寓言性。也正是由於這一點，熊佛西才得以同本期的其他喜劇作家劃清了界限，他的喜劇之作才得以爲中國現代諷刺喜劇的發展增添了一種特殊的風致，從而提高了後者的藝術品位。這種足以代表 20 年代末到 30 年代初中國現代諷刺喜劇重要藝術成就的美學風格，在熊氏的喜劇作品中主要體現爲簡約的格局、怪誕的色彩、象徵的運用和哲理的概括四個方面。

提到「簡約」，人們或許會想起契訶夫對它的讚揚。這位俄羅斯文壇上的一代巨匠以其特有的簡潔風格由衷地寫道：「簡潔是才力的姊妹」，「寫得有才華就是寫得短」〔註 14〕。毫無疑問，在契訶夫那裏，簡約是同其寫實主義的美學理想融合在一起的，這就使他所謂的簡約同熊佛西喜劇中的簡約在具體藝術構成方面存在著明顯的差異性。但從一個更高的層面看問題，我們不難看到，作爲對文學藝術共同規律的某一個方面的認識，兩者又都共同表現出了對於「單純之美」的強烈追求，這使他們兩者的尚簡文風在一定程度上又的確存在著某些暗合之處。

這種「單純」、「簡約」的追求使熊佛西的《一對近視眼》（1929）成爲了一個寓言式的喜劇小品。劇本通過方方和順順這對近視眼夜間將螢火蟲當作鬼魂的小故事，諷刺了廣義的「近視眼」。作家借方方之口說出了「原來我們都是近視眼！」的哲理性思考，提醒人們謹防自己在生活中的短見，要跳出眼前的煩擾，用長遠的眼光看取生活。在《裸體》（1930）中，作家又用極爲經濟的筆觸狀繪了發生在農村某地娘娘廟內裸女雕像下面的一場小小的風波。通過道貌岸然的鄉紳政大爺親吻裸女雕像的醜行被人揭露，鞭撻了社會人生的虛僞，撕下了假道學道德風化的面紗，讓人們看到了「道德先生」們藏在《論語》下面的《金瓶梅》。這類寓言諷刺劇一般篇製都比較短小，《蟋

〔註14〕〔前蘇聯〕季莫菲也夫主編：《俄羅斯古典作家論》，北京：人民文學出版社
　　　　1958 年版，第 1139 頁。

蟀》（1927）號稱「四幕」，實際上卻未必抵得上一個獨幕劇的正常篇幅。在這類劇作當中，不可能見到那種繁複跌宕的故事情節和立體化的生活細節；人物形象也不可能具備細膩的內在性格層次的遞進或轉換，從而呈現出一種類型化的傾向。這當然可以說是一個弱點，但同時又極可能是一種優點。不管今天的我們如何去評價其中的優劣得失，但有一點可以肯定：簡約在這裏，實際上是作家的一種自覺的藝術追求。

熊佛西在《寫劇原理》一書中，曾經明確地將其表述爲以「情節精粹、背景簡略、人物單純」爲內容的「單純主義」的戲劇主張〔註 15〕。嚴格說，這種建立在現代藝術應當「美化」和「經濟化」相統一觀點上的藝術主張確實有一定的形式主義的嫌疑，作家在具體表述過程當中又不無偏頗和疏漏之處。但就總體而言，熊佛西的主張又包含了極其明顯的合理性因素，這主要來自作家對於中國話劇發展某些規律性的認識。

熊佛西在論及當時的話劇界實行「單純主義」的必要性時，曾經表達過這樣的思想：

首先，他認爲「把複雜的人生照相似的搬上舞臺，不但不可能，而且不必要」，況且「以單純的藝術而表現複雜的人生，正是藝術家應有的能力」；戲劇作爲反映人生的「結果」，之所以可能做到「單純而無複雜」，其原因就在於「藝術」「不能無挑剔、不能無剪裁」，「更不能不有作者的人格與想像」〔註 16〕。由此可見，熊佛西的「單純主義」實質上是在承認戲劇是人生反映這一大前提下對創作主體性和能動性的認識和強調，而這一點是符合文藝創作規律的。同時這種看法在當時的背景下也有著積極的現實針對性。西洋話劇自傳入中國以來，不少人對其寫實特點懷有一種機械和表面的理解，似乎現代戲劇就等於寫實劇，寫實劇就一定要將生活按照原有的樣子照搬到舞臺上，這就勢必在藝術實踐中引來一系列的消極影響，如：劇本過「實」，疏於結構的結果造成了劇情和語言的散漫、拉雜和拖沓；過於注重道具布景的實在性等等。熊佛西提倡「單純主義」的時候，從劇本創作的角度看，正處於由獨幕劇向多幕劇遞進的階段，上述弱點如若不能克服，勢必會嚴重限制立足未穩的包括諷刺喜劇在內的整個話劇藝術的發展。本期寓言型諷刺喜劇在藝術上的歷史功績就在於它們以建立在主觀性和客觀性相統一基點上的簡約

〔註 15〕熊佛西：《寫劇原理》，上海：中華書局 1933 年版，第 19～20 頁。
〔註 16〕熊佛西：《寫劇原理》，上海：中華書局 1933 年版，第 21 頁。

風範給人們以啓示，並向機械、片面、高成本的「寫實」傾向提出了挑戰。

其次，熊佛西認爲「單純主義在今後的中國戲劇界」之「有實行的必要」，就在於「我們的觀衆太窮了」，他們「不但沒有錢看戲，而且沒有時間看戲」；就在於「我們主持戲劇的同志又少又窮。沒有成本，缺乏人力，短少專任的時間」〔註 17〕。如果說熊佛西前面主要是從劇本創作著眼，那麼這裏中國現時話劇必須經濟化的原則主要是從觀衆、劇場、表演以及成本角度考慮的。由此可見，熊佛西所提倡的「單純主義」的美學追求和在寓言型諷刺喜劇中具體體現出的簡約風致不僅是出於對藝術創作規律的某種認識，而且也從一個重要的方面反映出了中國話劇藝術在整個初創時期實踐性的客觀要求。

最後，需要指出，在寓言型諷刺喜劇總體藝術特徵的內部構成中，簡約並非一種獨立的特色，它往往是在同怪誕、象徵與概括等因素交相融合的過程中確立起自己的美學意義和藝術品位的。有時它是它們的結果，有時它又是它們的條件或前提；而更多的時候，它和它們卻又是互爲因果、互爲前提、相互爲用的。總之，在熊佛西的寓言型諷刺喜劇當中，上述這些因素通常是鎔鑄在一起的。如果一定要單獨談論簡約的美學價值，或許可以認爲：簡約是保證其總體特徵的必要條件，正是它向怪誕、象徵和概括提出了高度的需求，從而才使人們最終有可能充分領略到熊佛西喜劇特有的寓言美、諷刺美和喜劇美。

談到寓言型諷刺喜劇的怪誕美，我們需要先從誇張說起。誇張，對於喜劇的意義幾乎是人所共知的。諷刺喜劇對它的依附性更大。但當藝術的誇張超過了某種限度，它就勢必進入到了怪誕的領地。熊佛西的諷刺喜劇大多帶有怪誕色彩，爲此，它們時常受到不少人的白眼和輕視。然而，在本期比較優秀的這類劇本當中，卻往往包含了較爲深沉的意蘊，反映出作家認識和表現生活的獨特方式。我們不妨看一下《藝術家》和《蒼蠅世界》，它們是熊佛西諷刺喜劇中比較重要的兩篇。

《藝術家》（1928）中的林可梅，是「當今」「第一流」的畫家，極富天才且頗爲勤勉，卻始終擺脫不了貧困的滋擾，他的每幅作品只能賣到五毛錢。不過，古玩鋪的賈老闆曾經有話：只要林可梅本人一死，其畫每幅即可升值爲五千元。最後，在貪心的妻子和兄弟的逼迫扭持之下，林可梅要倒地「裝死一年」，爲林家獲得了十數萬元的鉅款。在這裏，情節的怪誕是顯然的。表

〔註17〕熊佛西：《寫劇原理》，上海：中華書局 1933 年版，第 21 頁。

面上看，喜劇的衝突主要發生於林可梅和妻子的不同志趣之間，一個忘情於藝術，一個貪圖的是金錢，兩者的碰撞是必然的。但這種必然性並非源自兩個人物自身，而是植根於客觀的社會生活。因此更深一步說，這種「怪誕」反映出來的實際上是現實生活中的異化現象：畫，本是畫家所爲，是人的創造物，但在《藝術家》所表現的這種怪誕的情境中，人和人的創造物卻難以共存，畫的價值的肯定恰恰要以畫者價值的否定爲前提。這樣，作爲那個不要藝術、扼殺藝術的時代人類異化的外化，劇中的怪誕也就具有了較爲深沉的含義。在一齣鬧劇的背後，我們看到了作者作爲藝術家發自內心的悲哀。

《蒼蠅世界》（1931）的情節看上去更爲荒誕。劇中主人公是位自詡爲「蒼蠅博士」、「蒼蠅專家」的杜先生，「研究蒼蠅之學二十餘年」，現自任「中華蒼蠅撲滅會會長」，雄心勃勃地開始了一場號召「四萬萬同胞聯合起來」「驅逐蒼蠅」的宣傳運動。與此同時，他爲募集捐款和爭取「國聯」資助，在市內的滑稽胡同 25 號創辦收購蒼蠅的事務所，高價徵求蒼蠅。於是很快搞得沸沸揚揚，四鄉紛紛成立了蒼蠅製造公司和營造工廠，專以人工養殖蒼蠅爲業。轟轟烈烈的驅蠅運動，帶來的卻是蒼蠅空前絕後的大繁殖、大搬家、大集中，以致最後造成了一個烏煙瘴氣骯髒透頂的「蒼蠅世界」。口號和結果形成了尖銳的比照。當然，全劇眞正的諷刺意蘊並不在這裏。

桑塔耶納談到「怪誕」時，曾經提出過兩個概念：「自然的可能性」和「內在的可能性」，他認爲「怪誕」實際上是對生活外部形態的打破，其背離的是「自然的可能性」，而非「內在的可能性」〔註18〕。如果不去斤斤計較於他的個別術語的準確性，我們會發現這種認爲怪誕美並不違反也不應違反事物發展內在可能性的看法是頗具見地的。《蒼蠅世界》的怪誕正是如此。僅就作品反映出來的生活的外部形態看，那種專營蒼蠅事業的人和事，至少在當時的中國純屬子虛烏有。然而，就作者在怪誕的情節構架中放置的儘管簡單但又具有某種眞實性的人物關係與生活細節觀之，我們不難找到那種造成「怪誕」的「內在可能性」，這就是杜先生一類人的心口不一、言非若是以及對贊助捐款的垂涎。這樣，劇本就爲自身的成立奠定了內在的眞實的基礎。「怪誕」之美在這裏也就同那種由虛妄幻想製造出來的輕浮謔虐的類似物劃清了界限。它不僅在現實人物性格之中爲自己找到了完全合乎邏輯的並不怪誕的解釋，

〔註18〕〔美〕喬治・桑塔耶納：《美感》，北京：中國社會科學出版社 1982 年版，第175 頁。

而且在此基礎上經歷了由表層向深層的轉化，並在轉化中形成了一種對於生活的穿透力。也正是由於這種「穿透」，人們才能更加深切地感受到作者對當時社會生活中隨處可見的運動民眾、招搖撞騙、中飽私囊等種種「功在黨國」的「社會運動」的滑稽性的認識，感受到作者對於這類社會現象通過藝術的方式所表達出來的輕蔑、諷刺和否定。

總的說來，「怪誕」雖然有一雙想像的翅膀，但它畢竟是從現實的大地上騰空而起的。就這一點而論，寓言型諷刺喜劇中的「怪誕」實際表現的是客觀生活怪誕性的喜劇化過程。如果我們可以將其分為兩個層次的話，那麼，其深層結構是作為客觀的怪誕因素的藝術凝聚而存在的，是對現實生活中「倒行逆施」、「虛偽狡詐」、「愚蠢癲狂」〔註19〕等非理性本質的一種反映。這種反映過程同時又是作家表露自己對於這些「非理」和「怪誕」的情感的道德的審美的評價過程。而它的表層結構則以其明顯的荒謬絕倫提示著人們不要在事物的表層駐留，而務必向事物的深層精進，唯此才能把握住作品眞正的喜劇美之所在。這在實踐的意義上也就自然地牽涉到另外一個問題——象徵。

象徵的優勢，正和怪誕的優勢一樣，在於它能夠打破「形」與「神」之間的正常聯繫，而將一種重新組合的創造性的可能和樂趣留在生活本質和生活表象之間。當然，在這方面，象徵往往缺乏怪誕那種廣泛靈活的自由度，但這並不妨礙它同樣也能給人留下一種新奇而睿智的美感。只要我們稍微留意一下寓言型諷刺喜劇中的形神關係，就會發現這兩者正是以象徵的方式聯結的，這種跳躍的特殊的聯結方式因而也就為這類喜劇帶來了特殊的風采。

且看熊佛西的《喇叭》（1928）。該劇中的象徵性意蘊是在兩個方向上表現的。劇中的「喇叭專家」，因為擅吹喇叭而失去了自己的姓名，同時也隨之失掉了作為人的眞實品格。他不但可以「一天吹到晚」，「用不著歇息」，而且「吹得圓轉」、輕鬆，使聽者「聽了還要聽」，直至「百聽不厭」。然而，「吹」畢竟不能替代生活中的一切，五年的光明，終於使人認清了「喇叭」的實質，作為「人」的「喇叭」並不比作為「物」的「喇叭」更有用。於是，他只好在人們的厭惡與唾棄中枂然離去。作者在這裏無情地指斥了那些徒尙空淡、不務實事而又吹牛拍馬、嘩衆取寵的人，戳穿了他們腹內空空、身無所長、成事不足、敗事有餘的老底。與此同時，作品又通過多姑一家由於深受「喇叭」先生的蠱惑而幾至家破人亡的遭遇，暗示了一味聽信高調和逢迎的危害

〔註19〕熊佛西：《佛西論劇》，北平：樸社 1928 年版，第 6 頁。

性。這樣，作者在吹者和聽者兩個方面以象徵的方式揭露和諷刺了那個「好吹的世界」和「年頭」。

這裏需要指出的是：寓言型諷刺喜劇的象徵美和人們常說的象徵主義是大異其趣的，雖然它們確有相通之處。這主要表現在象徵手法的運用上。

「象徵」（Symbol），作爲古希臘文的本義，是指把一塊木板分成兩半，雙方各執其一，作爲日後接待的信物。這和它作爲古漢語中的本義有相近之處。《周易》用卦爻等符號象徵自然變化和人事休咎，因此，《易・繫辭下》曰：「是故易者，象也，象也者像也。」《禮記・中庸》曰：「無徵不信。」其後，它的含義又幾經演化，逐漸發展成爲「用具體事物表示某種抽象概念或思想感情」〔註20〕的意思。就「寓理於象」這一點說，熊佛西的喜劇和象徵主義戲劇有明顯的相近性，但相近不等於相同，何況這種相近性又是就事物的表面意義而言的。表現手法的相同並不一定意味著美學追求的一致，而構成某種藝術系統主要審美特徵的恰恰是後者而非前者。象徵主義主要的特徵並不在象徵手法運用本身，而在其通過象徵、暗示、聯想和通感所表示出來的對某種恍惚迷離、難以捉摸的內心隱秘的追求和內外世界之間神秘的交感。客觀地說，象徵主義雖不故意去追求晦澀，但卻明顯地偏愛於那種半明半暗、忽明忽暗、明暗相間、神秘朦朧的「意象」〔註21〕。熊佛西在20年代中期曾在美國留學，其間受過西方象徵主義的影響，是很自然的事情。但從作家這段時間創作的幾個話劇劇本來看，這種象徵主義對其喜劇的影響是極爲有限的。在這些劇本中，只有《洋狀元》是喜劇，作家在劇中以戲謔、辛辣的筆鋒諷刺了某些中國留學生不學無術、數典忘祖的醜惡嘴臉。劇中那種諷刺指向的具體性和直接性明顯地阻礙了作品在運用象徵方面的進展。從熊佛西諷刺喜劇整個演化的趨向來說，《洋狀元》主要代表的是它的趣味性，而非典型的寓言性。

熊佛西正式寫作的第一篇喜劇是《偶像》，時間早在其出國之前的 1922 年。劇中通過一對專以迷信活動維持生計的兄弟貿然打碎廟內塑像而後又馬上後悔不叠的故事，影射了當時破除迷信打倒偶像運動的不徹底性，暗寓了作家本人的啓蒙主義思想。無論就其短小的篇幅，還是寄寓式的寫法來看，《偶

〔註20〕《辭海》1999 年版縮印本，上海：上海辭書出版社 2000 年版，第 569 頁。
〔註21〕《中國大百科全書・外國文學》，北京：中國大百科全書出版社 1982 年版，第 1125 頁。

像》都是一篇典型的寓言型作品，其寓言諷刺的特徵是極爲明顯的。因此，我們不妨將它視爲熊佛西在 1926 年以後曾一度大量創作的寓言型諷刺喜劇的發端。相形之下，《洋狀元》當中的趣味性掩蓋了其內裏的寓言性。直到熊佛西回國以後，《偶像》所表現出來的寓言諷刺的特徵才在其喜劇創作中取得宗主的地位。與此同時，趣味性也在寓言諷刺的統攝下找到了自己的位置，成爲寓言型諷刺喜劇內部構成的一部分，在這種情況下，它通常是以「怪誕」和「象徵」的形式繼續發揮著其特殊的魅力。

就上述情況特別是就熊氏絕大部分喜劇的具體實際來看，其寓言諷刺的藝術在象徵的運用方面，似乎主要是受制於中國文化中的寓言傳統和中國喜劇的民間性特徵的影響。這些再加上諷刺文學本身對外在世界的執著精神，於是就從根本上決定了熊佛西喜劇象徵的相對單純性。它們主要反映的往往不是人心的隱秘、通感的神秘和意象的飄忽，而是一種用粗線條寫在怪誕外殼之下的人生哲理，一種對於外界乖謬與悖理的審美評價。這樣，無論是就劇本所要表現的理性意蘊來說，還是就這一理性意蘊的具象化過程而言，它們都具有較大的確定性。爲了獲得這種確定性，它們不得不限制自己在形神關係上自由馳騁的權利，不得不留意具體物象和抽象觀念間的對應關係，甚至也犧牲了很大程度的詩意的蘊藉，但卻得到了意蘊的明晰度和對於正處初創時期的中國話劇來說十分可貴的通俗性。這樣，即便是一般觀眾在欣賞的過程中也能隨機產生必要的感悟，在冷嘲熱諷的笑聲中顯示出不可輕慢的批判力量。

當我們把象徵作爲戲劇寫作的一種表現手法，通過具體的形象或形象系列去表現與之有著某種關聯的概念、思想和感情的時候，實際上已經把「概括」引進了論述的範圍。一般來說，象徵總要帶有一定的抽象，而在思維科學中，抽象幾乎又總是和概括聯繫在一起。寓言的「言」字，就往往表示著作家對於生活的某種結論，這使本期寓言型諷刺喜劇在思想意蘊上一般都會具有十分明顯的概括性。《藝術家》是對藝術家在現實生活中地位和命運的概括；《喇叭》是對吹牛者和清談家揭露性的概括；《一對近視眼》是對日常生活中某種哲理的概括；《裸體》是對假道學的概括，同時又昭示了青春和美的力量；《蒼蠅世界》則是對居心叵測的「社會運動」者的概括。熊佛西的《蟋蟀》和洪深的《狗眼》〔註22〕可以視爲本期寓言型諷刺喜劇在這一方面的代表之作。

〔註22〕除熊佛西以外，還有一些作家在 30 年代也曾寫有寓言型諷刺喜劇這類的作品，如洪深的《狗眼》、魯迅的《起死》、顧仲彝的改譯劇《交換》等。

《蟋蟀》的中心人物是幽古公主。她因父王死於兄弟之爭而逃離故國，一直在世界各處飄泊，尋找和平和光明，最後，她來到產生過孔夫子的中國。本以爲在這個古老的禮儀之邦能夠找到自己夢寐以求的幸福，然而，「哪知這裏亦是與別國無異，每日所見所聞，只是殘暴、忿恨、嫉妒、仇殺、貪婪、欺騙、自私、壓迫、好淫、騷殺……」，於是覺得世界只是「一個人肉館子」，歷史只是「一部血花史」。極度的失望使她漸漸染上一種「日夜思和平」的「精神上的病」，而這種病症據說只有和平山上的和平石才可救治。公主立下誓言：誰能幫她找到這塊治病的石頭她便和誰結成伉儷，一時引來眾多的求婚者。但公主只屬意於周禮、周仁、周義兄弟三人，覺得他們才是真能做到相親相愛的人間典範。未曾想十餘載一直情深意篤的三兄弟一朝得到公主的垂青，便很快發生了裂痕。三人都想獨佔公主，以至最後在和平山上的和平之廟公然地同室操戈。至此，公主才最終意識到：和平石原來是在人們的心裏，世界要想安寧，首先要保證的是人類自身的「內心和平」。

這裏的幽古公主顯然是個象徵性的形象，她集中表達了處於戰亂連綿民不聊生的艱難時世的人民對太平盛世的嚮往。爲了尋找幸福之門，她走遍了世界各地，因此，當她得出「人肉館子」和「血花史」的結論時，這個結論本身也就自然具有了高度的概括性。作家通過公主的遊蹤及其結論表達出自己對於世界和歷史的思考。在這種思考的背景下，作者讓神奇的筆鋒指向了「神州」大地。

作爲全劇的中心，幽古公主必然又是一個線索式的人物。她的一端連接著周氏兄弟，作家在這裏除再次強調了手足相殘的命題外，還著力揭露了仁、義、禮等封建傳統道德倫理的虛僞性。這種傳統的舊道德不僅不能禁止同胞手足間的殘殺，反而使其變得更加微妙、更加僞善，因而也就更加複雜和殘酷。幽古公主的另一端連接著丁圖將軍。後者不能算是全劇的重要人物，但卻爲劇中的喜劇美添加了一種明顯的滑稽因素。作爲一種插科打諢，作家讓這位荒淫、野蠻、冥頑、幻想以武力統一世界而達和平的「將軍」，讓這位統領數萬健兒然而極爲懼內的「小丑」在「神州飯店」和「和平之廟」醜態百出。當然，事情絕不僅僅如此。丁圖將軍是一個有著明確的現實規定性的人物，全劇正是由於有了這樣的人物，人們才會在怪誕之中看出真實來，才會毫不費力地發現劇本對於現實的軍閥混戰的尖刻針砭。正如莫里哀所說：「人

受不了揶揄。人寧可作惡人，也不要作滑稽人。」〔註 23〕為了劇中的這個人物，熊佛西險些送掉自己的性命〔註 24〕。就邏輯學的意義上說，概括的過程必然也是概念的外延擴大和內涵縮小同時發生的過程。而熊佛西在《蟋蟀》中的「概括」，卻並沒有因為世界性和歷史性的思索而消融掉現實的確定性。《蟋蟀》的演出風波或許可以作為一個例證。

「人肉館子」和「血花史」的結論，這是幽古公主，也是作家本人對世界的歷史和現實的概括。那麼，對於未來的概括又將如何？於是，隨著丁圖和周氏三兄弟尋找和平石的腳步，作者逐步引出了自己的又一結論。為了尋找和平之石，就在和平之山的和平之廟，人們卻刀劍相加、視若寇讎，目的和手段之間呈現出極大的反差和悖謬，而全劇的中心意蘊也正在於此。作家正是要通過這種反差和悖謬告訴世人一個哲理性的認識：以戰非戰是行不通的，走向和平的徑路是人心的平和。至此，作家終於完成了他對於歷史、現實、未來的概括三部曲。

在一篇四幕短劇中溶入如此高度概括的人生哲理，這是熊佛西寓言型諷刺喜劇所取得的可喜成果。通過這些哲理的概括流露出作家在笑與諷刺包裹之下的深沉的道德感，對人類的愛和對祖國、民族命運的思考，對極度動盪的社會現實的強烈反感，對和諧幸福真誠的憧憬與渴求。作家懷著一種誠摯熱切的情感似乎在對他的同胞說：人，「應該彼此愛護，不應該相互殘殺，如蟋蟀一般！」這一切使作家的理性概括不僅具有著強烈而深沉的情感因素，而且具有了明顯的進步性和人民性。當然，也無須諱言，《蟋蟀》中的哲理式的概括又是不完全的，有著明顯的唯心特徵。如果說幽古國不過是一種想像的產物，那麼用主觀自省的方法達到非戰的目的，同樣也只能是一種烏托邦式的空想。期盼人類自身內心的和平，值得肯定；但是如何能夠真正實現這一點，則是另外的問題了。熊佛西是位有所建樹的戲劇家、教育家，卻不是一位傑出的思想家。

《狗眼》在洪深的劇作中實屬罕見。這位一向以嚴肅求實著稱的現實主義劇作家，在這裏以一種寓言式的諷刺，通過「跑狗場」上「狗」的眼睛透

〔註23〕〔法〕莫里哀：《〈達爾杜弗〉的序言》，《文藝理論譯叢》第 4 冊，北京：人民文學出版社 1958 年版，第 122 頁。

〔註24〕《蟋蟀》在藝專演出時，當時統治北平的奉系軍閥認為劇中影射了張作霖而派人前來抓捕熊佛西，作家幸得友人事先通知，剃鬚化裝由後門逃出才得以幸免於難。

視了「人」的世界，從一種極其獨特的視角表現出作家對「人」和「社會」長期思考的結果。作品用尖刻活潑的語言指斥了社會中「沒有骨氣的政客」、「造謠生事的新聞記者」、「漢奸式的陰謀家」、媚外的「雜種」、卑鄙的「投機家」、「朝三暮四的反覆小人」、鈎心鬥角的戀愛者等等。作家通過狗與狗的攻訐和人與人的爭鬥，無情地揭發了人世間的「詭計陰謀」、「醜事劣迹」，表現了強烈的正義感和嫉惡如仇的決絕精神，這就使得作品對「人」和「社會」的概括性諷刺具有了一種巨大的道德力量。當作家的筆端在「狗世界」和「人世界」間輕鬆自如地輪番轉換的時候，他並沒有滯駐在對於社會各色人等的抨擊上，而是將一系列廣泛的社會批判提升和統攝到「人類」「劣根性」的高度，明顯加大了整個作品的涵蓋力。作家竭力要用自己寓言式喜劇去曉喻人們，使他們認清正是由於「人類」「自己人和自己人一天到晚的打不清」，「人世界」才會自甘墮落，等同了「狗世界」，有時甚至還「不及狗的整齊」。

構思的新奇，用語的犀利，視角的獨特和結構的精巧，加上「人不及狗」的驚世駭俗的沉痛結論，這些都不僅強化了全劇批判的力度，而且使它一掃洪深劇作常有的沉悶氣息，呈現出一種輕靈活潑的藝術氛圍。這一點使其在本期的寓言諷刺劇中佔據了一個特殊的地位。有人認為《狗眼》的創作是受西方現代派的影響，無疑是正確的。但這似乎不應妨礙我們得出另外一個結論，即：我們這裏所謂的「寓言型諷刺喜劇」，其中當然也包括《狗眼》在內，它的主導方面卻是由我國文學中某種特殊的美學傳統所規定的。在這類劇本中，一般都有比較明顯的情節線索，蘊意相對單純，物象與意象間往往具有清晰的對應關係，而這些，恰恰是那些帶有濃重的朦朧與神秘色彩的現代派作品很少具備的。總之，它們那種簡約、象徵、怪誕和概括的特殊構成告訴人們，在它們脈管裏奔湧著的更多的是中國文學的血液。這裏主要是指一直存活在我國文學傳統中的那種淵源久遠的寓言化美學風致。

這種寓言化的傾向，早在先秦時代就已經初見端倪。以現存的史料觀之，在先秦諸子當中，算不上寓言大師的人寥寥無幾，可見寓言在當時影響彌深。這些極為豐富和靈動的寓言往往散見於當時的文學、歷史、哲學等各類著作中，呈現著一種彌散的狀態。這種狀態擴張了寓言對整個社會精神與文化生活各個領域的滲透力，從而在我國的古代文化史當中漸漸培植起了一種「寓眞於誕，寓實於玄」的寓言精神〔註25〕。

〔註25〕參見夏寫時：《論我國民族戲劇觀的形成》，《戲劇藝術》1984 年第 1 期。

　　這種精神可謂無所不在，中國古代文化藝術幾乎所有的門類都受到了它的浸潤。中國戲劇作爲一種具有勸化諷喻功能的綜合藝術受其影響勢必要更大些。不妨這樣說：幾乎是從發軔之日始，中國戲劇就具備了一種十分明顯的寓言性特徵。中國的戲劇家們較少受客觀世界外在形態的束縛，因而在藝術調度方面獲得了較高的自由度；在形神關係上，突出地表現爲追求「神似」。爲了傳神，可以相對靈活自如地簡化、更換、改造事物的原有形態，當這種對於事物原來形態的藝術再造超過一定限度的時候，它就勢必會趨向寓言，因此，無怪乎李漁會認爲：「傳奇無實，大半皆寓言耳」〔註 26〕。中國古典戲劇的寓言性可以說是其抒情、傳神、寫意的基本審美特徵的一種外在表現形式，同時又是保證這些基本特徵充分實現的重要前提條件之一。而這些作爲民族文化心理結構中的一種深層積澱，勢必會對中國新興話劇的形成和發展產生影響。

　　熊佛西作爲當時現代民族戲劇建設中的重要人物受其影響更爲順理成章。由於熊佛西本人對中國古典戲劇持有一種平正的態度，對蘊含其間的具有積極意義的美學因素懷有更爲濃厚的興趣，因此，這種影響對他來說，與其認爲是被動的，不如說是一種自覺主動的追求。早在留美期間，作家就已立下了「建設中華國劇之宏願」〔註 27〕；回國主持「戲劇系」後，他又以「以廣博容納之精神，樹立研究與思想之自由」〔註 28〕爲其辦學方針。這就使他在教學實踐和藝術實踐中，一方面堅持了以學習和研究現代話劇藝術爲主的基本主張，一方面又十分重視話劇工作者向民族古典戲劇優秀傳統學習和借鑒的問題。熊佛西集中在這一時期的諷刺喜劇創作，由此也就呈現出中西文化影響明顯相生互融的趨向。

　　如果說，熊佛西的諷刺喜劇在社會性和趣味性方面更多地鎔鑄了西方現代戲劇的影響，那麼，在寓言性問題上，作家更多受到的是中國古典文化的薰陶。在考察我國古代文化寓言性形成的過程中，一些學者認爲，其大體上是由三個方面決定的：古代思想家形象性的思辨方式；「文以載道」的倫理文化理念；傳神寫意的美學追求。這些看法無疑富有啓示意義，但直接用來

〔註 26〕《李漁全集》第 3 卷，杭州：浙江古籍出版社 1992 年版，第 15 頁。
〔註 27〕上海戲劇學院熊佛西研究小組：《現代戲劇家熊佛西》，北京：中國戲劇出版社 1985 年版，第 15 頁。
〔註 28〕上海戲劇學院熊佛西研究小組：《現代戲劇家熊佛西》，北京：中國戲劇出版社 1985 年版，第 18 頁。

解釋熊佛西喜劇的寓言性特徵似乎還不夠。關於熊佛西喜劇寓言性形成的歷史內涵，除上述提到的三個方面外，我們至少還應補充以下幾點：傳統文化中的寓言化特徵、中國古典喜劇的民間性及其諷喻精神的順態延續；包括諷刺喜劇在內的中國新興的現代話劇在其發展的初級階段的實踐性客觀要求；現實生活中黑暗政治統治對於進步文藝的鉗制和壓迫；作家本人的啓蒙主義思想和當時由於思想彷徨而對社會現實抱有的那種若即若離、不即不離的生活態度。正是這些因素的交互融會，促成了熊佛西喜劇以其簡約、怪誕、象徵和概括爲具體構成方式的寓言諷刺的總體特徵。

對於 20 世紀 20 年代上半期諷刺喜劇的作者們來說，他們關心的主要問題是如何賦予諷刺以一種喜劇的形體問題，至於這類喜劇本身的質量，似乎一時還難以眞正擺到議事的中心。而就在這個時候，丁西林的幽默喜劇卻在藝術上取得了令人矚目的成功。對於諷刺喜劇，這既是啓示，又是一種壓力。因此，擺在 20 年代下半期從事諷刺喜劇創作的作家面前的任務則變成如何提高劇作藝術品位的問題。熊佛西寓言型諷刺喜劇的出現代表了諷刺喜劇作家在這方面所取得的重要成果。中國的現代諷刺喜劇自此開始具有了自己獨特的美學品格。

作爲我國新喜劇中的一個過渡性的新品種，以熊佛西喜劇爲代表的寓言型諷刺喜劇配合了當時的藝術戲劇運動和小劇場運動，爲象徵、比喻、誇張以及哲理性概括等藝術手段在話劇當中的廣泛運用提供了有益的嘗試。不僅如此，這類劇本往往在寓言般的形式中寄寓了比較廣泛的社會的、道德的、世態的批判，並且在一定程度上體現出作家對於時代與人生獨特的精神探索歷程，因而在內容上也具有比較積極的社會意義和一定的認識價值。總之，它們和丁西林所代表的以機智爲主要風格特色的幽默喜劇一樣，從各自不同的角度，爲中國的現代喜劇乃至整個的話劇藝術在 30 年代的走向成熟做出了自己的貢獻。

應當指出的是，寓言型諷刺喜劇雖然在 20 世紀 30 年代初以後悄然離開了中國現代喜劇藝術的中心舞臺，但這並不意味著源遠流長的寓言精神在中國現代諷刺喜劇藝術中的湮滅，經歷了歷史不斷揚棄之後的那種借此喻彼、借近喻遠、借淺喻深、借實喻虛的方法、技巧和精神，事實上已經再一次流佈到中國整個的現代戲劇中，化作一種藝術的基因而與之長存。正因如此，我們才能夠在 20 世紀三四十年代的《女兒國》（于伶）、《陞官圖》（陳白塵）

和《捉鬼傳》（吳祖光）等優秀作品中不時看到寓言諷刺的熠熠光彩。

歐陽予倩和寫實型社會諷刺劇

　　《蟋蟀》在北平遭到軍閥禁演之後，或許是出於安全感的需要，再加上受到話劇通俗化的建設性思想的支配，熊佛西的寓言型諷刺喜劇曾經出現過一個爲時不長的創作高潮。但到 1930 年以後，他的喜劇之作明顯減少，僅僅在 1932 年寫過一篇《屠戶》。不過，這早已不再是寓言劇，而成了名符其實的寫實型的社會諷刺劇。從寓言劇開始，發展到寫實型的社會諷刺劇爲止，這既是熊佛西個人喜劇創作演化的徑路，同時在一定程度上也反映出中國現代諷刺喜劇發展過程中某些帶有規律性的東西。

　　在中國話劇前驅者的眼中，寫實特徵無疑是西洋戲劇有別於中國傳統戲劇的顯著標誌之一，因此，中國話劇作爲西洋戲劇的一種舶來品，自然從一開始也就與寫實性結下了牢固的歷史姻緣。中國的現代諷刺喜劇作爲中國話劇中的一支，其情況當然也是如此。陳大悲在寫出了寓言型諷刺喜劇《雙解放》之後不久，以《忠孝家庭》爲標誌，就已開始了創作寫實型喜劇的嘗試。至於蒲伯英的《道義之交》和《闊人的孝道》、歐陽予倩的《回家之後》和《潑婦》等更是這一類型諷刺喜劇的可喜收穫。這些劇本儘管爲寫實型的社會諷刺喜劇在 20 世紀三四十年代的長足發展奠定了最初的基礎，但就總體言之，它們至少在 1929 年以前並未形成富於某種明顯特色和召喚力的大體穩定的藝術風格，因而也就無法營造出能與寓言型諷刺喜劇相抗衡的聲勢。

　　其所以如此的主要原因，我認爲首先在於寫實型社會諷刺喜劇創作本身所具有的難度。寓言型喜劇的作者關心的是如何在將諷刺喜劇化的同時賦予其一種簡約而又獨特風格的問題，而寫實型社會諷刺喜劇的作者眞正要解決的是如何利用一種社會寫實劇的形式去實現諷刺的喜劇化問題。這樣一來，後一類作家比之前一類作家就會更深地受到諷刺喜劇的主觀性和寫實劇的客觀性矛盾的困擾。那些偏重主觀性的作品儘管進入了諷刺喜劇的領地，但卻部分地失去了寫實劇應有的品格；那些偏重客觀性的作品實踐了寫實劇的要求，卻又造成了諷刺性或喜劇性的失落。可見，解決這對矛盾是諷刺喜劇創作中的一個具有較高難度的問題，需要作家有一個較長時間的摸索過程。

　　自 20 世紀 20 年代下半期開始，中國社會的內部矛盾再次進入了白熱化

的階段。北伐戰爭、政治派系的重新組合、淞滬之戰……多重社會矛盾和民族危機的交錯與激化，以咄咄逼人的態勢向劇作家們施加了巨大的壓力，要他們面對現實的挑戰盡可能做出明確的回答。越來越多的進步作家開始拋棄那種或明或暗、若即若離的生活態度，作品中的客觀性和社會性因素隨之也愈來愈加明朗、強烈。在這種時代新變化的燭照下，隨著中國現代戲劇藝術的迅速發展和人們對寫實主義理解的不斷深化，寓言型諷刺喜劇自身的局限性勢必會一再表現出來。相對而言較小的生活容量、籠統的倫理性認識、再加上類型化的人物形象終究為這類作品的藝術昇華設下了路障。生命的奧秘在於運動，藝術的生命同樣如此。當中國的現代諷刺喜劇極力從內容和形式兩個方面要使自己的藝術肌膚充盈豐腴的時候，其創作勢必會衝破寓言諷刺的狹小格局，走向寫實的社會諷刺。正是在這種背景下，寫實型的社會諷刺喜劇從 1929 年前後開始日趨活躍，並很快佔據了中國現代諷刺喜劇的中心舞臺。

　　這一類型的作品，往往是以種種社會問題為透視點，以寫實或大體寫實的表現方法，去表達作家對於社會現實執著的生活態度和對於社會醜惡的否定的創作激情。和寓言型諷刺喜劇相比，它們通常有著更為生活化的形式，更加明確的現實感和批判的直接性與廣泛性。20 世紀 30 年代的寫實型社會諷刺喜劇以揭露虛假為中軸，對社會的墮落、人心的卑瑣、金錢的毒化、特別是在愛情與家庭關係方面反映出來的各種病態與畸形作出了諷刺性的審美觀照。上述因素的交叉配置和錯落融合使得這一類型的作品在取材範圍和立意角度上都明顯地呈現出一種散射狀多元化的發展趨向，從而體現出寫實型社會諷刺喜劇在表現社會生活方面的虎虎生氣。

　　在《愛的面目》、《老少無欺》、《彼此彼此》、《永遠是女人的女人》等一系列作品中，作者們無情地挑開了愛情與婚姻問題上經常覆蓋著的金玉外表，讓人們看清內中的敗絮和齷齪。袁牧之在《愛的面目》中通過某大學選美的鬧劇，不僅暴露了一部分富家子弟內心的空虛，而且揭發了他們在愛情上的自私、虛榮和偏狹的佔有欲。劇中那位被爭風吃醋的「唐明皇」剪掉額髮上的「桃花尖」的「楊貴妃」面對鏡子說的話，正是本期社會型諷刺劇愛情系列作品所要告訴人們的主題思想：「這就是愛的面目嗎？原來它是這樣醜陋，這樣可怕的！」張天翼的《老少無欺》不僅暴露了屠三小姐虛妄的愛情觀，而且以一種再明顯不過的戲謔方式暗示出這位富室千金同被她斥為賣淫

婦的女僕春桃在愛情「市場」上卻完全是等價的，從而表明了戟刺鋒芒鮮明的指向。陳凝秋的《彼此彼此》將諷刺的利刃指向人物隱秘的內心，在舞臺上活脫地展示了一對夫婦間相互欺騙的片斷。萬蔓的《永遠是女人的女人》，在諷刺那種完全依附於男子的女性的同時，也揭露了男性在理智的幌子下潛藏著的對愛情的虛偽和不負責任，讓人們看到了愛情大幕後面安放的那架錙銖必較的天平。

　　在《同胞姊妹》、《一間鬧鬼的屋子》、《紳士請客》、《賣柴》、《屠戶》和《中秋月》等一系列作品中，愛情系列作品中時隱時現的魔障終於走向了前臺，作者們以更爲直接、集中的批判力指向了它——人的貪欲，從而昭示：人一旦沉淪於難平的欲壑之中，他和她又將會是一種什麼樣子。《同胞姊妹》是顧仲彝的一個著名的改譯劇本，30 年代曾被多次搬上舞臺。劇本描寫一對同胞姊妹在誤以爲老而無用的父親總算死去的可笑情境中，爲了爭奪遺產而唇槍舌劍、相互攻訐以至幾乎揮拳相向的醜劇，在濃郁的喜劇氣氛中包含了「辛辣的諷刺味」〔註 29〕。谷劍塵的《一間鬧鬼的屋子》在情節和立意上同《同胞姊妹》相仿，不同的只是：同胞兄弟代替了同胞姊妹，同時，他們的老父不是被動地被人誤認爲死去，而是故意地僞裝自殺去考驗兒子們，結果，財產問題又一次帶來了手足之間的反目失和。這兩個劇本生動表現了在一個日益商品化的古老世界中利己主義的冰水對於血緣關係的勝利。慳吝，對富有者來說，往往是其貪欲的一種變態和補充。胡也頻的《紳士請客》和彭彤彬的《賣柴》主要反映的正是他們的這一側面。熊佛西的《屠戶》是 30 年代比較重要的一篇反映農村生活的社會型諷刺劇，劇中著力刻畫了一個農村高利貸者的形象。作家用極爲樸拙本色的筆觸展示了一件剝奪農民房產的罪行的始末，在對於舊中國農村的「主人」們陰謀伎倆的展覽式直觀中，讓人們心中騰起正義和憤怒的火焰。貪欲，在這裏已不是一種單純的社會品格，它已經和壓迫、欺騙、罪惡等等醜行結合在一起。作爲一種特殊的認知意義，劇本還爲我們提供了當時農村中宗法式自然經濟在資本主義經濟因素逼攻下日益瓦解的眞實圖景。夏衍的《中秋月》在本期諷刺劇中屬於風格迥異的一種，作家在揭露爲富者不仁的同時著力表現了卑賤者心靈的優美，作品具有一種明顯的正劇性。在洪深的《鹹魚主義》等劇本中，小市民猥瑣畸形的心

〔註 29〕參見顧仲彝：《同胞姊妹·導演說明》，易喬編選《好劇本》第 1 輯，上海：
　　　　劇藝出版社 1940 年版。

理和種種可笑的根性已被攝入喜劇家的筆下，從而顯示了中國新興喜劇發展的又一重要的契機。

20 世紀 30 年代寫實型社會諷刺喜劇中藝術品位最高的是歐陽予倩的作品。作爲一位中國現代喜劇重要的建設者，他早在 1913 年就已經開始了諷刺劇的嘗試，在其後的 30 年間，他的諷刺喜劇之作不斷出現，並產生了重要的影響；事實上，他不僅是 30 年代、而且也是整個現代中國寫實型社會諷刺喜劇的代表性作家。

歐陽予倩早在湖南組織文社的時候，就在《運動力》一劇中顯示了自己在寫實諷刺方面的才能。如果說，這時的作家基本還是處於對醜惡自發和即興的嘲弄上，那麼，到他在「五四」時期創作的《回家以後》和《潑婦》中，我們在一種大體寫實的形式下看到的是諷刺意蘊的日臻凝聚和諷刺手法的自覺運用。不過，從另一方面來看，這兩個劇本的喜劇衝突都是由愛情婚姻中的喜新厭舊引起的，故總體上難免給人以開掘未深的感受。此外，在吳自芳和于素心兩個正面形象的塑造上尚存在某些明顯的理想化的色彩。從 1929 年的《屏風后》等劇開始，這種思想和藝術上的局限在很大程度上已被突破。劇本題材雖然還沒從根本上躍出愛情、婚姻和婦女問題的框架，但作家的興奮點已經發生了明顯的位移。作品的社會性迅速增強，思想意蘊也達到了相當的深度，諷刺手法趨於圓熟，從而基本適應了大革命後的那種特殊社會情勢中揭示社會生活矛盾、促進民眾覺醒的時代要求。作家在 1939 年創作的《越打越肥》，應被視爲中國現代諷刺喜劇中的短篇佳品，劇本爲寫實精神與鬧劇創作的結合提供了有益的啓示。他在 1944 年創作的五幕大劇《舊家》不僅是作家 40 年代寫就的四篇喜劇當中最重要的一篇，而且也是歐陽予倩寫實型社會諷刺喜劇方面的代表作之一。從這部作品中可以看出，作家現實主義的喜劇藝術已經發展到了爐火純青的境界，劇中的諷刺之流與生活之流取得了較好的結合。

從 1913 年開始到 1945 年爲止，歐陽予倩先後創作過 12 篇喜劇，其中絕大部分是寫實型的諷刺喜劇。歐陽予倩是位具有高度社會責任感的劇作家，但他從不曾爲著思想傾向的重要性而忽視藝術追求的必要性。在這位「磨光派」〔註30〕的代表人物看來，用藝術宣傳主義固然是應該的，但一定要以「必

〔註30〕 夏衍：《〈歐陽予倩全集〉序》，《歐陽予倩全集》第 1 卷，上海：上海文藝出版社 1990 年版，第 3 頁。

先有藝術」〔註31〕為其前提條件。這種可貴的藝術自覺使他的喜劇之作不僅
具有重要的社會思想價值，而且也具有強烈的藝術感染力。從 1929 年起，他
的諷刺喜劇沿著社會寫實的徑路日趨成熟，並漸漸形成了一種富於代表性的
風格。對於歐陽予倩作品的深入研究，無疑能夠幫助人們進一步把握現代中
國寫實型社會諷刺喜劇的總體風範和成就。

　　在中國現代喜劇史上，歐陽予倩是那種比較規正的現實主義喜劇家中的
佼佼者，浪漫主義和現代主義雖然對他都曾產生過某種影響，但總的來說並
不明顯。因此，他的諷刺喜劇一個最顯著的特徵就是寫實性。這首先與作家
在喜劇題材和人物方面的某種自覺追求有關。除了活報劇《我們的經典》
（1941）和默劇《言論自由》（1945）之外，歐陽予倩的諷刺喜劇、特別是他
1929 年以後的作品在總體上都十分重視題材與人物本身的真實性和具體性。
在這一點上，他的作品與寓言型諷刺喜劇形成了極為明顯的反差。

　　熊佛西等人的寓言劇儘管對當時某些機械寫實的傾向提出了挑戰，但究
其底裏，仍然是在「五四」時期寫實主義思潮影響下發展起來的。不過，寓
言型喜劇的作者們更傾向於把寫實主義單單理解為一種「為」人生的精神。
他們的創作重心在於闡發某種啟蒙之理，藉以曉喻人生。因此，只要能夠說
明道理即可，至於選擇何種題材和人物是無關宏旨的。事實上，為了喻理的
便利和增強喜劇效果的需要，他們更偏愛那類自由度較高的非寫實的材料。
所以，寓言型喜劇充其量也只能算是一種寫實因素與非寫實因素的混合物。
歐陽予倩與之不同，他不僅將寫實主義同為人生的總體精神聯繫起來，而且
也充分意識到這一創作原則對於題材、人物及其表現藝術的特殊要求，即對
於真實的、客觀的、具體的社會生活本身的關注。

　　《運動力》正是作家在這種關注的基礎上取得的最初成果。正如田漢所
說：劇中「所根據的材料是當時真實的情形」，因而「反映了辛亥革命後的社
會風氣」，收到了較好的「社會效果」。〔註32〕作為一位四海為家的戲劇工作
者，歐陽予倩與社會各階層人士有著廣泛的交往，這使他具有了一種極為豐
富的閱歷。歐陽予倩作品中的不少題材和人物的原型都是在這種親身的閱歷
中擷取的。《屏風後》創作於廣東戲劇研究所時代，據說劇中所寫的那位滿嘴

〔註31〕歐陽予倩：《自我演戲以來》，北京：中國戲劇出版社 1959 年版，第 141 頁。
〔註32〕田漢：《他為中國戲劇運動奮鬥了一生》，《歐陽予倩全集》第 1 卷，上海：上
　　　　海文藝出版社 1990 年版，第 9～10 頁。

仁義道德的老紳士「確有其人」，而當時在廣州也確實存在著「道德維持會」一類的社會組織。〔註 33〕到了作家創作《舊家》的時候，這種求眞意識實際已經內化到其喜劇創造工程中的每一個細部，他對於眞實性的追求已經達到了高度的自覺。

　　當然，就歐陽予倩喜劇的題材來源而言，未必都是來自己經發生過的眞人眞事，比如他的兩場笑劇《白姑娘》（1930）中的主要題材就脫胎於法國的一篇小說〔註34〕，但即使如此，作家也要求它們必須符合「會有的實情」〔註35〕。正如魯迅所指出的，這種「會有的實情」同樣可以符合寫實諷刺的本質要求。因爲這裏的「實情」概念實際是指人們通常所說的「情理」而言，「情理」作爲情與理的統一，是主體對客體眞實本質體認後的產物，其中勢必已經包含了客觀眞實的意義。《白姑娘》中，兩位丑角演員爲了獨得白姑娘的芳心，決定通過表演比賽來一決雌雄，看看誰的扮演更逼眞。於是，一位假扮劊子手，一位冒充退役的軍官，結果劊子手的扮演者儘管表演得惟妙惟肖，最後還是敗在假「軍官」手下。乍看上去，這未必是已有的「實事」，但是作家卻利用一系列的細節描寫和情境的假定爲這個情節營造出一種眞實的氣氛。假「劊子手」的扮演者之所以可以瞞過絕大多數人，是因爲他「虛心」向眞「劊子手」討教，而後自己又反覆揣摩、勤加演練。假「軍官」之所以能棋高一籌，是因爲他事先做到了知己知彼。至於他們倆人爲什麼選擇這樣一種荒唐的辦法來決出高下，是因爲他們恰巧是專演「小丑」的伶人。

　　這種對於寫實性的自覺追求，對中國現代諷刺喜劇的發展與成熟具有重大的意義。它提高了作家觀察、識辨生活的能力，拓展了作品對於客觀世界的表現視野，密切了諷刺藝術與社會現實之間的聯繫，從而爲諷刺喜劇乃至整個喜劇在現代中國的發展開闢了廣闊的通路。特別是當作家有意識地抓取那些本身具有著多重意義的社會生活來做爲自己藝術處理的對象的時候，其作品的諷刺性意蘊就可能呈現出一種層次性和豐富性的特徵，而只有在具備了這一特徵的情況下，中國的諷刺喜劇才能最終實現自身的社會性昇華。

　　在這方面，《買賣》（1929）是一個成功的例證。

〔註33〕　田漢：《他爲中國戲劇運動奮鬥了一生》，《歐陽予倩全集》第 1 卷，上海：上海文藝出版社 1990 年版，第 17 頁。
〔註34〕　參見《歐陽予倩全集》第 1 卷，上海：上海文藝出版社 1990 年版，第 248 頁。
〔註35〕　參見《魯迅全集》第 6 卷，北京：人民文學出版社 1981 年版，第 328 頁。

　　《買賣》是歐陽予倩在中國現代文學史第二個「十年」中的重要作品。無論在認識現實的深度上，還是在藝術表現的功力上，它都達到了這一時期喜劇創作的較高水平。人們往往只是把它當作一個「揭露買辦階級甘心以自己的親人作交易的卑鄙行為」的劇本〔註36〕，似乎失之浮泛。劇本中的實際含義要比這廣泛得多。《買賣》的中心情節是一個詭計和圈套由實施到完成的過程，描寫的重心放在洋行買辦陶近朱和新軍閥代表宋四維等人的自我暴露上。作品描寫買辦陶近朱和梅希俞為了洋人大老闆的利益和豐厚的回扣急於要在軍火生意上同軍方代表宋四維簽定一份重要的合同，由於擔心同業競爭而設下美人計，最後終於以梅希俞之妹梅可卿為誘餌達到了目的。洋人、買辦和軍閥三者在這場交易中分別得到了各自想要的東西。正如劇中主要人物陶近朱在劇尾所說：「這才是買賣裏頭套買賣」，劇本所要諷刺的絕非一種單純意義上的人肉交易，這就決定了《買賣》在客觀意蘊上的多層性和豐富性。買賣，在這裏既是個人間的買賣，也是階級與階級、國家與國家間的買賣；既是人肉的交易，又是軍事和政治上的交易。從這一系列複雜交錯的買賣與交易中，除了可以看出國民黨政權及其社會基礎的荒淫無恥和卑鄙醜惡之外，還可以看到封建階級、買辦階級、帝國主義和國民黨新軍閥之間政治的經濟的交易與勾結以及南京政權治下帝國主義勢力急劇擴張、中國社會迅速買辦化、殖民化的歷史進程。

　　儘管諷刺本身並不總是引人發笑，但諷刺喜劇無疑是一種笑的藝術，而笑的藝術是社會性的藝術。就其本質的規定性而言，作為整體的諷刺喜劇應當而且必須去反映盡可能廣闊的社會生活內容，社會性尺度應該成為我們判定諷刺喜劇、尤其是現代諷刺喜劇藝術品位和成就的主要標準之一。雖然從20世紀20年代末開始，中國的現代諷刺喜劇已經對愈來愈廣泛的社會問題投以了關注的目光，力圖表現人類精神價值觀念在金錢和權勢壓迫下所發生的蛻變，但就絕大多數寓言型作品和一些寫實型作品的實際情況而言，它們對醜惡的抨擊主要仍是「倫理的」而非真正「社會的」。某些寫實型作品未能達到社會性的高度，這一事實只能說明諷刺喜劇中的寫實性並不等於社會性。但歐陽予倩作品在社會性方面的成功卻無疑在昭示人們：對寫實性的認識深化和自覺追求顯然是促成現代諷刺喜劇社會化的有效途徑。當作家的諷刺鋒

〔註36〕唐弢主編：《中國現代文學史》（二），北京：人民文學出版社 1979 年版，第223 頁。

芒不僅指向虛假的倫理價值觀念本身，而且同時也揭示出造成這種虛假倫理價值觀念的社會條件的眞實的時候，諷刺喜劇必然會迸射出獨特的光彩。這也正是歐陽予倩作品的光彩所在。

就實質而言，諷刺是一種激情，是諷刺主體對客觀喜劇性矛盾的直接思考和審美評價，是人們對外物飽含鄙夷或憎惡的否定。正因如此，有人才會將諷刺喜劇稱作「情緒喜劇」。〔註37〕從喜劇角度而言，喜劇是一種需要高度創造自由的藝術，它永遠離不開豐富的想像。這也就是說，諷刺喜劇，無論從諷刺而言還是就喜劇而論，都具有一種極爲明顯的主體精神。寫實性同這種主體精神具有相互統一的一面——正如上文所述，但同時又畢竟存在著無庸諱言的矛盾。如果說，戲劇從一開始就是主觀性和客觀性相統一的產物，那麼，寫實型的諷刺喜劇尤其需要這種統一。因此，能否解決寫實性與主體性之間的矛盾，實際上是寫實型諷刺喜劇成敗的關鍵。歐陽予倩的作品在這方面同樣提供了可貴的經驗。

我們先來看看這位作家運用了哪些具體的方法來保證寫實性的要求。

幾乎任何一部喜劇都離不開誇張，可見誇張是喜劇創作中最常用的方法之一。歐陽予倩的作品在這一點上也不例外，但在「誇張」的問題上，作家卻有著明確的「度」的意識，適度的誇張是其一貫的美學追求。《越打越肥》的最後，眾人痛打一味發國難財的「胖子」，這個戲劇動作無疑是誇張性的。《屏風後》裏，康扶持要人拿開屏風，趙爺上前阻攔說：

> 不要看這屏風小，幾千年的道德全靠這屏風，會長你要去掉這
>
> 個屏風，你就是破壞道德！你要維持道德，你就應當先維持這屏風。

趙爺的言詞無疑也是誇張性的。但這兩處誇張都不會給人以過度的感覺，原因在於作者已經爲這類誇張性的言動找到了某種邏輯性的依據。「胖子」爲了嚇唬弟弟，逃避抗日捐款，趁勢倒地佯作「中風不語」，後見眾人趁機瓜分自己的財產，旋即又「死」而復「生」，眾人誤爲「僵屍」遂起而擊之。這樣就爲誇張性的舞臺動作從生活邏輯方面做出了大致合理的解釋。趙爺性格多滑稽，且又老於世故。在康扶持登場之前，他從憶情和無垢的對話中實際上已經知道了始亂終棄的元兇是誰。當康扶持執意要撤走屏風時，他自然會挺身

〔註37〕參見〔英〕阿·尼柯爾：《西歐戲劇理論》，北京：中國戲劇出版社1985年，284頁。

而出，情急中受其性格的支配，難免要使用那種誇張性的言詞。因此，這裏的誇張不僅有著情節基礎，而且也有了性格上的依據。

對於歐陽陽予倩來說，所謂適度的誇張不僅意味著要控制變形的程度，而且也意味著要限制誇張使用的頻率。總之，他在誇張手法的運用上是十分謹慎的。爲了彌補這種情況帶來的不足，作家將重點轉向了靈活多樣的對比和暗示。出於寫實藝術方面的考慮，歐陽予倩似乎更偏愛暗示的方法，他說：凡是講求藝術的作品都應「注重暗示、誘導和感化」〔註38〕，「要使觀衆在不知不覺之中，受很深的暗示」〔註39〕。在他的作品中，我們確實不難領略到那種由獨具匠心的對比、高妙入微的暗示所產生出來的藝術魅力。

《國粹》（1929）可以視爲這方面的代表性作品。

《國粹》是圍繞婦女問題展開的一齣六景諷刺劇。劇本不僅反映出作家對社會問題的思考，而且也表現了他在諷刺藝術手法上多方探索的足跡。歐陽予倩作爲我國一位影劇兩棲的重要人物，對中國戲劇和電影藝術的彼此交融和分途發展做出了卓越的貢獻。我們在《國粹》中所見到的，是作家對電影藝術中理性蒙太奇手法的借鑒和化用。全劇並無統一的情節，而是憑藉著多種對比關係將六個人生片斷聯綴而成。作品的諷刺性意蘊則深植在「平行蒙太奇」、「對比蒙太奇」、「隱喻蒙太奇」和「時間蒙太奇」式的間架之中。它們最主要的邏輯結構是對比，作家正是靠著對比的力量透視出社會現實的本質，表達了自己對於時代與人生的眞知灼見。

劇中的第一景寫紳士老爺花 500 元爲自己買了位年輕的姨太太。通過老爺本身的荒淫和他對小妾的家訓之間的比照，揭示出傳統禮教的矛盾、荒謬和虛假。正在此時，一群「婦女解放運動」者前來討伐納妾者，老爺卻在這幫「女志士」當中意外認出了黃四家的五姨太，結果鬧得衆人啼笑皆非。至此，劇本的諷刺指向開始轉移。第二景通過老爺與黃四的會面告訴人們：原來，所謂「婦女解放運動」者不過是些經過豪紳訓練的姨太太，白天出外搞運動賺津貼，晚上回家仍給人作妾。第三景寫富室千金與人鬥富不過而和母親發生口角。第四景寫窮人家因高利貸的煎迫不得不賣女爲婢。第五景寫淪爲奴婢的窮女在主人家遭受第一景中剛被買進的姨太太的虐待。在這重對比中，受虐者在受虐的同時又變成了施虐者。第六景寫的是在「禁止販賣人口」、

〔註38〕歐陽予倩：《自我演戲以來》，北京：中國戲劇出版社 1959 年版，第 141 頁。
〔註39〕歐陽予倩：《民衆劇的研究》，《戲劇》第 1 卷第 3 期，1929 年 9 月。

「打倒蓄妾蓄婢」標語下發生的一幕慘劇：婢女與母親相會，卻被警察當作拐犯和逃犯拿獲，押往區局。

全劇以「蓄妾蓄婢」問題爲焦點，以官辦的「女子解放運動」爲背景，一、二景以「妾」的問題爲重心，三、四景凸出貧富懸殊的社會現實，五、六景以「婢」的問題爲重點，從而組成了一個給人以強烈跳躍感的藝術結構體。通過這一藝術的結構體，作家對於蓄婢納妾的封建陋習表明了自己的否定態度，並且進一步暗示出那種貧富對立的社會現實才是產生和維繫這一惡俗陋習的根本原因。當然，劇本的精髓遠不止於此。作品通過言行表裏、本質與現象之間的多重比照，不僅表達了自身對婢妾問題的見解，而且還暗示出國民黨政權在其成立初期的歷史特點和社會實質。

以下，我們再來看一看作家在創作中又是怎樣表現自己的主體精神的。

正如魯迅所說：喜劇是要將無價值的東西撕破給人看的，歐陽予倩的諷刺劇在總體上採用的就是這種撕破假象的模式。無價值而又要保持虛假的有價值的外表，這當然是醜。而從醜當中是絕對不可能直接產生出喜劇美的。化醜爲美的關鍵是「撕破」。事實上，只有通過「撕破」，才可能使騙人者失去騙人的力量，才可能使之成爲無傷的東西，使人們在識破醜、戰勝醜的過程中更深刻地意識到自身的本質力量，意識到美，從而產生一種高於撕破對象的自足感和優勝感。正因如此，歐陽予倩在作品中總是將它視爲最能集中體現自己主體性精神的所在。對於這最關鍵的一「點」來說，其他的一切似乎只是鋪墊，只是蓄勢的步驟，因此，一旦撕破的時候到來，他的作品總是挾帶著明顯的力度感。正是靠著這種巨大的藝術張力，作家讓自己的否定激情迸射而出。

《屏風後》就是這方面一個極好的例證。

全劇的重心明顯地放在一個「揭」字上，作家借康扶持之手推開了屏風，暴露了隱藏在屏風后的秘密，同時也暴露了康扶持自己。有關推倒屏風的情節，在西歐戲劇史上曾被人多次搬用過，我國話劇史上也曾有人使用過同樣或類似的情節。如陳大悲在《愛國賊》中利用過簾幕，胡也頻在《捉狹鬼》、李健吾在《以身作則》都曾利用過屏風。比起謝里丹的《造謠學校》〔註40〕那類外國大劇，《屏風後》顯得更爲單純明快。但是單純明快並不意味著簡單

〔註40〕謝里丹（Richard Brinsley Sheridan 1751～1816），英國劇作家。其喜劇《造謠學校》是英國戲劇史上的經典作品。

和乾癟,《屏風後》裏的「屏風」帶有某種象徵意義,而這一點是《造謠學校》那類西洋近代劇所沒有的。聽一聽趙爺的那段略帶誇張的點睛之語,人們不難體味到:屏風在這裏代表的正是幾千年來的傳統綱常,這就無疑使劇本的諷刺力量變得凝重起來。比起陳大悲和胡也頻的劇本,歐陽予倩在屏風的使用上顯得更有深意,因而也就更加有力。當《愛國賊》中的簾幕揭開時,人們得到的只是一種單純的驚奇。在任何一部優秀的劇作裏,我們都難以對這種純然淺薄的驚奇抱有太多的厚望。當畫家的小姨子從屏風後面走了出來的時候,《捉狹鬼》結束的只是一個甜蜜的誤會,給人的只是一種高潮過後愜意的餘興。至於說到《以身作則》裏的屏風,正如它擺在舞臺上的奇特位置那樣,它的作用就在要用這種奇特的方式來證明那位前清遺老出奇的固執而已。《屏風後》卻不是這樣。像劇名所暗示的,全劇的中心線索在於揭穿與掩飾之間的衝突,這樣,屏風——無論是就其象徵體,還是象徵義哪一方面來說——也就具備了一種舉足輕重的意義。屏風一旦去掉,人們感受到的就絕不僅僅是驚奇、餘興和滑稽,而且還有理性的電光、心靈的頓悟和情感的滿足。全劇就在這一剎那達到了高潮,並在這高潮中嘎然而止。而它作為對傳統的虛偽道德的閃擊卻又在人們心中留下長久的印記。

歐陽予倩作品在體現主體性原則方面的又一特點在於它們善於表現出主體在捕捉現實社會喜劇性矛盾新變化上的識辨力。虛偽、貪婪、慳吝、吹牛、自以為是、固執、愚鈍等等,這些都是諷刺喜劇經常表現的主題。甚至應當這樣說,針對以上種種的諷刺可以存在於各個時代的喜劇中。歐陽予倩的作品固然並不排斥這類「永恒」的諷刺,但作家更喜愛表現那些隨著現實社會變化而剛剛出現的諷刺對象。這一點實際上不僅符合寫實性的原則,而且也需要高度的主體精神。

《屏風後》常被人單純理解為對假道學和偽君子的揭露,但作品的實際意蘊絕非如此。大革命過後,隨著政治反動的到來,必然是思想文化各個方面的反動。舊道德不僅沉渣泛起而且肆虐一時。劇中提到的道德維持會正是適應這樣一種反動時代的需要而建立的官方或半官方的機構。因此作家抓住作假這個關節之點對道德維持會的揭露,實際必然也是對於新軍閥政權在思想界倒行逆施和無恥偽善的揭露。康扶持本係北洋軍閥政府的要員,而今卻又搖身一變成了新軍閥治下維持地方風化的官員,這等於是在向當時的人們暗示:新老軍閥的統治在實質上並沒有什麼兩樣,它們都是靠康扶持那樣的敗類「扶持」的。

歐陽予倩在《買賣》中對於買辦陶近朱和新貴宋四維的諷刺性刻畫同樣具有時代意義。一個是有著世界上最為徹底的買辦哲學的洋奴，一個是熔政客與軍閥為一爐的典型黨國要人。透過這兩個否定性形象，作家帶著人們用一種諷刺的眼鏡審視了那個軍閥買辦相互勾結、沆瀣一氣的特殊年代。

總而言之，那種存在於寫實性與主體性之間的矛盾並沒有損害歐陽予倩諷刺喜劇的藝術品位和社會價值，事實上，矛盾雙方在相互限定的同時也起到了相互促進的作用，結果是推動了作家現實主義喜劇藝術的成熟。

作為我國現代戲劇事業的奠基人之一，近現代戲劇史上的一位「全材」和「完人」〔註41〕，歐陽予倩在喜劇上的貢獻往往被人所忽視，其實，他在這方面的建樹和造詣同樣是值得人們認真總結和深入研究的。

陳白塵等人和政治型諷刺劇

從中國現代喜劇史的角度看，歐陽予倩諷刺劇的歷史意義不僅在於它們代表了一種極具潛力的藝術風格，而且在於它們同時也是由社會諷刺向政治諷刺演進的一種過渡形態。歐陽予倩的作品同其他大多數社會諷刺劇一樣，是以具體表現私人生活領域的一般性社會問題為其創作觸發點的，其中當然包含了明顯的道德倫理批判的內容；但在另一方面，由於作家對現實生活的高度敏感和對寫實藝術的不懈追求，在其作品的社會性內容中又不可避免地出現政治因素的積累和擴張。當這種量變達到一定程度時，作品就會合乎規律地產生質的飛躍。正如波斯彼洛夫所說：

> 人們的公民生活和私人生活，在其民族歷史的全部規律性中是
> 緊密相連的，而後者是前者的產物。〔註42〕

在一個社會矛盾和民族矛盾集中以政治的形式爆發出來的時代，這一點表現得尤為明顯。在整個意識形態領域，政治都表現出一種壓倒一切的氣勢和力量，這就為中國諷刺喜劇的政治化發展提供了客觀的依據。儘管在「九‧一八」之後，歐陽予倩成了一位富於政治色彩的戲劇家，1933 年甚至參加過 19 路軍在福建的反蔣活動，1934 年又因當局的通緝而亡命日本，但最終完成政治與諷刺藝術高度結合的卻不是他，而是以陳白塵等人為首的一批文學新人。

〔註41〕 田漢：《談歐陽予倩同志的話劇創作》，《劇本》1962 年第 10、11 期合刊。
〔註42〕 〔前蘇聯〕波斯彼洛夫：《文學原理》，北京：生活‧讀書‧新知三聯書店 1985 年版，第 289 頁。

　　1928 年，在革命文學論爭的聲浪裏，一位回國不久的文學青年創作了我
國新喜劇史上第一篇比較成形的政治型諷刺喜劇——《縣長》。他就是後來很
快成為中國左翼文學運動中堅人物之一的馮乃超。

　　三幕短劇《縣長》，單就其本身的藝術價值而言，或許有不少缺憾，但是
一部中國喜劇史猶如一條不斷延伸著的長鏈，在這條長鏈中，它卻又是不可
缺少的一環。就這點而論，《縣長》在史的意義上遠遠超過了它在狹義上的自
身價值。這種史的意義直接表現為：正是從《縣長》開始，中國的新喜劇創
作逐漸明顯地表現出俄羅斯諷刺文學特別是果戈理諷刺文學傳統的影響。而
這一點，對於提高我國諷刺喜劇的藝術品位和社會影響力有著不可忽視的意
義。

　　早在 1907 年，魯迅就將果戈理的名字介紹給了我國的讀者。「五四」前
後，果戈理的諷刺作品傳入中國。1920 年 7 月出版的《俄羅斯名家小說》第
一集內收入了耿濟之翻澤的《馬車》。同年，瞿秋白翻譯並發表的《僕御室》，
是果戈理劇作在我國的第一個譯本。在劇本的「譯者志」中，瞿秋白向人們
扼要概括了這位作為「俄國寫實主義派的第一人」的「極有名的戲曲家、詩
家、小說家」的藝術成就，同時也第一次比較明確地表述了譯者本人對於諷
刺文學的看法。〔註 43〕由於瞿秋白的倡導，他的好友耿濟之和鄭振鐸等人編
譯了《俄國戲曲集》，並於 1921 年分 10 冊出版了包括果戈理《巡按》（賀君
明譯）在內的六位作家的 10 篇戲劇作品。此後，直到 1928 年之前，我們見
到的譯成中文的果戈理的作品，還有李秉之譯的《結婚》和韋素園譯的《外
套》。果戈里作品傳入我國以後，很快得到廣大青年知識分子的喜愛，人們開
始認識了這位偉大的俄羅斯諷刺作家。但是，直到《縣長》出現之前，果戈
理的影響還沒有在戲劇創作中直接表現出來。在它以前的喜劇創作中，使人
能夠明顯感覺到的是西歐的喜劇傳統，這一點也和我國劇壇當時幽默喜劇漸
趨活躍的趨勢正相吻合。

　　1927 年末開始的革命文學論爭，不管其本身的功過得失是否還需要經過
更長時間的辨析和驗證，有一點卻是肯定無疑的：它是大革命之後社會關係
急劇變化的產物，它反映的是中國社會不斷進步的歷史要求和激進知識分子
決心走向革命、走向工農大眾的強烈意願。當各種複雜的社會矛盾和衝突終

〔註 43〕參見瞿秋白：《僕御室·譯者志》，《現代名劇輯選》，上海：潮鋒出版社 1941
　　　　年版，第 254～255 頁。

於以政治巨變的形式集中地爆發出來的時候，人們理所當然地要對文藝作品中的社會政治內容提出更加急切的要求。正是在這樣的社會的和思想的背景下，諷刺喜劇的社會性和政治性被提到作家們面前。也正是在這樣的情勢下，人們開始眞正認識到果戈理諷刺作品特別是《欽差大臣》中重大的社會性和政治性的主題，而這一點恰恰是中國以前的新喜劇所缺乏的。馮乃超從果戈理諷刺藝術中汲取了他所需要的東西，並在《欽差大臣》中找到了發抒內心積鬱和干預生活的突破口。既然，果戈理可以將日常生活中的一個偶然事件改造成爲一齣揭露沙皇俄國專制制度的喜劇，成爲對於俄國官僚政治的一紙「公訴狀」，那麽，我們年輕的作家爲什麽不可以在一齣諷刺喜劇中寫出「中國現代的官僚階級」的罪惡呢？於是他創作了《縣長》。

當馮乃超在劇本的《後語》中誠懇地寫道：「這篇是意識地模仿哥哥里的《巡按使》的那篇」〔註44〕的時候，他有一半是過謙了。從劇中人名的取法，特別是就劇本最後持續大約一分鐘的啞場而言，模仿的痕迹是清楚的。但從劇本對中國當時現實生活的反映來看，它又無疑是屬於馮乃超自己的。因此，一個更準確的說法不是「模仿」而是「借鑒」。馮乃超第一次接觸《欽差大臣》是在 1923 年前後，到寫作《縣長》，其間經過了四五年，這就爲作者對果戈理諷刺藝術的化用提供了揣摩、融會的時間。

正如劇名所示，《縣長》以現代中國某縣縣長賈仁材（「假人才」的諧音）爲中心，並由此自然地將其他劇中人物串聯起來，推動整個劇情的發展。和《欽差大臣》中老奸巨滑的市長不同，賈仁材是個既貪婪又愚蠢的形象。他之所以能夠當上縣長，完全是因爲有錢，這官銜就是他用錢買來的。他之所以不肯離開這個「十室九空」的縣城，是因爲他還沒來得及收回買官的「本利」。不幸的是，要想收回「本利」，他又缺乏相應的「才能」。於是，他只能仰仗下面的土豪劣紳和上面的新式軍閥。和賈仁材相比，劣紳賈威福、土豪戴荃鷹要神氣活現得多，他們巧取豪奪的詭計和鎮壓民衆的橫暴都是前者不可須臾離開的東西。賈仁材對於土豪劣紳的依附恰好暗示出國民黨政權的豪紳階級統治的本質。

《縣長》的中心事件，是縣政府爲當地駐軍籌措軍餉。這樣，作家就讓「新」式軍人走進了縣署的客廳。軍需處長盧志求、軍需正崔民湖（「催命符」

〔註44〕馮乃超：《縣長・後語》，《創造月刊》第 2 卷第 4 期，1928 年 11 月。

的諧音）、連長史可拔則是他們的代表。和庸碌的縣長、橫暴的豪紳有所不同，這些「新」派軍人的最大特點在於他們的欺騙性。他們嘴頭上掛滿「革命」的詞句，張嘴「保護民衆之安全」，閉口「維持地方秩序」，儼然以人民的「解放者」和「保護者」自居，但在劇中實際上唯一做的事情就是拼命地去搜刮民脂民膏。對這個因戰亂而滿目蕭條的小縣城，他們一紙公文就是 30 萬元的勒款，一旦「勸捐」未果，馬上就施以武力，公然搶掠。正如史可拔的夫子自道那樣：他們從來沒有和封建軍閥的部隊認眞交過火。也正如賈威福一語道破的：「養兵千日用兵一朝」的駐防軍隊，唯一使命就是對付「民間一時鼓譟」的。就是這些人，這些土豪劣紳、貪官污吏和新軍閥們在縣署客廳達成了罪惡的協議：地方負責向民衆催捐逼款，軍隊負責清鄉彈壓。這樣，作家深刻揭露了軍閥、官僚和豪紳三位一體的國民黨政權的眞實面目。

喜劇的最後，他們一夥的橫征暴斂終於使廣大民衆忍無可忍，在紅槍會的領導下，人民起義了。這時，舞臺深處傳來由疏而密的槍聲和由遠而近的呼喊聲，在一片「打倒土豪劣紳！」「打倒新興軍閥！」的口號聲中，劇中所有的人物一下子凝成驚恐萬狀、滑稽可笑的靜止的群像。驟至的啞場，猶如樂曲結束時最後的一個重音，給人們留下長久而深刻的印象，人們將會在那種忍俊不禁的笑聲中，認清只有他們才是現實生活中眞正的「匪類」。

在《縣長》中，我們發現了兩個對於現代喜劇發展極富啓示意義的信息：其一，劇本表現出作家力圖以諷刺喜劇的形式去表現廣闊的社會生活和鮮明的現實政治內容的追求；其二，劇本表現出作家在諷刺喜劇創作中努力塑造人物、透視心理的明顯意向。而這兩點又是同馮乃超對《欽差大臣》的學習和借鑒分不開的。

以《欽差大臣》爲代表的果戈理諷刺喜劇同時擊敗了俄國文學中兩種有害的創作傾向：一是矯揉造作絕少思想內容的廉價的理想主義，二是空洞說教輕視藝術的諷刺教誨主義。果戈理在這兩個方面的成就無疑給了中國新喜劇創作者們有益的啓示。

在俄國近代喜劇史上，果戈理一直是充斥當年舞臺專以偶然誤會、桃色糾紛、故弄玄虛、輕浮逗樂爲能事的傳奇喜劇和通俗笑劇的堅決反對者，他的藝術理想是要創造出一種「高級喜劇」來。這種喜劇並非古典主義者稱道的所謂「高雅的體裁」，它和「低級趣味」相對峙，是指那種具有深刻社會內

容和重大社會教育意義的藝術喜劇〔註45〕。《欽差大臣》的創作正是這種積極的喜劇思想的生動體現。如果說,《欽差大臣》首演後給俄國貴族社會和政府機構帶來的巨大震撼、難堪和惱羞成怒曾使它的作者不由得感到痛苦和恐懼的話,那麼,它們卻為正處於激烈階級鬥爭形勢下的中國進步的和革命的知識分子提示了這樣一種可能性:喜劇固然和笑有著不解之緣,喜劇在反映生活時固然有著自己獨特的審美觀照和藝術表現的方式,但它絲毫不必推諉自己對於社會人生的責任,在表現重大社會衝突的課題面前,它有著同悲劇和正劇一樣的機會和權利,喜劇的笑並不必然地削弱社會矛盾的嚴肅性,相反,它完全有可能從一個特殊的角度去突出、強化它們,從而使自己成為一種具有高度傾向性的笑,一種能夠打擊醜惡、挑破瘡疸的笑。

我國現代喜劇創作作為整個新文學的組成部分,從產生的第一天開始就沒有忽視笑的社會意義。即便像熊佛西那樣被人認為比較注重藝術趣味的戲劇家,也一再在理論著述中強調著喜劇在啟發向上的生活意志、培養合作精神方面的積極作用;即便是帶有非現實色彩的寓言型諷刺劇,人們也不難感受到其中明顯的現實社會指向。但是,由於大多數喜劇作者長期生活在比較狹小的生活圈子裏,和實際政治問題保持著相當距離,再加上自由主義和改良主義思想不同程度的影響,所以他們的諷刺喜劇往往會局限在一般社會問題的表現上,很少涉及社會生活中的重大矛盾。這種情況很難適應「五四」以來中國社會的現實要求。長此以往,喜劇難免會面臨流入「小擺設」的危險。果戈理曾經說過:「如果喜劇應當成為我們社會生活的圖畫和鏡子,則它應當全面地正確反映生活。」〔註46〕馮乃超等革命知識分子正是有感於此,開始了促使諷刺喜劇和政治內容相互結合的嘗試。《縣長》從普通社會諷刺劇經常諷刺的「貪婪」主題出發,巧妙地揭發了從官僚到劣紳再到新軍閥掠奪人民的罪行。劇中對於一系列「新」派軍人形象的塑造具有重要的現實意義,它們形象地反映出大革命後中國社會的新變化,揭示了國民黨新軍閥政權和廣大民眾之間難以調和的矛盾,劇本由此而具有了一種鮮明的政治色彩。《縣

〔註45〕 以上參見《別林斯基選集》第 5 卷,上海:上海譯文出版社 2005 年版,第 365
頁;王愛民、任何:《俄國戲劇史概要》,北京:中國戲劇出版社 1984 年版,
第 169 頁。

〔註46〕《果戈理全集》俄文版第 5 卷,第 160 頁;此處轉引自錢中文:《果戈理及其
諷刺藝術》,上海:上海文藝出版社 1980 年版,第 70 頁。

長》在這些方面的藝術表現也許遠不夠完美、深刻，但畢竟爲中國新喜劇走向一個更加廣闊的世界打開了通路。

正如前述，果戈理的「高級喜劇」理想是一種藝術的喜劇，因此，它從根本上又是和「諷刺教誨主義」相對立的。《欽差大臣》把嚴肅的社會政治意蘊藝術地包容在一個由於巧遇而造成的誤會性喜劇衝突的構架之中，在諷刺和教誨的同時也把健康的藝術享受給了人們。《欽差大臣》的巨大生命力和它傑出的藝術成就有著直接的關聯。在《欽差大臣》的啓示下，《縣長》的作者不僅注意到了作品的思想性，而且在「藝術的手腕」上也頗費了一番心思。作品寫成後，他還在爲劇本「會話術」的不夠理想而感到由衷的遺憾。因此，雖然嚴酷的鬥爭環境奪去了作家「沈穩冷靜的心情」，雖然久居國外、剛剛回國的特殊經歷使作家還不能對祖國的「種種社會形相」和「中國現代官僚階級生活感情」做出更爲深入的「觀察」和「理解」﹝註47﹞，雖然作家本身的才力限制了他對劇中人物的把握，但作品畢竟表現出了作者對於某種藝術境界的追求。

馮乃超是當時革命文學論爭中創造社方面當之無愧的闖將，而創造社當年一個幾乎是人所共知的理論傾向就是由於片面、機械地強調文學的政治性而無視藝術本身的價值。因此，初看上去，這一點和《縣長》中的藝術追求是相背離的，但這兩種看起來相互矛盾的情況卻又都是歷史上的事實。馮乃超寫作《縣長》，正是革命文學剛剛興起的時候，而在這之前，愛與藝術之神則是詩人心目中的繆斯。許多年來，我們一直強調的是左翼文藝運動對其它文藝流派的衝擊，這無疑是事情的主要方面，但卻不是它的全部。當對立的雙方處於一個矛盾統一體內時，它們在相互排斥的同時也必然會存在著相互吸取的一面。科學的否定觀決不是排斥一切的，它主張的是一種以辯證的揚棄爲內涵的否定。因此，當馮乃超懷著一個革命青年特有的急切心情風塵僕僕地投到革命文學的大纛之下的時候，他本身也必然挾裹著包含在唯美雜質中可貴的藝術基因，這一點再加上俄羅斯文學遺產的啓迪，就使《縣長》中的藝術追求變得完全可以理解了。

當然，對於「良好的藝術」﹝註48﹞的追求是一回事，追求的成敗得失又是另外一回事。劇中一開始對賈仁材的塑造顯然是一個良好的開端。這位縣

﹝註47﹞馮乃超：《縣長·後語》，《創造月刊》第 2 卷第 4 期，1928 年 11 月。
﹝註48﹞馮乃超：《中國戲劇運動的苦悶》，《創造月刊》第 2 卷第 2 期，1928 年 9 月。

太爺對自己「劇烈的」「脾氣」顛三倒四的強調和爲此與姨太太發生的爭執都活脫地顯示出了其色厲內荏的特徵。然而可惜的是，作者沒有將這種性格的刻畫發展下去，於是賈仁材成了一個虎頭蛇尾的形象。縣長秘書毛一能（「沒一能」的諧音）的設置，是作家的一個創造，他不甘心讓那些醜類占滿舞臺，於是安插了這個介於清濁之間的灰色人物，讓他在很大程度上成爲自己的代言人，對其他劇中人物不時發出譏諷和嘲笑，達到及時「點破」的目的。可貴的是，毛一能又不僅僅是個傳聲筒，他是別人的，同時又是自己的。他身處濁流之中，但天良未泯，不甘心隨波逐流，故而只好長籲短歎、指桑罵槐，這是一個不滿現實而又沒有希望的人。毛一能的形象反映出當時知識分子中的一個類型，具有一定的時代意義。但更具有時代意義的人物形象是國民黨軍的連長史可拔。在這個形象身上，作品體現了那種嘲笑「內在可笑的東西」、嘲笑人的「畸形的靈魂」的傾向。劇中，他向縣長的姨太太和毛一能神氣活現地兜售著自己的「處世法」。史可拔在國外學習的本是工程學，回國後卻「變起卦來走軍界」，儘管他跳舞比擺弄指揮刀更嫻熟，但「混」得卻不錯。「一個人如是錢的聰明的主人，就是一切的主人了」，這是他的人生箴言。他的一本正經更加暴露了內心的醜惡。人們在其自我告白中看出，新舊軍閥之間其實並沒有什麼質的差別，正像史可拔「同志」的「姘頭」一樣，儘管改稱了「愛人」，儘管「頭髮也剪短了，衣服也歐化了」，可是仍不免讓人一眼就認了出來，不過是妓院裏「芳名王金鳳」的「老十」而已。作家本來可以使史可拔的形象成爲支撐全劇的性格的典型，但他未能表現出在敘事作品中統籌兼顧的才力，結果只是在第三幕第一場裏對這個人物作了集中的點染之後就一帶而過了。

《縣長》在藝術上給人的印象是：其中並不缺乏閃光之點，但作家卻未能將它們聯成通明的一體。它極像一個胚胎，還需要時間去生長和延展。

任何一種藝術品類的成熟都不會是一蹴而就的。自《縣長》開始成形的政治型諷刺劇要想長成參天的藝術大樹還要走過一段曲折的道路，而人們對戲劇藝術社會功能過於狹隘的理解則在一個相當長的時間裏進一步增加了它的曲折性。

1928年到1935年前後的六七年間，我國新興的政治諷刺劇一直在一種尷尬的情勢中躑躅前行。馮乃超自《縣長》之後再沒有創作過喜劇，他的《支那人自殺了》和《阿珍》等劇都已經屬於正劇的範疇。楊邨人1929年發表了

《租妻官司》，通過青天白日旗下一場奇異的官司諷刺了國民黨的司法制度，同時也嘲笑了南京政權統治之下社會普遍凋敝的現實。葉沈 1930 年發表的《蜂起》以罷工爲背景嘲弄了政府當局、黃色工會和資產階級。魏金枝的《宣誓就職》（1934）則暴露了新官僚的醜惡。整個創作情況，無論從數量還是質量上講都沒有明顯的提高。

　　大革命後，孫中山時代的新三民主義迅速蛻變爲國民黨當權派的封建買辦法西斯主義。南京政府的倒行逆施爲中國現代史冊掀開了極富諷刺意味的一頁，這在客觀上爲諷刺文學的發展提供了某種相應的土壤。然而諷刺文學並沒有像人們意料的那樣迅速地發展成熟起來，究其原因，和當時左翼文藝運動在思想上的片面性不無關聯。

　　還在革命文學論爭時期，李初梨在《怎樣地建設革命文學》一文中，談到了無產階級文學的四種樣式，他雖也曾爲「諷刺的」、「暴露的」文學保留了一席之地，但強調的重點顯然放到了「鼓動的」和「教導的」文學上〔註49〕。「左聯」成立到 1932 年下半年之前的一段時間裏，創作問題一直未能正式擺到議事日程，諷刺文學的倡導更無從談起。

　　1932 年下半年以後，文藝創作問題開始爲左翼文藝運動所重視，諷刺文學問題也隨之進入了人們認眞思考的範圍之內。瞿秋白在爲《魯迅雜感選集》撰寫的著名序言中，高度讚揚了魯迅的幽默與諷刺才能，同時明確指出：「揭穿這些卑劣，懦怯，無恥，虛僞而又殘酷的劊子手和奴才的假面具，是戰鬥之中不可少的陣線」，並在這句話的下面特意加上了加重號。不僅如此，他還將「反虛僞的精神」正確地歸結爲作爲文學家和思想家的魯迅的「最主要的精神」。〔註50〕序言不但在中國現代文學史上第一次對魯迅的思想與創作作出了大體合乎實際的評價，而且也第一次比較集中地對諷刺文學的多種理論問題做出了論述。因此，它的意義早已超越了作家專論的範圍，對後來諷刺文學的迅速發展提供了寶貴的助力。

　　從《新青年》時代起，魯迅就以雜文爲武器向舊社會開戰，1927 年以後，他更是全力以赴地投入了雜文創作。他的一大批極富諷刺意義的戰鬥雜文早已成爲我國現代諷刺文學中的瑰寶。在長期的創作實踐中，魯迅爲諷刺文學

〔註49〕參見李初梨：《怎樣地建設革命文學》，《文化批判》第 2 期，1928 年 2 月。
〔註50〕參見何凝：《〈魯迅雜感選集〉序言》，《中國新文學大系（1927～1937）》第 1 集，上海：上海文藝出版社 1987 年版，第 708、719 頁。

的發展積纍了豐富經驗並對中國諷刺理論的建設做出了傑出貢獻。然而，正像茅盾指出的那樣：魯迅畢竟「是『統戰對象』，所以『左聯』盟員中的黨員同志多數對他是尊敬有餘，服從則不足。」〔註51〕因此，在相當長的一段時間內，諷刺文學的重要地位沒能得到左翼人士普遍的認可。由於魯迅在文化界的崇高聲望和不容抹殺的創作實績，諷刺文學在雜文和小說創作中取得了一定進展，但在諷刺喜劇領域內卻影響有限。由於文藝思想中「左」的干擾，不少人在謳歌光明和暴露黑暗問題上一直持有一種片面的看法。日益分明的政治分野、日益嚴酷的鬥爭形勢，日益逼近的亡國危險和極度動蕩的社會情勢，不能不使人們對於喜劇的形式抱有較深的成見，即便是諷刺喜劇也難以倖免。對於「論語派」力倡「幽默」與「性靈」的批判進一步加深了人們對喜劇的警覺和疑慮。因此，當顧仲彝1933年在《戲》月刊第1期上發表《戲劇運動的新途徑》，把「諷刺的喜劇」和「寓意的歷史劇」當作文藝當時的「兩種最合適的劇本方式」的時候，他很快受到了來自左翼方面的嚴厲批評。于伶撰文指出：顧仲彝所謂的兩種方式，不過是「畸形的變態的兩條路」，不過是「一般身心不甚健全的病態文人，既不能滿意現實，又不肯建設將來」，「既不願甘心沉默而不寫作，又顧忌『妨礙到生活的自由』」的一種消極、變態的舉動。〔註52〕除去年輕氣盛等純個人因素外，于伶的看法基本代表了大多數左翼戲劇家們的認識，我們從中也就不難體會到為什麼左翼作家在20世紀30年代的大部分時間裏很少寫作喜劇的原因了。

　　早在阿里斯托芬的時代，喜劇就已經發揮著諷刺時政的積極作用。從那以後，它歷盡坎坷，直到近代才逐漸得以昌明。在其行進的過程中儘管也有著支流和末節，但大體言之，喜劇始終是屬於人民的。而今，它卻從人們的眼中看到了對於自己的困惑和戒備。當然，這種尷尬的境遇，對諷刺喜劇來說不過是並且也只能是一時的現象。隨著整個左翼文藝隊伍思想水平的提高和喜劇觀念的拓展，隨著革命統一戰線思想的進一步發展和不斷明確，特別是由於國民黨政權真實面目在國難當頭局勢中的進一步暴露，一批左翼文化人士陸續開始舉起了諷刺喜劇的投槍。在這樣的大背景下，自1935年前後起，喜劇創作重新逐漸出現了日臻活躍的趨勢，而中國新興的政治型諷刺喜劇正是在這個喜劇的躍動中取得了重要的發展。

〔註51〕茅盾：《我走過的道路》（中），北京：人民文學出版社1984年版，第87頁。
〔註52〕于伶：《評〈戲〉月刊第一期》，《戲》月刊第2期，1933年10月。

　　1935 年秋冬之間，進步的文藝活動受到當局的嚴重壓迫，爲了衝破政府的文化封鎖，同時也爲了提高上海的舞臺藝術，革命的戲劇工作者們調集了全上海的演劇力量，以「上海業餘劇人協會」的名義，以紀念《巡按》上演一百週年爲號召，隆重公演了《欽差大臣》。這次公演不僅「幫助了中國人民特別是青年知識分子認識了中國的官僚政治、認識了自己當前的敵人」〔註53〕，而且也幫助人們進一步認識了諷刺喜劇，看到了它的威力，感受到了它巨大的社會教育作用。中國年輕的話劇人將再次從《欽差大臣》的諷刺藝術中汲取前進的力量。

　　《欽差大臣》的公演，給了陳白塵以「巨大影響」〔註54〕，正是在這一影響的直接推動下，他於 1936 年創作了大型喜劇《恭喜發財》。這是作家本人的第一部政治諷刺劇，同時也是 30 年代政治諷刺喜劇創作中最爲重要的一個劇本。香港文學研究社出版《中國新文學大系續編》時曾特意將此劇收入《戲劇集》內，並在導言裏將其稱爲「中國新文學史上第二個十年」中的「優秀劇作」〔註55〕，顯然是頗具慧眼的。從某種意義上說，《恭喜發財》是抗戰爆發前集喜劇創作之大成的壓卷之作，它的出現，預示了新興喜劇創作中一個新時期的到來。

　　從馮乃超的《縣長》到陳白塵的《恭喜發財》，清楚地表明了中國政治型諷刺喜劇在困境中奮然前行的軌迹，沿著這條史的線索，我們不難發現《恭喜發財》的藝術價值所在。

　　首先，四幕諷刺喜劇《恭喜發財》沿著《縣長》開拓的方向，繼續深化了那種反對國民黨統治的政治主題，使全劇帶有高度的社會性和戰鬥的色彩。粗看上去，《恭喜發財》反映的是普通教育界的情況，但是由於作家的寫作是以「一二‧九」運動爲背景，同時又將教育界的現實同國民黨政府「航空救國」的醜劇聯結在一起，這樣就使全劇的主題達到了政治性的高度。營私舞弊、天良喪盡、一心貪污「救國儲金捐」的人最後被「傳命嘉獎」、加官晉爵；勤勤懇懇、秉公辦事、誠心愛國的人反倒被無理訓斥、撤職「重辦」。正是在這種是非人妖絕大的顛倒和比照中，我們看到了現實的深刻荒謬性。

〔註53〕陳白塵：《〈巡按〉在中國》，《人民日報》1952 年 3 月 4 日。
〔註54〕參見曹靖華：《果戈理百年忌》，《人民日報》1952 年 3 月 3 日。
〔註55〕香港文學研究社：《中國新文學大系續編‧戲劇集導言》，《中國新文學大系續編》第 9 集，香港：香港文學研究社 1968 年版，第 36 頁。

透過這種荒謬性，人們可以進一步領會到：真正值得諷刺和抨擊的絕不僅僅是一兩個像劉校長那樣的醜類，而是整個國民黨的腐敗統治。

在現實生活中，政治並不是孤立的，相反，它的重要性正好表現在其對於包括人們日常生活在內的社會各個領域的制約和滲透上。因此，優秀的政治諷刺劇並非意味著單就「政治」去諷刺時政，它們應該深入開掘日常生活中的政治因素，然後在藝術概括的基礎上使人認清社會政治的本質。《恭喜發財》在這方面取得了可喜的進展。圍繞「航空救國」的中心事件，作家廣泛描寫了國民黨基層政權和地方教育界中大小官僚們多方面的醜行惡德，從而狀繪出一幅較為廣闊的社會生活圖景。從私生活的肮髒糜爛，到公職生涯中的無惡不作；從對愛國學生運動的無恥彈壓，到「華北危機日重」之下有關「委曲求全」的投降主義「高論」；從對女學生大腿的垂涎到對異國「草裙舞」的神往；從對人民大眾的冷酷無情到病入膏肓的一臉煙容；作家為我們提供的是一組立體的群像。在這種多側面的描寫中，人們嗅到了從國民黨整個統治機構中散發出來的不可藥救的黴爛之氣。

至此，我們終於見到了在《縣長》的胚胎之上綻放的第一枝長滿芒刺的鮮花。《恭喜發財》在直面關係民族存亡的重大社會政治問題的同時，也將豐富的生活內容囊括到了自己的戲劇構架之中。

其次，我們看到：喜劇最忌平直，《縣長》在藝術上的重要欠缺正在於此，而《恭喜發財》在這一點上卻取得了長足的進步。還在陳白塵的《徵婚》（1935）中，人們就已經發現了作家組織喜劇衝突的特殊才能。他善於為自己的諷刺喜劇找到一種獨特的審美角度和藝術形式，而不是滿足於將生活中的事件平鋪直敘。在喜劇創作中，往往存在著兩個層次，一個是外在的虛假的層次，另一個是內在的真實的層次。這兩個層次總是缺一不可，只有在它們的比照和纏繞之中，喜劇才會產生良好的效果。

揭露當局的腐朽和假抗日的罪惡行徑，可以說是《恭喜發財》的真正立意，也即它的內在層次。但是，僅只這一個層次是不夠的，因為，這樣它就很可能會成為悲劇或正劇，而未必是喜劇了。問題的關鍵在於作家怎樣去結構外在的層次，並且如何將兩個層次自然而巧妙地紐結在一起。於是，作家扣住「航空救國」四字，以華北某縣立小學校長劉少雲貪污學生愛國捐款為其個人購買航空獎券為中心事件，讓主人公在跌宕起伏的情節進展中去暴露內心靈魂的齷齪、畸形和可笑、可鄙。並通過這一典型，透視出統治階層的

醜惡。劉少雲中彩後，本想攜款潛逃，不料為「恭喜發財」者所阻，於是只好忍痛割捨，順水推舟地將鉅款捐給「國家」買飛機，藉此撈取「揚眉吐氣」的政治資本。這樣，這筆險些被劉少雲個人貪污掉的愛國民眾的捐款就又和「國家」發生了直接的關聯，從而使劇中內外兩個層次勾連成為一體。第四幕中的一段描寫由此具有了深長的意味。人們翹首藍天，望到的卻只是日軍飛機向西北掠過，盼了半天也絲毫不見中國飛機的蹤影。天真的小學生們一再追問他們的老師：「我們中國的飛機呢？」已經開始醒悟的魯效平用一種顫抖的聲音說：「孩子，我不知道！」短短的六個字，充分表達出他內心的愧疚、激憤和對國民黨政府的再認識。

　　國民黨當局 1933 年初開始舉辦航空救國飛機捐，接著又在各地大肆發行航空獎券，著實熱鬧了一番。然而，臨到華北吃緊之際，卻仍然是只見日機肆虐，不見我機迎敵。可見，他們巧取豪奪是真，抗日救國是假。兩年來由民間徵集的鉅額款項，最後不是流入那些大小國賊的私囊，就是用於內戰，千百萬善良人們的心靈聖殿就這樣被他們卑鄙地玷污了。這裏，劇作家讓人們感受到一種暗示，順著這種暗示的指引，我們將會認識到全劇只是它自身之外更廣闊的社會的一部分，而這個更廣闊的社會要比劇中作為外在層次的事件和人物具有更大、更重要的意義。在一座小學校裏，校長假借抗日的名義侵吞著學生的捐款；在整個國家，當局打著救國的幌子攫取了民眾的捐款，作家抓住兩者之間的相似之處，明寫前者，暗示後者，最終達到以獨特的審美視角廣泛而深刻地表現社會生活的目的。

　　再次，在人物性格的塑造和心理刻畫上，《恭喜發財》也達到了相當的水平。如果說，《縣長》主要是表現了作家對這一方面的追求，那麼，在《恭喜發財》中，作家已經取得了可喜的藝術成就。劇本運用多重對比的手法和富於表現力的生活細節著意刻畫了劉少雲這一形象。他時常給人以笑眯眯的假象，所以在很長時間內蒙蔽了魯效平為他賣命；當他處於被動時，對朱督學竭盡諂媚之能事，然而一旦得勢，又毫不遲疑地將其擲諸一邊。這些都說明了他的虛偽。他在困境中的機變和嫁禍於人說明他的陰險狡詐。他在中獎時的狂態證實了他的貪鄙。他在求愛時的搖尾乞憐、碰了釘子後的破口大罵，甚至連對方坐過的凳子都要踢上幾腳，這些又顯示出他的卑瑣。劇本更可貴的是注意到了人物心理的描寫，隨著全劇情節行動線索的展開，作家為我們透視出人物心理變化的線索。由見到傳單後的驚慌，到上峰派員檢查時的隱

忍；從中彩時的狂喜到潛逃未遂時的沮喪；從順水推舟時的權變到受到嘉獎時的傲慢；隨著這條人物心理波動的曲線，作家讓劉少雲盡情地表演，表現出自己靈魂的各個側面，使人們在笑聲中鞭撻著這個畸形而醜陋的靈魂。除此之外，劇本對為人正直、真心愛國的魯效平，處世圓滑、善於逢迎的張樂平，胸有城府、官氣十足的朱督學等人物的性格塑造也都給人留下了生動的印象。這些都是劇本獲得較高藝術成就的重要原因。

最後，劇作在喜劇因素和悲劇因素的結合方面做出了有益的嘗試。這一點和政治諷刺劇所要表現的嚴肅而重大的主題或許不無關係。作家在著力暴露和嘲弄現實生活中的醜惡的同時，又不忘去表現自己對於善良純正事物的同情。愛和憎往往是相伴而生的，這就從總體決定了劇中喜劇性和悲劇性的互相結合和穿插配置。如果說，全劇的喜劇性在很大程度上是由劉少雲和那夥縣區官員們提供的，那麼，它的悲劇性則主要是在小學生左學文的爺爺「左老頭」和愛國教師魯效平兩人身上體現的。正當劇中的醜類們宴飲方酣、彈冠相慶之時，「左老頭」衝了進去，苦苦哀求還給他那塊要用來還債的活命錢，這就無異給了那些得意忘形的傢夥以當頭一棒。作家用這種鮮明的對比提示人們：上層人物的「皆大歡喜」正是建立在下層百姓的悲慘血淚之上的。劇本的最後，真心愛國、於校有功的魯老師因為領唱抗日救亡歌曲而被當作「反動分子」抓了起來。人們讀到這裏，心中很自然地會升騰起一股不平之氣，從而產生一種沉重的悲劇感，這種悲劇感和全劇的喜劇色調結合在一起，無疑增強了全劇的藝術批判的力量。當然，《恭喜發財》在悲喜結合的藝術處理上還明顯地存在有簡單機械的傾向，喜劇色彩和悲劇精神分呈於兩條平行發展的線索中，這顯然屬於悲喜結合的初級形態，在很大程度上是一種綴合，而非更高意義上的融合。這實際上也是中國的新喜劇在走向成熟的過程中亟待解決的一個重要課題。

《恭喜發財》對於陳白塵個人的創作歷程來說，也許並不存在過多的意義，作家在後來的創作中取得了遠遠超過其第一部大型試筆之作的藝術成就。但對於中國新喜劇的發展特別是對政治諷刺劇的發展來說，《恭喜發財》卻有著不可低估的意義。如果說，馮乃超的《縣長》在現代文學史上標誌著中國現代政治諷刺喜劇的正式誕生，那麼，陳白塵的《恭喜發財》就是政治諷刺劇問世以後向前邁出的重要一步。沒有這一步，諷刺喜劇就不可能取得重要成就，而沒有諷刺喜劇的藝術成就，一部中國的現代喜劇史又將會是種什麼樣子呢？

在《恭喜發財》稍後問世的比較重要的政治諷刺劇，還有宋之的的《平步登天》（1936）和左兵的《貓》（1937）。《平步登天》用一種跌宕有致的喜劇結構和語言上的諧音手法在諷刺江南某村村長兼小學校長夫婦的貪鄙同時，暴露了所謂「國選」的醜劇。《貓》是繼《恭喜發財》之後又一部重要的諷刺喜劇。劇本從一開始就巧設懸念，並將其幾乎保持到了最後，當懸念最終被解除時，喜劇的帷幕也就隨之而落下了。全劇圍繞著走私商送給一位值勤警察 150 元賄款的歸屬去向問題，不動聲色然而又淋漓盡致地揭露了國難之中警察機構的各種醜惡行徑，證實了「沒有不吃魚的貓」的道理。劇本告訴人們：警察機構實際保護的是漢奸商人，鎮壓的卻是群衆的愛國運動。全劇共分三幕，劇情集中在下午 4 點到第二天午前的一段時間裏，場景亦相對集中。劇中戲劇懸念的巧妙設置和對人物性格的精雕細縷，加之那種清醒冷峻的諷刺筆法、那種明顯而又不失節制的喜劇趣味、那種緊扣時代的現實政治的主題，這些都使《貓》進入到了戰前喜劇優秀之作的行列。

就嚴格意義而言，政治諷刺一般是指在明確的政治意識支配下，以政治集團、政治機構或個人的政治行爲爲主要對象的諷刺。現代意義上的中國政治諷刺喜劇，濫觴於 19 世紀末 20 世紀初，在 20 世紀 20 年代末開始出現比較成形的劇本，到抗戰全面爆發前夕業已初具規模、形成氣候。政治型諷刺喜劇在 30 年代的迅速發展和異軍突起，傳遞出一個重要的歷史信息，即中國的新進作家正在認眞考慮和積極實踐著如何運用喜劇的形式去表現廣闊的社會生活和現實的政治內容問題，如何將喜劇藝術在社會政治批判功能方面所具有的潛在可能性變成現實可能性的問題。中國現代喜劇藝術表現生活的廣度和認識生活的深度由此開始得到明顯的拓展；困擾人們已久的喜劇合法性問題至此似乎有望得到初步的解決；中國傳統的喜劇格局及其類型即將開始出現新的突破和豐富；中國現代喜劇的歷史由此面臨著一種重要的轉折。

陳白塵等人正是實現這一歷史轉折的勇敢的實踐者。他們追隨中國社會革命的主潮，繼承了「五四」以來新文學敢於直面社會人生的光榮傳統，在俄羅斯富於諷刺特色的喜劇藝術的啓迪下，爲了社會的公正與進步，爲了中華民族的解放而不停地發出勇敢者的戰叫。他們懷著一種力圖從整體上去把握社會與時代的氣魄和追求，以《恭喜發財》、《貓》、《平步登天》這樣具有藝術價值的戰鬥性作品，爲政治型諷刺劇在 40 年代的全面崛起和中國現代喜劇的政治化奠定了基礎。

第 4 章　風俗的喜劇

20 世紀 30 年代，中國現代的風俗喜劇也取得了顯著的進展。它在表現中國現實和傳統的世態風俗方面所取得的藝術成就，使其成爲了我國新喜劇園地中的又一枝奇葩。

談到「風俗喜劇」（The Comedy of Manners）〔註1〕，人們常以「才智」（wit）來概括它的總體特徵，但從喜劇分類學角度看，這是不全面的。在英國戲劇史上，誰能否認本·瓊森喜劇中的「才智」呢？不少人甚至認爲正是他首開了英國「機智喜劇」的先河，但事實上我們卻很難將他的作品稱爲「風俗喜劇」。按照英國戲劇界權威人士阿·尼柯爾的辨正，本·瓊森的喜劇應當歸屬於諷刺喜劇〔註2〕。風俗喜劇，當然並不缺少才智的因素，正如它同時也絕不會缺少幽默和諷刺的成分一樣，但其重心，卻像其名稱所暗示的那樣，主要是指一種重在表現社會風俗和人情世態的喜劇類型。就這一點而言，它實際上包含了遠較幽默喜劇和諷刺喜劇更爲廣泛複雜的創作激情和更加深入地表現社會生活的巨大可能性。

當然，要想眞正把握風俗喜劇的實質。單就字面意義上去理解它還是遠遠不夠的。問題的關鍵之一，就在於我們對 manners 一詞還需要做出更爲全面

〔註 1〕　風俗喜劇，亦可譯爲世態喜劇。
〔註 2〕　〔英〕阿·尼柯爾：《西歐戲劇理論》，北京：中國戲劇出版社 1985 年版，第
　　　　284～289 頁：阿·尼柯爾（Allardyee Nicoll 1894～1976），英國戲劇史家、戲
　　　　劇理論家，曾任英國倫敦大學、伯明翰大學和美國耶魯大學、匹茲堡大學教
　　　　授。

的考察，因爲，在這個概念中實際包含著遠較人們初看上去更爲複雜和深刻的內涵。英國風俗喜劇的代表作家康格里夫〔註3〕的《口是心非的人》裏，劇中人有一段對話，對我們認識這一點富有啓示意義。在該劇的第二幕中，辛西婭問福勞斯夫人：「風度！夫人，風度是什麼？」後者回答說：「某種顯示特色的氣質，例如，勃里斯克先生優美的儀表，我丈夫莊嚴而又親切的態度，或者，他所具有的某種看來多少是無法形容的東西。」可見，manners 並非單純指涉人們的生活方式，同時，它還意味著人們在這種生活方式的調教和傳統習俗影響下而形成的某種特色，「某種看來多少是無法形容的東西」。這樣一來，它就和人的性格發生了必然的聯繫。無論是世態風俗因素還是性格因素，它們在喜劇中的表現都不是自風俗喜劇而開始的，但一個無可否認的事實是，風俗喜劇的最終成形無疑強化了喜劇藝術中已有的這兩種傾向，從而也就使這一喜劇類型本身逐漸形成了自己獨特的美學風致。優秀的風俗喜劇作品總是將社會世態、風尚、習俗的描寫和人物性格的著意刻畫緊密地結合在一起的，這也許就是人們總愛將哥爾多尼〔註4〕的風俗喜劇稱作「性格喜劇」的一個原因。

中國的現代風俗喜劇，如同喜劇創作中的其它類型一樣，也是在時代的社會生活和民族的藝術傳統基礎上，吸取、揚棄和融會外國戲劇經驗而不斷臻於成熟的。如果說，喜劇是中國現代話劇中後進的一翼，那麼風俗喜劇就是這後進一翼中後進的一翼。然而，也正是由於這種後進，中國的風俗喜劇中也就積蓄了更大的藝術衝動力。早在上一時期的幽默喜劇和諷刺喜劇中，已經顯露出程度不同的世態、風俗與性格的因素，到了 30 年代，它們迅速凝聚成爲一種風格特異的喜劇類型，並且憑藉著後發優勢在藝術上取得了重大成就。中國現代風俗喜劇的形成和發展，不僅豐富了民國喜劇並不豐饒的園地，而且也爲它的成熟，從藝術的角度提供了極爲重要的原動力。

30 年代重要的風俗喜劇作家有王文顯、宋春舫和李健吾。據現有的資料顯示，王文顯的《委曲求全》是中國現代風俗喜劇中最早出現的大型作品。中國現代風俗喜劇的創作在李健吾的喜劇當中取得了最高成就。

〔註 3〕〔英〕康格里夫（William Congreve 1670～1729），英國王政復辟時期風俗喜劇的代表作家。

〔註 4〕〔意大利〕哥爾多尼（Carlo Goldoni 1707～1793），意大利喜劇家，其代表作《一僕二主》、《女店主》曾多次在中國公演，深受歡迎。

王文顯和《委曲求全》

提到中國的現代風俗喜劇，不能不提到王文顯的名字〔註5〕。王文顯在中國風俗喜劇發展史上的重要地位，我們只要稍微回顧一下下面的事實就會一目了然。王文顯在清華大學外國語文系任教期間，洪深、石華父（陳麟瑞）、李健吾、張駿祥、曹禺、楊絳、陳銓等人都曾聽過他的戲劇課，並從此眞正開始了對於西洋戲劇的接觸。李健吾和張駿祥還先後作過他的助教。在這些後來從事劇本創作和演劇活動的後學中間，李健吾、張駿樣、石華父、楊絳等人，都爲中國新喜劇的發展、特別是風俗喜劇的發展作出了重要的貢獻。因此，我們似乎不妨將王文顯看作是中國現代風俗喜劇的宗師。

《委曲求全》是王文顯風俗喜劇的代表作，同時又是中國話劇史上較早出現的大型劇作之一。劇本寫於 1927 年前後，反映的是軍閥統治下北京高等學府中的腐惡生活。像王文顯其它的戲劇作品一樣，《委曲求全》是用英文寫成的。其劇名（She Stoops to Compromise）也是把英國 18 世紀劇作家哥爾德斯密斯的著名喜劇《委曲求成》的劇名（She Stoops to Conquer）巧妙地改動一詞而成。該劇的第一次公演，於 1929 年在美國耶魯大學戲劇學院舉行，由貝克教授〔註6〕親自執導。次年又在馬薩諸塞州的福萊特俱樂部公演，獲得巨大成功。這些固然表明了中國風俗喜劇在其發端之際和西方戲劇的親緣關係，證明了它在民族化方面的嚴重局限，但我們卻不能由此而將它排除在「中國的話劇」領域之外。在英語世界看來，《委曲求全》始終是屬於中國的。誠然，它是用英文寫作的，但它畢竟又是出自中國人之手，並且就其主要方面而言，劇本反映的終究是中國的社會生活、中國的世態人情。正是由於這一點，劇本在美國的演出才平添了一種誘人的魅力。那種中國劇作家特有的機謀和劇中十足的「中國空氣」，抓住了異國觀眾的心，使他們在新奇的感受之後對《委曲求全》做出了高度的評價：

〔註5〕 王文顯（1886～1968），江蘇昆山人。早年留學英國，歸國後，在清華學校（清華大學的前身）任英語教授，並擔任過副校長、代校長等職。他是清華研究院幾位著名的特級教授之一。1927 年到 1928 年期間，再度出國，赴哈佛大學師從美國當時著名的戲劇理論家喬治·貝克專門學習過編劇理論。1928 年返回清華大學，任外國語文系主任，主講戲劇課程。1937 年，抗日戰爭爆發，去滬擔任聖約翰大學教授。抗戰勝利後去香港，後移居美國。

〔註6〕 〔美〕喬治·貝克（George Pierce Baker 1866～1935），美國戲劇理論家、戲劇教育家，先後任教於哈佛大學和耶魯大學。

　　這齣戲的一半的愉快是由於他的中國的空氣，雖說事情發生在學校裏面，中國的空氣依然十足。穿過那一層西方的學府的表皮，顯出它的本來面目……中國人的道德的——或者不道德的——意義，一望便知有它自己的特性，正因爲那種自然可喜的假惺惺，才更值得讚美。

　　王文顯先生替他的所有的人物寫了一個輕利，嚴正而流暢的英語。書本氣息並不重，所以演員易於演，觀衆易於懂。對話活潑，而且自自然然地把性格表現出來。並且這裏笑著一種柔和的惡嘲的微笑，自然是王文顯先生在那裏微笑，這是法國人最得意的舞臺筆墨，然而這裏來的更加漂亮，實在是中國人對於喜劇的一種貢獻。

〔註7〕

因此，我們可以恰如其分地說，《委曲求全》是王文顯留給中國新喜劇史的一份寶貴財富，我們沒有理由忽視這個劇本在中國現代喜劇史上的開拓性意義和它所取得的重要成就。

　　《委曲求全》使用了一種多層重複的方法來提高自己在表現普遍性生活面貌上的藝術價值。作家將人們成功地導入一個充滿計謀、暗算、中傷的勾心鬥角的世界。顧校長不失時機地排除異己是一種計謀；宋先生和陸海捕風捉影廣布流言又是一種計謀；顧校長爲了對抗政敵關先生而和宋陸兩人重歸於好是計謀；關先生組織同盟、偷聽密談、安排見證更是計謀；直到最後王太太的兩吻定乾坤還是計謀。我們很難在劇中發現那種正反兩方面人物的明顯界限，人們看到的只是：幾乎劇中的每一個人都在耍弄著計謀，算計著他人，同時又爲他人所算計。他們都被深深地捲入了詭計的漩渦，不得脫身；他們在這種勾心鬥角的汪洋中不停地翻滾、掙扎，望不見安全的海岸。這裏，作家實際上是採用了一種喜劇的形式去表現人生殘酷的一面。

　　與此同時，作家又借劇中人物之口暗示出這種生存競爭和某種政治因素的聯繫。正如顧先生對他的秘書所說：「在中國現在，哪一種社會機關能夠不攪在政治的漩渦裏？我要不要一點兒手腕，你想我能夠維持五分鐘之久嗎？」這就無異於告訴人們，高等學府中的勾心鬥角正是現實軍閥政治中爾虞我詐

〔註 7〕　〔美〕H.T.P：《〈委曲求全〉的勝譽》，《波司頓報》1930 年 5 月 12 日。此處
　　　　引自《王文顯劇作選‧附錄》，北京：人民文學出版社 1983 年版，第 171、168
　　　　～169 頁。

的曲折反映，前者正是後者滲透和影響的結果。正是由於這種惡劣政治的影響，才使崇達大學這個寧靜的教育和學術機構變成了爭奪權勢的政治角逐的戰場。全劇的中心衝突是發生於顧先生和關教授之間爭奪行政大權的一場戰爭，而其他人則根據他們在權勢地位上的力量消長來隨時調整著自己的歸屬和立場。對這一點，聰明的王太太做了總結，她對張董事說：「他們敬畏你，不是因為你比顧先生來的高，是因為你有更大的權力賞罰他們。要是還有一個比你勢力大的在眼前，他們一樣會馬上賣掉你的。」在這裏，我們看到了政治權勢和權術主宰一切的地位，這也正是「崇達大學」中「崇達」一詞真實的寓意。「我崇拜成功的政治家！」劇中人的這句臺詞或許可以成為時代的一種格言。權勢就是一切，沒有是非，沒有同情，沒有友誼，有的只是相互間的利用和精明的算計，受這種污濁空氣的毒化，人們會失掉一切道德感而變得寡廉鮮恥、毫無操守、虛偽狡詐、趨炎附勢。這樣，作品的實際蘊意也就早已突破學校生活的單純格局和一般計謀喜劇的框架，在一個比較廣闊的層面上表現出 20 世紀 20 年代初那種腐敗的軍閥統治下的社會風貌，其中又特別凸現了在這種社會風氣毒化下的中上流社會的人情世態。

　　《委曲求全》在國內公演後，作者受到了來自教育界高級人士們的指責，口實之一就是「覺得作者冷酷」，認為作品在無可挑剔的外表下「缺少一種東西——人性」〔註8〕。胡適甚至為此曾和《委曲求全》的中文譯者李健吾當面爭論過，要後者接受自己充滿敵意的看法。不能否認，這裏確有人事糾紛的因素在起作用，但同時，這也從一個側面反映了作品的一個重要特點，即劇作家在表現自身傾向性時的自然和隱蔽。這實際上也是大多數優秀的風俗喜劇的重要特徵。世態和風俗在這裏始終佔據著中心的畫面，粗看上去似乎缺少那種棱角分明的主題意識。劇中雖不乏讚賞、同情、幽默和諷刺的要素，但作家又絕不失掉對自己的節制力，小心翼翼地避免讓一種單調的激情形成君臨一切的局面。但就另一方面而言，劇本中卻又並不缺乏作家本人的感情色彩，只不過這種傾向性是在情節進展中自然而然地流淌出來的。

　　作家讓我們見識了一片人頭攢動的勾心鬥角的汪洋，但他並沒有將其中的各色人等等而視之。作家以一位學者的身份和眼光對他們做出了區分。在這些人物中大體有兩種類型：以顧先生和關教授為代表的一類和以王太太、宋先生

〔註 8〕温源寧：《王文顯先生》，《中國文學評論》英文版，1935 年 6 月 21 日；此處引自《王文顯劇作選·附錄》，北京：人民文學出版社 1983 年版，第 179 頁。

爲代表的另一類。前者的計謀爲的是他們自己的權勢，後者的計謀爲的是自己的飯碗。這就使作家對後者往往表露出某種同情乃至欣賞的態度。這集中體現在劇本對王太太的刻畫上。作家從一開始就沒有將其寫成專事誘惑的放蕩尤物。她在全劇當中的活動，無非是出於「衣食逼人」。當張董事利用權勢要求一吻時，她的表現是富有深意的。她的「俯首無言」、「仰頭歎息」以及飛快的驀然一吻深刻地表達了她內心的猶豫、對自身命運的清醒認識和鋌而走險的決心。這不能不使人想起她在校長家裏激憤之下所吐露的眞言。在這位喜劇人物的那段不幸的告白中，我們不是可以清楚地感受到作者寄寓其中的同情的情愫嗎？與此相反，在第一種類型中，如果說在對顧校長的嘲諷中還多少含有一點寬容意味的話，那麼，作家對那位政客式的關教授則是一種鄙夷的諷刺，對官僚式的張董事則是一種冷酷的嘲弄。可見作家「並不冷酷」〔註 9〕，他對生活的看法和評價完全是通過其對於世態人情的摹寫婉轉表現的。

《委曲求全》在人物性格刻畫上的成就也是明顯的。作品對於風俗的描寫主要是通過性格體現的。雖然，從嚴格意義上看，區分出全劇眞正的主人公並非易事，但就劇名中的「She」字看，王太太，這位劇中唯一的女角，無疑是一位十分重要的人物。實際上她也是全劇裏被刻畫得最富光彩的人物。作品不僅寫出她爲人機敏、狡黠、練達的一面，而且也寫出了其內心深處的悲哀。除此之外，對顧校長的外強中乾、關教授的老奸巨滑、張董事的裝腔作勢、宋先生的逢迎拍馬、陸海的左右逢源、馬三的神氣活現、丁秘書的八面玲瓏、王先生的有氣難伸的刻畫也都提供了無窮的笑料，給人留下了較深的印象。他們共同活躍在一連串的詭計和陰謀的糾葛中，但由於各自的地位、氣質和個性的不同，在糾葛扭結發展的過程中分別呈現出不同的狀貌。作家寫出了他們之間的區別。應當承認，如果沒有這種五光十色的性格描寫，這出以計謀喜劇爲其外殼的戲劇是絕對不可能達到反映風俗世態的高度的。

《委曲求全》自 1929 年於美國耶魯大學首演後，又在波士頓和中國北平的協和醫科大學、清華大學等處重演。1932 年，李健吾在赴法留學之前將其譯成中文出版。1935 年初春，北平戲劇界排演該劇，公演後「立即轟動了文化界」，不僅京津各大報紙連續發表評論文章，而且舉行了座談會，一時間「形

〔註 9〕李健吾：《〈夢裏京華〉跋》，《王文顯劇作選》，北京：人民文學出版社 1983
年版，第 173 頁。

成了強大的輿論力量」〔註 10〕。隨後不久，上海復旦劇社由應雲衛執導在滬寧兩度公演此劇。同時，「中旅」也演出了《委曲求全》，進一步擴大了它的影響。《委曲求全》的創作和上演爲促進 30 年代下半期開始的中國現代喜劇的長足發展做出了積極的貢獻。

當然，《委曲求全》畢竟是我國新興的風俗喜劇中最初的一部大型劇本，從它的語言形式、俏皮而幽默的臺詞、矯情的議論和劇中對僕人的處理方式上都可以看出外國戲劇特別是英國風俗喜劇的明顯影響。正像顧校長家裏那種多少有些「不倫不類」的中西結合的布置擺設一樣，全劇在西方戲劇的形式和中國世態的實體中間還遠未能夠做到天衣無縫、不落痕迹的結合。同時，風俗，就審美創造的角度看，又至少具有著雙重的價值。它既是現實的，又是數千年來民族歷史發展的產物，因此，它總是同時具有著共時性和歷時性的特點，既有自己的表層結構又有自己的深層意識。《委曲求全》在反映風俗意蘊方面還只是一個開始。劇本表現了一個計謀詭詐的社會，透視了政治的惡劣對於世道人心的毒化，但這些終究屬於風俗中的現實層次，至於那些在現實中顯露而又深植於過去的富於民族特色的傳統因素還沒有被作家真正捕捉到。而做到這一點，對於一位像王文顯這樣「在國外長大和求學的，回國後又長期住在郊外的校園裏，深居簡出，對當時社會很少接觸」〔註 11〕的教授兼劇作家來說，恐怕是勉爲其難了。

中國現代風俗喜劇的發展呼喚著新人的出現。不過，在它由風俗的表層向裏層滲入的過程中，中國的風俗喜劇注定還要在一個表象的世界中喧囂熱鬧一個時辰。

宋春舫的戲劇創作

這裏，我們要談到又一位幾乎是「爲戲劇界忘卻的早期戲劇家」，宋春舫〔註 12〕。宋春舫，王國維的表弟，早年留學瑞士，在日內瓦大學攻讀政治經濟。先後在清華學校、北京大學、東吳大學、青島大學等高校執教，並曾在

〔註 10〕魏照風：《中國話劇史話（一）》，《藝譚》1982 年第 1 期。
〔註 11〕張駿祥：《王文顯劇作選·序》，北京：人民文學出版社 1983 年版，第 3 頁。
〔註 12〕田本相：《試論西方現代派戲劇對中國現代話劇發展之影響》，《中國現代文學思潮流派討論集》，北京：人民文學出版社 1984 年版，第 392 頁。宋春舫（1892～1938），浙江吳興人，活躍於五四時期的著名學者和戲劇家。

政府部門和銀行任職。阿英把他稱作「新青年時代戲劇活動主要幹部」〔註13〕，誠然是事實，但宋春舫在戲劇界的生命似乎比這更加長久些。30 年代，他出版過三部戲劇論集，並且創作了《一幅喜神》、《五里霧中》、《原來是夢》三篇話劇劇本，都是喜劇；此外還有幾篇翻譯劇。于伶在 1940 年發表的一篇文章中，曾稱宋春舫是「中國話劇藝術的先驅者」〔註14〕，評價無疑是中肯的。從「五四」運動之前到其逝世的 1938 年，宋春舫先是以歐美戲劇的譯介和評述、話劇理論的研討，後又以實際的戲劇創作，為我國話劇藝術的發展做出了自己的貢獻。對我國現代風俗喜劇的成長，他的貢獻更為直接。宋春舫在從事戲劇活動的同時，寫下了不少遊記，其中充分表現出作家對國內外風土人情、禮俗風尚的關注和思考。這些與其長期以來對於國民性問題的思考結合起來，深刻影響了他的喜劇創作，使他的風俗喜劇為中國的現代喜劇藝術帶來了新的因素。

《一幅喜神》寫於 1931 年末。時值「九‧一八」和「一‧二八」之間，在這種國難當頭、民氣昂奮的時代氣氛下，這篇喜劇的命運是不難料想的。時人曾這樣談到它，說它在中國將來的戲劇史上「或有相當的位置」〔註15〕。這似乎是以委婉的方式對這篇醞釀了「七八年之久」〔註16〕的喜劇所做出的有所保留的肯定。

劇本描寫大盜張三深夜潛入社會名流李先生的寓所，企圖竊取其收藏的珍貴古玩和名家字畫，不意發現李氏所藏皆為贗品。掃興之際，適逢主人歸來，於是大盜極騁辯才，機智地利用李氏夫婦愛好臉面的可笑心理，再次從容檢視了全部藏品，終於發現了一直為主人所不識的真正「精品」──一幅被蓋在唐伯虎仕女圖底下的李家高祖文端公的《喜神》。主人擔心其收藏贗品的真相聲張出去會有損自己作為大名鼎鼎收藏家的美名，於是雙雙跪倒，苦苦哀求大盜務必「竊」走《喜神》。劇中的大盜儼然是位知識分子的形象，楚楚衣冠、翩翩風度，並且談吐儒雅、博學多藝。在其精幹、多智、詼諧的強烈比照下，人們可以更清楚地發現那些「有權有勢」的上流社會中人的狼狽醜態，一位久負盛名的「鑑賞家」竟會如此的真偽不辨，足見他和他所隸屬的社會淺薄、無知和愚

〔註13〕阿英：《中國新文學大系‧史料‧索引》，上海：良友圖書印刷公司 1936 年版，第 213 頁。
〔註14〕于伶：《追思宋春舫先生》，《劇場藝術》第 2 卷第 8、9 期，1940 年 9 月。
〔註15〕參見劍嘯：《中國的話劇》，《劇學月刊》第 2 卷 7、8 期合刊，1933 年 8 月。
〔註16〕《宋春舫戲曲集》，上海：商務印書館 1937 年版，第 2 頁。

蠢到了無以復加的地步。據此，人們完全可以合乎邏輯地認為：劇本的題旨在於嘲笑上層社會那種追逐時髦、附庸風雅、徒慕虛榮的世風。

不過，我卻以為，在這種學術界的共識背後，劇本似乎尚有深意。這裏有兩點值得注意：一是大盜的形象，二是劇本的實際構思時間。

劇中的大盜是位知識分子，誠然不錯，但有必要進一步指出，他也正是作家本人的自我形象。按照現代敘事學的觀點，這篇喜劇屬於一種「作者——人物——敘述者」的類型。由於戲劇自身的特點，劇本和其它門類的敘事作品的不同之處，在於作者劇中是交替地處在全知敘述者和非全知敘述者兩種位置上的。敘述過程中，大盜這一人物不可能不受任何限制，但是他那種從容地把握全劇主動權的居高臨下的氣度，卻清楚地表明：作者是在很大程度上把自己的全知性賦予了他。作家在劇中創造了一個儒盜的幻象，同時也有意識地將自身的氣度和思想投射到他的身上，作家對象化了自身。大盜在劇中說：「我也是一個天字第一號的戲迷。二十年來，我和戲曲兩個字，始終沒有脫離過關係。」又說：「我以為戲曲的原則，從希臘到現在，無非是『action』『做』一個字」。而這些正是作家在其理論著述中一再表明的。此外，在大盜幽默的談吐中，我們也很容易找出他曾經留學西方、對歐洲生活極為熟悉的迹象，這些又與作家本人的經歷完全吻合。

那麼，作家在大盜形象上究竟注入或帶入了自己的哪些思想呢？我們來看看劇本的創作過程。宋春舫自言，劇本的實際寫作儘管僅僅用了一周，但其構思的時間卻很長，甚至「也不知經過了多少年頭」〔註17〕。據另一處文字記載，我們知道，劇本真正的構思是在 20 年代初開始的。而那段時間，則正是作家極力倡導象徵與暗示的時期。他在 1922 年寫了一篇名為《劇場新運動》的文章。文中指出，戲劇「新運動的趨向，總是在抽象方面居多」；戲劇要簡單，但「內容總要很豐富的。這卻非暗示不可。真正藝術家的暗示，自然方面，抽象方面，事實方面，情感方面，都有方法可以表現出來的。」〔註18〕三年以後，他又寫了《象徵主義》一文。文章不僅以一種客觀穩健的態度，向中國的讀者介紹了西方象徵派文學運動，而且還專門講到了象徵手法問題〔註19〕。

上述情況提醒我們，不能忽視《一幅喜神》當中的象徵意蘊。當李氏夫

〔註17〕《宋春舫戲曲集》，上海：商務印書館 1937 年版，第 1 頁。
〔註18〕《宋春舫論劇》第 1 集，上海：中華書局 1923 年版，第 10～11 頁。
〔註19〕《宋春舫論劇》第 2 集，上海：文學出版社 1936 年版，第 10 頁。

婦央求大盜拿走他們的幾樣藏品時，後者就「價值」問題發表了一番宏論，作品於是在怪誕的調侃中終於透露出了某種象徵的信息：「我說，中國人的通病，就是自己不曉得自己的價值，結果，弄到一點價值也沒有。」由於劇本的情節主要是圍繞著古代文物的鑒賞和收藏而生發的，因此，塵封在偽劣品下面的真品──家傳《喜神》的意蘊也就被凸顯出來。事實上，《一幅喜神》所要嘲笑的並非一般意義上的追逐時髦、附庸風雅和徒慕虛榮，而是同數典忘祖相聯繫的可笑世風。作家在一種善意的揶揄之中告訴人們：人不僅應當重視自己的傳統，而且需要學會甄別它們，分清哪些是贗品，哪些是真品；而只有繼承了傳統文化的真髓，中國人才會贏得真正屬於自己的價值！這一點，也是當時日益高漲的民族愛國熱忱的一種曲折的藝術回應。

　　《五里霧中》寫於 1935 年夏，是作家留給人們唯一的一部三幕創作劇本。儘管「劇中的主人公，自始自終，未嘗與觀衆相見」〔註 20〕，但人們在閱讀劇本的時候卻又時時刻刻能夠感覺得到她的存在，這是該劇的一個明顯特點。對於戲劇，這顯然是一種大膽而有趣的嘗試。劇中，喜劇嘲弄的對象是一位「高等華人」，公司老闆汪春龍。全劇的情節是由那位不曾出場的女主人公羅女士對他一連串的捉弄構成的。懸念的謎團一直伴隨著人們，直到劇本的最後一刻，他們讀完羅女士寫給汪春龍的信之後才同劇中人一起從五里霧中恍然大悟。作家瞭解自己的觀衆，因此，當一場鬧劇終於結束之後，他要用這封信不僅去澄清人們心中的雲霧，而且要最終完成喜劇欣賞中的必不可少的心理平衡。然而，人們在捧腹之後，仍然會提出這樣的疑問：這些玩笑開得是不是太過分了？人們會很自然地想到了「過猶不及」的古訓。一般說來，無論是醜惡還是愚蠢，其本身都不可能直接產生出真正的喜劇性，這就是說，喜劇美的生發是需要條件的。然而作品並沒有在醜自炫為美上面花費太多的氣力，它既沒有突出汪春龍「平日自負不凡、以臥龍自命」的一面，也沒有凸現其輕慢女性的另一面，這就勢必削弱了盡情嘲弄他的充分合理性。當汪春龍在接二連三的打擊下目瞪口呆的時候，人們難免會對這位可憐的被捉弄者產生某種同情。這樣，他們也就很難完全地、毫無保留地讚賞這場惡作劇的策劃者，儘管他們不會否認，她確實有一個聰明的頭腦。

　　當我們想要全面評價《五里霧中》的時候，我們實際上是把一個微妙而複雜的難題留給了自己。劇本中那種近乎喪失節制的鬧劇性，使它的缺憾明

〔註20〕《宋春舫戲曲集》，上海：商務印書館 1937 年版，第 4 頁。

顯，但人們又不應以此一筆抹殺它的全部價值。劇中對眞正主人公幕後處理的方式和對電影技術的利用都表現出這位老戲劇家的探索精神。那種層層遞進的惡作劇和近乎無窮無盡的笑料又需要作家怎樣的喜劇結構能力和想像的才華！然而，僅只這些，卻不能算是作家對中國話劇的特殊貢獻。據作家自陳，劇本的題材主要來自美國紐約《生活雜誌》中的一段新聞，而其結構的靈感則來自西方一部討論現代戲劇問題的專著〔註 21〕，那麼，又是什麼使這些源自國外的啓示促成了一部表現中國生活的作品呢？答案是：作家創作思維中對於風俗描寫的審美關注。我以爲就中國現代喜劇史的意義而言之，《五里霧中》的重要藝術價值在於它對中國現代社會風俗世態廣泛而生動的摹寫。和這一點相比，前面提到的那種兩性對抗的主題終究是次要的，即使它是失敗的，也未必能夠影響到劇本眞正的蘊涵。所以，我還是將《五里霧中》視爲一篇瑕不掩瑜的成功之作，視爲宋春舫的代表性作品，因爲它集中體現出了作家創作思想中的一個重要方面。

宋春舫在 1933 年出版的遊記《蒙德卡羅》一書中曾經十分明確地談到過自己對於中國某些風物習俗的思考。他談到中國人「矛盾的性格」和「向來是喜歡熱鬧」的生性〔註 22〕；同時也對婚喪嫁娶中的虛妄習俗提出了批評。幾年以後，作家終於將這種思考的結果鎔鑄到了自己的喜劇作品中。作爲一位明智的戲劇家，他不得不尊重中國人喜好熱鬧的習性，因此，他要把自己的劇本用一連串的熱鬧場面連綴起來，這就使他的喜劇接近於鬧劇。但與此同時，作爲一位具有世界眼光和社會責任感的劇作家，他又絕不放棄要以戲劇的方式表達自己對於本民族習俗所進行的反省的機會。這樣，在劇中羅女士開著汪春龍的玩笑，而宋春舫則開著中國風俗的玩笑。借著羅女士的惡作劇，宋春舫讓中國傳統與現實社會中五光十色的人物、風物和習俗粉墨登場，雜然紛呈。

在這種光怪陸離的喜劇奇觀中，有「萬國殯儀館」頤指氣使的洋人大老闆，有一口一個「國貨年」的「中國殯儀館」的副經理，有「煙容滿面衣衫破舊」的賃器店的主人，有熱誠服務有求必應的棺材鋪的掌櫃，有出殯的軍樂隊，有送喪念經的道士，有翩然而至強行接吻的應聘女郎，有陰陽兩面的公司職員，有不顧手足生死一心覬覦遺產的「嫡親兄弟」，還有被人打得抱頭鼠竄的昭欽寺法術「高深」的圓光老和尚。這位大法師臨逃跑前還不忘感慨

〔註 21〕　參見《宋春舫戲曲集》，上海：商務印書館 1937 年版，第 2～3 頁。
〔註 22〕　宋春舫：《蒙德卡羅》，上海：中國旅行社 1933 年版，第 113、110 頁。

一番:「我一向騙人,卻不道今天反被人家騙了,去罷!」所有這些,再加上「當今」的「不景氣」、「去年」的「被綁票」、碩大無朋的寶塔式訂婚蛋糕、頂上等的香楠壽材、地道的寧波特產小菜和圓光的場面,活生生地構成了劇本所要反映的現實社會的風俗世態。在這個令人目眩的世界中,中國的與外國的、過去的與現在的、傳統的與現代的、物質的與精神的等多種雜亂的因素奇形怪狀地扭結在一起,呈現出半封建半殖民地的中國都市社會光怪陸離的、虛假的、矛盾的複雜風貌。因此,造成真正的五里雲霧並使這種懸念的雲霧產生藝術召喚力的並非羅女士的計謀,而是那種令作家極「不明白」的奇特怪異的風俗世態。前者引起人們的興趣,後者讓人思考。就這點而言,《五里霧中》有著特殊的審美觀照價值,它是一般喜劇作品所不能替代的。

宋春舫最後的一篇喜劇是三場短劇《原來是夢》(1936)。劇中的線索人物是位名叫汪夢龍的窮作家。劇本主要寫的是他在經濟拮据的煎迫下所做的一場春夢。汪夢龍在夢中「搖身一變」而成為了全國的交通部總長,於是開始領略上層官僚生活的奧秘。正如夢中已作了總長的作家所言:「做官原來是那麼一回事。我坐在這一間房裏,不到兩個鐘頭,袋裏已經裝進了五萬個袁大頭,統扯起來,每一小時,有二萬五千元的收入,怪不得人人要想做官。」這不能不是對當時政府的辛辣諷刺。

比起《一幅喜神》和《五里霧中》,《原來是夢》表現了劇作家在思想和藝術上的新變化。按劇本序言中的自述,此劇要寫的是「職業」問題,但實際上這是一種障眼法。從作品的具體內容看,它的矛頭指向極為明顯,作家在這裏借一個「窮措大」的眼睛表現了官僚社會的醜惡世態,並且找到了上層官僚的「嬌妻美妾肥馬輕裘」和民生多艱之間的邏輯聯繫。《一幅喜神》中,他描寫社會顯貴們的虛妄;《五里霧中》裏,他描寫高等華人的低能;而在這裏,他又添上了更為重要的一筆,寫下了官僚階層的醜惡。沿著這條線索,我們可以看出作家在思想上的進步,這位以持論平穩著稱的自由主義知識分子對於國民黨的統治終於表示了愈來愈明顯的不滿。

《原來是夢》中的諷刺鋒芒是明顯的,據此而論,它似乎更近於諷刺喜劇,但實際不然。比之前兩篇作品,《原來是夢》少的是《一幅喜神》中的華采和《五里霧中》的浮躁,多的是一種人生的感喟和傳統的蘊藉。我們不能不懷疑,在「作家」的形象中是否也或多或少地融入了作家自己隱秘的心理元素。《一幅喜神》中,作家直接幻化成了角色,大盜的機智同時也就是作家

的風趣；《五里霧中》裏，作家同角色保持著距離，超然於上的他對汪春龍做出「無情」的處理；而《原來是夢》中，作家一半在角色之內，一半又始終圓睜著清醒的眼，於是他看到了人物內心深處的一角。第二場中，「作家」對飛來的 5 萬元的沾沾自喜，對未能順帶親吻總長夫人的悻悻懊惱；第三場中，「作家」對夢的諱莫如深、對夢既依戀又擔憂的複雜心理，這一切都點染出幾千年來中國文人既欲求仕又不能不預留退路的內心積澱，這裏多少滲入了一點作家自身的感受。作家調侃別人，同時也調侃著自己，這也就是何以在第三場中諷刺性意蘊驟減而幽默成分劇增的原因。

在藝術上，劇本隨著審視對象向傳統積澱回溯的過程，進一步表露出作家注意民族欣賞心理和向傳統戲曲經驗學習的明顯意向。劇中的第一場，整個是汪夢龍的大段獨白，完全是按照我國戲曲中那種自報家門的方式介紹了前史；在第二、三場中，作家又有意識地多次使用了獨白和旁白，這一點顯然為西方正統的近代戲劇所不齒。實際上，劇本的題材在古典文學作品中也可以找到相關的原型。《原來是夢》是對湯顯祖之《邯鄲記》和《南柯記》的化用，這一點似乎為研究者們所忽視。《邯鄲記》脫胎於唐代沈既濟的傳奇《枕中記》，《南柯記》來源於唐人李公佐的傳奇《南柯太守傳》。以上五者均有一種夢而得官、因官罹禍、反至夢醒的基本結構。

就上述意義而言，《原來是夢》是古代「官夢」的一種延伸，但這又不是一般形態的延伸，而是再造重塑過程中的承續。古代的夢，用來比喻人生之無常和宦海之浮沉，而宋春舫筆下的夢則意在暴露和嘲諷，其現代意義是明顯的。這種現代意義在戲劇形式上也有體現。古代作品的敘述模式往往是單一層次的，而《原來是夢》在敘述層次方面則呈現出複雜化的趨向。作家對人物的通盤安排，為第一敘述層；第三場中「作家」對其妻的敘夢和其妻對「作家」做夢外在形態的敘述，是第二敘述層。作家通過這樣兩種敘述層面的轉換，將幻覺、夢境和現實巧妙地編織在一起，在一定程度上突破了現實與虛構的界限，達到了半真半假、真中有假、假中有真、真假融合的藝術境界，以敘夢的外在形式和做夢、夢中、夢醒、談夢的結構線索表現了社會風俗世態當中的某些本質的方面，發人遐想，引人深思。

作為「中國研究新劇的」一代「大家」〔註 23〕，宋春舫的盛年病逝，使

〔註 23〕田漢：《致郭沫若》，《三葉集》，上海：亞東圖書館 1920 年版，第 82 頁。

他在中國話劇舞臺上「壯志未酬」〔註24〕。他奉獻給中國現代戲劇的雖然只有三篇作品〔註25〕，但它在我國風俗喜劇的發展中卻具有一定的地位。宋春舫13歲時考中秀才，辛亥革命後又去歐洲遊學，無論國學還是西學都有深厚的造詣，再加上其複雜的人生經歷和廣泛的社會交往，這些就使得他不但能夠多方面地描寫出社會風俗世態的畫卷，而且還能在中外對比中發見各種世態傾向之間的特異之點。從《新青年》時代始，宋春舫就對我國傳統的戲曲藝術持有一種平正的態度，在他看來，要使話劇在中國生根，不借鑒古典戲曲的藝術成就，不顧及中國觀眾普遍的接受心理，是難以設想的。從這個起點出發，他的劇本一直躍動著極力要將中國的風俗世態和新的民族藝術形式高度結合起來的趨向。這是他高出王文顯一籌的地方，同時也是宋春舫喜劇創作最爲重要的意義所在。

此外，由於宋春舫對於藝術的一貫重視，他在風俗喜劇的結構藝術和語言藝術方面也都取得了重要成就。宋春舫喜劇中強烈的舞臺感和濃重的趣味，是對30年代那種單純說教式的和完全排斥趣味的創作傾向的反撥。當然，宋春舫的喜劇畢竟是一種比較複雜的文學現象，因而，也就自然有著無可否認的局限性。長期在人生中處於「清客串的地位」〔註26〕，儘管使他在一定情況下可以看得更廣，但卻不能不妨礙他在分析問題時的深度，再加上對於民族欣賞心理歷史惰性的過分注重和強調，致使他的作品帶有了一種浮光掠影般的鬧劇性，這類作品更關心的是人生的色相，而不是其它。這種弱點集中表現爲宋春舫喜劇缺少性格這一點。

宋春舫重視風俗的摹寫，創作《五里霧中》時，爲了瞭解棺材鋪的情況，竟等上幾年的時間去託人輾轉打探。他重視結構的藝術，幾乎每一篇劇本都使作家費盡心機，所以，他實際動筆寫作的時間雖然不長，但在構思布局上卻往往會占去數年的時間。在《原來是夢》中，他將一個三幕劇改成一幕三場劇；在《五里霧中》中，他隱去了眞正的主人公並刪掉了法院的情節，其目的都是爲了保證結構的精當。作爲一位語言學家，他尤其重視戲劇的語言。爲了捍衛語言在戲劇中的崇高地位，他曾寫下專門的論文，甚至宣稱戲劇對

〔註24〕 于伶：《追思宋春舫先生》，《劇場藝術》第2卷第8、9期，1940年9月。
〔註25〕 此外，還有短劇《盲腸炎》，號稱「未來派的三幕劇」，收入《宋春舫論劇》第1集，此處未計入。
〔註26〕 《宋春舫戲曲集》，上海：商務印書館1937年版，第83頁。

話的「雋逸可喜」和「奇趣橫生」是「戲曲家的不二法門」〔註27〕。然而，宋春舫不大重視性格，因此也就很少談到它。這在他，或許是以爲天性愛好熱鬧的中國人對於話劇的欣賞還沒有上升到重視性格的程度，但這一結論的得出未免過於輕率、保守了。成功的文學作品和成功的性格刻畫是難以分開的。

　　和缺少性格這一點相聯繫的是：宋春舫在對風俗世態的摹寫中，比較偏重它的物象形態，而對潛伏於這些物象後面的相對穩定的精神特質涉及甚少。外國的棺材可以頂替中國的棺材，演奏葬禮進行曲的軍樂隊可以代替誦讀經文的和尚道士，汪春龍老闆可以用英語說話，但這些卻很難眞正影響到在現實的世態人情、人們的行爲舉止背後時隱時現的最穩定最頑固最根本的東西，那種深植於人們意識深處的民族的和傳統的精神特質。

　　宋春舫將喜劇創作的視角轉向了廣闊的風俗摹寫，並且卓有成效地拉開了攝取的廣角，但他卻缺乏那種對於風俗世態的思想穿透力。培養風俗喜劇的穿透力，特別是通過性格的刻畫去努力發掘、表現和評價那個深藏於風俗世態背後的廣袤而又渾厚的精神世界，這個任務是由一批後來者完成的。

李健吾與《以身作則》和《新學究》

　　在這些後來者當中，我們首先要提到的是李健吾。對今天大多數的人們來說，李健吾是著名的翻譯家、文學評論家和外國文學研究家，但很少有人知道他還是位優秀的劇作家。其實，早在 20 年代初，少年李健吾就開始和話劇結下不解之緣。到了 30 年代，他的一系列風格獨具的戲劇作品，成了中國現代戲劇在此期間取得重大成就的主要標誌之一，以致有些研究者將他和田漢、洪深、曹禺等人並稱爲 1929 年以後中國的「重要的戲劇家」〔註28〕。從 1924 年發表處女作獨幕劇《工人》算起，一直到抗戰爆發的前夕，在這 13 年的文學生涯中，李健吾創作了十數篇戲劇作品，其中有悲劇、喜劇、正劇，作家在戲劇領域表現出了廣泛的才能。英國倫敦大學東方和非洲研究所的漢學家卜立德教授認爲李健吾對中國話劇文學的主要貢獻在於他傑出的喜劇作

〔註27〕宋春舫：《凱撒大帝登臺》，上海：商務印書館 1937 年版，第 54 頁。
〔註28〕〔美〕埃德加・斯諾編：《活的中國》，長沙：湖南人民出版社 1983 年版，第 348 頁。

品〔註29〕。這一結論雖然帶有某種偏頗，但卻是極有見地的。李健吾對於中國喜劇的發展，特別是對中國風俗喜劇的發展，確實具有舉足輕重的地位，他在中國現代喜劇史上的卓越作用是無可否認的。遺憾的是，就目前情況而言，我們對於李健吾這方面的成就研究尚少。

30 年代，李健吾發表的主要喜劇作品有《這不過是春天》、《以身作則》和《新學究》，數量固然不多，但均可堪稱當時喜劇中的力作。

《這不過是春天》寫於 1934 年，同年在《文學季刊》第 1 卷第 3 期上正式發表。這是他平生的第一部喜劇作品，儘管其間還帶有由悲劇創作轉向喜劇創作的某種痕迹，但是作家畢竟出手不凡，充分顯示出他在喜劇創作方面的潛力和才華。他在劇中成功塑造了一位具有複雜性格的眞實而可愛的女性形象，不僅得到了文學界人士的高度評價，而且受到了廣大觀眾和讀者的喜愛。即使是在「孤島」時期，該劇依然是最受人歡迎的劇目之一。柯靈在談到劇中「眞正的主角」，北平警察廳長的夫人時曾經有過如下的分析：

> 她愛嬌，任性，富於幻想，身上充滿著矛盾——理想和現實的矛盾，純情摯愛和世俗利益的矛盾，物質享受和精神空虛的矛盾，青春不再和似水流年的矛盾，強烈的虛榮心和隱蔽的自卑感的矛盾，最後是在千鈞一髮之際的危機中，一線良知解開了她糾結如亂髮的矛盾，挽救了她徹底的墮落。〔註30〕

柯靈的這段文字寫於 80 年代初，我們從「一線良知」、「徹底的墮落」這類用語當中不難看到大陸政治化語境潛移默化的規約，但就總體而言，他的分析還是相當到位的。他在實際上已經指涉到李健吾喜劇的一個極爲重要的特點，即人物性格刻畫的細膩與深致。卜立德通過自己的研究同樣發現了這一點，他甚至認爲，能夠塑造出性格刻畫細膩、完美的喜劇形象，不僅是李健吾喜劇與同時代其他作家喜劇創作的明顯區別，而且也是李健吾對於中國話劇的一種重要貢獻〔註31〕。應當特別補充的是，李健吾喜劇在性格刻畫上的

〔註29〕〔英〕卜立德：《李健吾與中國現代戲劇》，《倫敦大學東方與非洲研究所公報》第 39 卷第 2 期，1979 年英文版。國內學者曾將這位漢學家的名字譯爲波拉德，不過他本人 1996 年曾當面向我表示過，他的中文名字應該是卜立德。

〔註30〕柯靈：《〈李健吾劇作選〉序言》，《李健吾劇作選》，北京：中國戲劇出版社 1982 年版，第 4 頁。

〔註31〕參見卜立德：《李健吾與中國現代戲劇》，《倫敦大學東方與非洲研究所公報》第 39 卷第 2 期，1979 年英文版。

這一特點又是和他對於世態風俗因素的關注緊密聯繫在一起的。在他的喜劇創作中，這實際上是互爲依存、相得益彰的兩個方面。後者透過前者得到表現，前者依靠後者得以深致。儘管在廳長夫人這一形象身上，我們已經不難領悟到北平易幟前夕上流社會特有而微妙的世態信息，但是作爲李氏的喜劇處女作的《這不過是春天》，在兩者的結合方面終究尚未進入佳境。

在《這不過是春天》之後，作家很快進入到喜劇創作的腹地，先後寫下了兩部典型的風俗喜劇作品——《新學究》和《以身作則》。

《以身作則》寫於 1935 年前後，出版於 1936 年。劇本是針對滿腹「子曰詩云」、滿口「之乎者也」、滿腦袋道學思想的前清遺老徐守清而發出的一種溫婉的諷刺。他把「男女有別」當作維繫風化的大防，處處以「禮」律人，不僅搞得兒子手足失措，而且幾乎將女兒逼成病態。在人性與禮教的不斷衝突中，偏巧又來了一位看上了徐小姐的「微服出遊」、風流倜儻的年輕營長和他的一個詭計多端、「助紂作惡」的馬弁。這兩人千方百計地要打進徐府，一時鬧出了不少笑話，而那位道貌岸然的道學先生也就在人們的笑聲中垮了臺。這裏，我們可以發現那種莫里哀式的機智和諷嘲，偶爾甚至還可以找到《太太學堂》中的警句，足見以莫里哀爲代表的法國喜劇文學對於作家的明顯影響。劇本後來曾分別由張駿祥和黃佐臨執導在重慶和上海等地上演，獲得了觀衆的好評。

《新學究》出版於 1937 年。劇本的中心人物是大學教授康如水，據說其生活中的原型即爲當時大名鼎鼎的學者吳宓先生。就最直接的意義上理解，這齣喜劇是對當時所謂「名士派」文人的諷刺，雖說它的眞正意蘊遠遠超出了這個範圍。康如水是在西方受過高等教育的中國知識分子。他把女人當作自己的詩神，主張自由地去愛一切女人，只有自己原來的髮妻除外。丘必特的神矢使他近乎癲狂，他同時追逐幾位女士，結果卻一事無成。《新學究》和《以身作則》一樣，在嚴謹的結構和精湛的語言方面表現出了作家一貫的特色。

以上這三部劇本，在 1949 年以前都曾幾度再版，爲廣大讀者們所喜愛。然而，從歷史發展的角度來看，它們的重要價值和深遠意義遠遠不止於上文所述，更爲重要之處在於它們於風俗描寫中所體現出來的對民族的傳統精神特質的把握和對人物性格刻畫的高度重視。王文顯的風俗喜劇對於政治計謀反覆凝重的描寫確實在一定程度上反映出了當時世態中的一個側面，同時也

多少接觸到了其中的精神性因素，但就總體而言，它們還僅僅是一種「接觸」
而已，對那種積澱在我們民族傳統文化中的深層意識涉及較少。宋春舫的風
俗喜劇視野開闊地表現了那種屬於中國的東西，但側重的是對民族風物禮俗
的羅列與直觀，其結果是同樣的，仍然是對於民族傳統精神特質的漠視。這
種情況到李健吾喜劇當中有了根本的改觀。他在《以身作則‧後記》中寫道：

> 我愛廣大的自然和其中活動的各不相同的人性。在這些活動裏
> 面，因為是一個中國人，我最感興趣也最動衷腸的，便是深植於我
> 四周的固有的品德。隔著現代五光十色的變動，我心想撈拾一把那
> 最隱晦也最顯明的傳統的特徵。〔註32〕

正是這種對於精神世界「傳統的特徵」的自覺追索使得李健吾的風俗喜劇具
有了某種歷史的厚度和蘊藉。

世態風俗和政治變革不同，它總是具有更為明顯的相對穩定性。但穩定
終非凝固，因此，和世界上的萬物一樣，它的發展和變化也是必然的。在任
何一個社會的世態風俗中都必然包含著肯定和否定這樣兩種互相反對而又難
捨難分的趨勢，它們具體體現為世態風俗中兩種基本文化因素之間的衝突，
也即傳統因素和現代因素的衝突。因之，一位優秀的風俗喜劇作家，不可能
也不應當去單純地表現風俗中的傳統因素。事實上，他只有在兩種對立因素
的相互比照之中，在它們彼此消長的變化沿革當中去把握風俗世態的真實本
質，去融注自己進步的審美理想和主觀判斷。李健吾在《以身作則》和《新
學究》當中正是這樣做的。這兩部劇本的喜劇性衝突都是建立在世態風俗中
那種傳統因素和現代因素的矛盾基礎上的，換言之，正是世態風俗中這樣兩
種對立的文化因素的撞擊，為李健吾的風俗喜劇提供了喜劇性衝突的巨大源
泉。

《以身作則》在這種衝突的背景下，將透視的焦點放到了封建道學的傳
統身上，抒寫了一曲封建禮教的輓歌。在這方面，徐守清的形象塑造具有深
刻的典型意義。這是一個幾乎喪失了全部現實感的喜劇人物。儘管時代早已
發生了巨變，但他卻一直沈緬在舊日的榮光中。儒家的經典剝蝕了他活的語
言，前清舉人早已不復存在的優越感遮蔽了他的靈魂，使他始終龜縮在道學
的甲殼中，不肯走出來看一看這變化了的現實世界。作為一個行將就木者，
他和自己內在的人性作戰，同時又在不自覺地殘害著自己的子女。然而，時

〔註32〕李健吾：《以身作則‧後記》，上海：文化生活出版社 1936 年版，第 1 頁。

代終究不會憐惜這樣的人物，命運給他安排的只能是一連串的失敗。就在辛亥革命後的第三個年頭，他終於剪掉了自己先前曾經發誓不剃的辮子；他的女兒就要離他而去，他的兒子也絕然不會繼承他的衣缽；而那位張媽最後寧可選擇一個營長的馬弁也絕不屬意他這位堂堂的舉人。徐守清所代表的道學傳統在現實的世態風俗中是注定要消亡的因素，這就是作家要告訴人們的一個重要結論。與此同時，劇本還進一步形象地揭示了傳統道學之所以會消亡的必然性。作家辛辣地指明了這種傳統道學內在的矛盾和虛假，它除摧殘人性之外，身無長物；揭露了衛道者本質的虛偽，昭示了道學和人性「真我」〔註33〕的深刻矛盾。作家就是這樣通過對那種陳腐的、「帝王式」〔註34〕的、同實際人生完全隔絕的道學戒律的否定，表達了自己對於世態風俗中合乎人性的新生因素的肯定，進而展示了世態風俗中現代性因素最終戰勝傳統性因素的充分合理性。

在《新學究》中，作家的透視點轉移到了當時的一批所謂「新」派人物身上。這些人有著漂洋過海的經歷，滿口的西文終於代替了「之乎者也」；他們讀過亞里士多德的大論，瞻仰過但丁的墓地；他們可以把莎士比亞的名句背得爛熟，正有如徐舉人可以倒背四書一樣；一句話，他們可以給人以新的氣象，但骨子裏卻依然深藏著傳統的陰影。劇中人馮顯利對他的胞弟說：

> 現在男女關係雖說平等了，其實，好像一輛破牛車，這老大的社會一時還掉不轉頭來，更壞也難說。因為，聽我說，改變一個風俗，先得改變那錯誤的心理觀念。你可以換身西服，不過見了人，不由自己，就要作揖。

無獨有偶，另一位劇中人也曾說過完全相似的話，那位謝淑義女士不無痛心地說：「這世紀別瞧新，我們的社會還是舊的。」這裏，作品要向人們展現的是世態風俗的另一面，也即它的穩定性。傳統的心理因素不會轉瞬即逝，它會長期固守在人們意識的幽暗處，直至時間的聖水將它們蕩滌乾淨為止。正因如此，劇中那兩位「有見識的新女性」不得不繼續走在依附男性的老路上。

如果說，《以身作則》寫的恰恰是不以身作則，那麼，《新學究》實際串演的則是一個舊學究的故事。如果把這兩部劇本聯繫在一起，並且找出它們之間的交匯點，我們就不能不為作家對於現實風俗世態的哲理性思考所折

〔註33〕李健吾：《以身作則·後記》，上海：文化生活出版社1936年版，第3頁。
〔註34〕李健吾：《以身作則·後記》，上海：文化生活出版社1936年版，第2頁。

服。他絲毫不懷疑舊傳統的必將亡逝，同時又清醒地意識到封建的幽靈還會長久地在人間遊蕩。這裏，我們看到了劇作家思想中的那種豐富而生動的辯證性。也許正因如此，作家在一種人生的「寂寞」〔註35〕中深深地感到了難以言說的「憂鬱」〔註36〕和悲哀。

風俗在文學中的存在，與民俗學不同，它總是和具體生動的人物形象聯繫在一起的。因此，對人物性格的研究也就成了我們考察喜劇作品風俗化傾向直觀形態的一個有機的部分。作家對於性格的刻畫愈是深刻、愈是「伐隱攻微」〔註37〕，他對風俗世態的表現也就愈深邃淼遠，愈具有歷史的厚度。這一點，在李健吾的《以身作則》和《新學究》當中，特別是在後一劇本裏得到了生動的體現。

《新學究》中的主人公，大學教授、現代詩人康如水，是一位有著浮雲流水般性格的喜劇人物。其性格的流動性突出表現在他對於女性狂熱的追求上。他剛剛還在向一位小姐求愛，掉過頭卻又會跪倒在一位太太的腳下，他剛剛責罵完自己的戀人，轉瞬間又會湊上去搖尾乞憐。他並不作假，雖說這倒更加反映出他的「假」。他似乎沒有什麼不可公開的秘密，他的志向就是公然地和人類的那「一半」「做愛」。他絕對忠實於自己內心的感情，隨便感情的播弄，以致形成了「一陣風一陣雨」似的性格。表面看，這種性格的流動性來自感情的衝動和轉換，但實際上，在其背後卻又包涵了極為深刻的時代和社會的典型意義。

「五四」以後，幾千年流傳下來的封建禮教和倫理綱常受到前所未有的挑戰，以至它們終於從根基上被撼動了。由於心理慣性的作用，這就使得當時相當一批知識分子的心中感到了一種無復依傍的困擾和惶惑。而在另一方面，先前那種久被鉗制的正常感情又同時突然地以一種爆破的方式噴吐而出，將人們一下子擲進感情的波峰浪谷之間上下浮沉，這就勢必加劇了人們的精神危機感。他們急於為自己找到足以自持之物，乃至饑不擇食。就這個意義說，康如水遠非什麼登徒子式的色鬼般的人物，而是一種柏拉圖式的精神之戀者。孟太太說他：「女人只是你理想的一個影子」，事實確是如此。愛，對於他只是一種精神寄託，在沒有一個「更好」的生活方式給他之前，他忍受不住精神當中的空白，他的眼前「必須有實在的東西擺著」，才能勉強維持

〔註35〕李健吾：《梁允達‧序》，上海：生活書店1934年版。
〔註36〕李健吾：《以身作則‧後記》，上海：文化生活出版社1936年版，第1頁。
〔註37〕《李笠翁曲話》，湖南人民出版社1980年版，第33頁。

自己心理的平衡。思想的斷裂永遠是難以想像的，但精神世界中的「地震帶」卻是存在的。處於這種地帶當中的康如水那種帶有非理性色彩的感情的紊亂、極易遊移和極不穩定正是他在心理上對精神「地震」的特殊反應。在這種感情的流動下面掩藏的是性格的矛盾性。

　　康如水的頭腦是東西文明的一種奇特混合。就連他求愛的語言都滲透著這一特點。他對孟太太說：「我的西施！我的飛燕！我的昭君！」「我的Beatrice！我的 Taura！我的 Charlortte！我靈魂的靈魂！」據學生對他的評價和他本人的夫子自道，我們知道了他的思想性格是盧梭和孔子、浪漫主義和古典主義的結合物。他爲自己能把這兩方面熔爲一爐而沾沾自喜，爲了這種自喜，他和徐守清一樣失掉了現實感，而意識不到自己內在的矛盾性，因而也就不可能正確地認識自己，更談不上「征服自己」，結果必然造成他自己在現實中的碰壁。矛盾的一分爲二並不意味著量上的均等，矛盾著的雙方完全可能以各種複雜的配比共處於同一體內。於是，作家接下去爲我們透示出這個矛盾性格內裏的傳統性。

　　在康如水的「兩重的人格」中，西式文明只是佔據了表層的浮面，而意識的深層仍然是東方傳統的世界。康如水力主婚戀的「自由」，就表面意義看，似乎是一種純正的資產階級主張，但只要稍加推究，就不難找見其中的破綻。康如水的「自由」只屬於男人的世界，更準確地說，只屬於他自己。至於女人，他留給她們的仍是「必須純潔、貞節，從一而終」的古訓。康教授儘管具有現代教養的外表、西塞羅的雄辯、莎士比亞的熱情，他儘管可以把女人奉爲高貴的「詩神」、純淨透明的詩之「材料」，但到頭來，他還是他，一個不折不扣的男性中心主義者，並且還是一個偏狹專制的男性中心主義者。還是老同事瞭解他，劇中的孟先生這樣爲他做了結論：「你才是個老牌兒的學究」。這裏，作家正是在這種深層意識的世界中，摒除了現代中國社會中五光十色的「綺麗的人生的色相」，寫出了那種「最隱晦也最顯明的」〔註38〕傳統。這樣，作家抓住了風俗世態中最富特徵性的東西，表達了自己對於風俗世態時代本質的某些深刻的理解。

　　李健吾曾經這樣評價過莫里哀的喜劇成就，認爲它們無不紮根於世態和性格的深處。實際上，他本人的喜劇作品何嘗不是如此呢。正是在這兩個堅實的基點上，作家將濃郁的生活情趣、豐富的幽默感、才氣盎然的機智、溫

〔註38〕李健吾：《以身作則‧後記》，上海：文化生活出版社 1936 年版，第 1 頁。

和的諷刺、淡淡的憂鬱和深刻的哲理溶爲一體，形成了李健吾風俗喜劇獨特的美學風格，給人以蘊藉豐厚耐人品味的審美感受。《以身作則》和《新學究》中有著莫里哀喜劇的明顯印記，這或許是它們的不足。作家抓取了具有傳統特徵的生活內容，卻沒來得及鍛造出相應的民族形式去表現它。其間的矛盾，到 40 年代李健吾創作《青春》的時候，才有了圓滿的解決。話劇民族化方面的重大成就和通體活躍、濃郁豐沛的喜劇情調使《青春》成了「中國現代喜劇當中的最佳作品之一」〔註 39〕。讓人們記住作家的這個傑出的成績，同時，也讓我們公正地指出：比之《新學究》，《青春》似乎缺少了一點性格刻畫的深刻性和那種尤爲深沉的人生感喟。

綜上所述，由王文顯等人開創的中國現代風俗喜劇，經過宋春舫的拓展，在李健吾的喜劇創作中取到了長足的進步，並形成了獨特的美學風致。這是中國現代喜劇在多種類型喜劇互相融合和促進基礎上所取得的重要成果，對我國的民族新喜劇的發展必然會產生深遠的影響。它們完全有理由在民國話劇史上佔有重要的一席之地。

〔註 39〕 〔英〕卜立德：《李健吾與中國現代戲劇》，《倫敦大學東方與非洲研究所公報》第 39 卷第 2 期，1979 年英文版。

第 5 章　丁西林的喜劇

　　在民國話劇史上，丁西林是唯一一位專門寫作喜劇的作家。這種執著的熱情使他爲中國的現代喜劇贏得了聲譽。時至今日，他仍然是爲人喜愛和重視的少數喜劇作家之一。

　　在 1949 年以前，人們對他的喜劇實際上是褒貶不一的。對於一些人，他的作品屬於近乎沙龍喜劇一類，題材瑣細，缺少積極而重要的社會意義，僅僅適合茶餘飯後的消遣；而對於另外一些人，他的喜劇創作則被視爲中國話劇藝術的可喜收穫、現代喜劇中的精品。向培良是丁西林喜劇的否定者，在這位出語尖刻的批評家眼中，丁西林的劇作除去「技術的純熟和手段的狡猾」而外，其它簡直一無可取，不僅內容空虛，而且趣味卑劣。然而奇怪的是，即令如此，他卻仍然不惜以數千字的篇幅去談論丁西林的喜劇〔註1〕。這種認認眞眞的否定，似乎可以從反面證明：不管人們的具體評價如何，丁西林的喜劇創作都已經成爲中國現代喜劇史上一種令人不可漠視的存在。

　　今天，丁西林作爲中國現代喜劇開拓者之一的歷史地位，似乎已不再有人懷疑，他在喜劇藝術上的成功經驗得到人們的最終肯定，丁西林喜劇的思想意義和藝術技巧一再被人們所發掘、闡釋和總結。就此而言，我們的喜劇家無疑是幸運的。然而作爲這種幸運的贖金，人們卻又不得不想盡各種辦法去強行詮釋或修飾丁西林喜劇在社會潛在意識中被判定的「意義貧弱」。當這種一廂情願的詮釋有可能被認爲是過於牽強的時候，人們對丁西林的某些作品則乾脆採用了一種遺忘或淡化的處理方式。《親愛的丈夫》、《酒後》、《瞎了

〔註1〕參見培良：《中國戲劇概評（節錄）》，《丁西林研究資料》，北京：中國戲劇出
　　　　版社 1986 年版，第 114～116 頁。

一隻眼》和《北京的空氣》等劇由此在許多論者的文章中不是隻字不提，就是在略擲微詞之後被一帶而過。在整個現代時期，丁西林的創作劇本只有 9 個，如果一定要在他的劇本中減去將近半數的作品，我們得到的只能是一個殘缺不全的丁西林。我們可以將丁西林的劇作分爲前期和後期，同時也應該指出作家由前期到後期的思想變化，但我們不應當忽視一點，即丁西林的創作實際上是一個完整的世界，作家始終沒有失去那種一以貫之的東西。作爲一位在歷史上曾經發生過重要影響的天才喜劇家，人們眞正需要的也許不是重塑而是發掘。誤讀，哪怕是善意的誤讀，顯然有礙於我們對於一個眞實的丁西林的把握。

丁西林的喜劇不僅是民國話劇史上一個令人不能漠視的存在，而且也是一個至今仍需探尋的難解之謎。

多維度的意義結構體

中國顯然是一個高度重視文學作品意義的國家。丁西林的喜劇恰恰又產生於這樣一個國家歷史上尤其注重意義的時代。因此，當人們就他的作品做出價值評估的時候，勢必首先會將其放到意義的天平上去稱量一番。丁西林喜劇中意外的突轉收煞和機智的奇思妙論很容易迷亂讀者的眼光，使他們相信劇作家在向他們暗示著某種意義，但同時又捕捉不到作品眞正的涵義。有時，這種迷亂會帶來一種極度的失望，向培良對於丁西林喜劇「什麼意義都沒有」〔註2〕的極端結論和強烈貶斥，似乎正與這種急欲尋找意義而不得的焦灼心態有關。向培良的結論在一個相當長的時期內左右了一大批批評家對於丁西林作品的總體印象，其中甚至也包括了丁西林喜劇的肯定者。韓侍桁在《〈西林獨幕劇〉評》一文中曾經高度讚揚了丁西林的喜劇創作，但即便如此，他也不得不限定自己的讚語，謹慎地將丁西林稱爲某一種「渺小的天才」〔註3〕。長期以來，丁西林早期作品中的一大部分篇什，在人們的心目中，只是一些玲瓏剔透的「無意義」，或者乾脆稱之爲一種無意義的「空洞」。

當一部作品被認爲是「無意義」或「缺少意義」的時候，實際存在著兩

〔註 2〕培良：《中國戲劇概評（節錄）》，《丁西林研究資料》，北京：中國戲劇出版社1986年版，第 116 頁。
〔註 3〕侍桁：《〈西林獨幕劇〉評》，《丁西林研究資料》，北京：中國戲劇出版社 1986年版，第 128 頁。

種可能：一是確實如此；二是意義存在於人們通常的期待視界之外，即是說，並非無意義或缺少意義，而是意義尚未被大多數人所認識和發現。丁西林喜劇的情況，在我看來屬於後者。

　　在人們對於丁西林喜劇的意義評估中，《一隻馬蜂》是少數幸運的作品之一。除向培良那樣的極端人物之外，幾乎沒有人會將其歸入無意義的「空洞」之列。儘管有所保留，人們還是承認在這篇喜劇中存在著某種積極的思想意義。然而，即使是這種認定，同樣也是不夠的，因為，在這篇作品中，存在著的不僅僅是一種意義，而是多種意義。對於一篇篇製短小的喜劇來說，其思想的含量其實是驚人的。

　　關於《一隻馬蜂》中的思想意義，可以從以下幾個層次分析。

　　劇本的第一層意義——只有這層意義已為多數評論者認可——由五四時期的一對青年男女同上一代人的喜劇性碰撞來體現。作家為這種碰撞設置了一種新舊衝突的時代背景。碰撞的一方是作為「五四」新人的吉先生和余小姐，他們在戀愛中堅持了可貴的自主精神，運用機智的「謊言」和反語成功地拒絕了老一代對於年輕人戀愛問題的介入。碰撞的另一方是吉老太太，她恪守中國傳統作母親的「公例」，不僅非常關心兒女的婚事，而且希望能夠在這方面產生實際的影響。劇中，吉先生和余小姐一方始終是舞臺上生氣勃勃的力量，而吉老太太則一直處於被矇騙的被動地位。這種懸殊的對比生動地表現了自主戀愛的勝利和時代風氣的演進，封建主義的包辦婚姻和那種「願天下有情人無情人都成眷屬之美情」作為一種已經過時的人類婚姻制度及思想意識，正在舞臺上同時也在生活中逐漸成為人們的笑柄。

　　吉老太太在這裏明顯是作為舊式人物的代表來被處理的，可惜她並不典型，因為她畢竟不同於一般的舊式母親。儘管她一再自稱「頑固」和「腐敗」，但至少在實際上並未成為年輕人自主婚姻的阻撓者或反對者，她所做的充其量無非是希望以一種規勸的方式去過問兒子的婚姻大事。在這一點上，細心的讀者應當承認，她是明智的，她在兒女婚姻的問題上放棄了決定權，但保留了建議權。她說：「現在子女的婚姻，本來也用不著父母去管，所以我也只好由他們自己去」，語中儘管帶著明顯的無奈，但她的行動卻並未違反自己的宣言。因此，劇中雖然存在著矛盾的雙方，但卻缺少使雙方衝突起來的真正驅動力。可見全劇的重心不在新舊雙方的較量，而在同是新人的青年男女之間。這就推動了意義由第一層向第二層的轉化。

　　在意義的第二層面上，作品肯定了戀男愛女之間的精神契合，無論是相約不婚的諾言，亦或關於一隻馬蜂的謊言，都暗示出這一點。在劇本的前半部分，這對男女卻在隱瞞和掩飾著自己對於對方的愛戀。吉先生明明是自己想要一張余小姐的照片，卻假借母親的名義；余小姐明知「有趣的談判」即將發生，卻偏要選取「長椅離小椅遠的一邊」坐下，只因爲吉先生準備坐小椅；雙方明顯已經產生了戀情，卻不時發生戲劇式的舌戰。然而到全劇結尾的時候，情況卻發生了戲劇性的突變，「誠意與愛情」終於使雙方衝破了社會傳統、女性羞怯和男性自尊在兩人之間設立的壁障，達到了心靈的合一與溝通。「我們是天生的說謊一對」，正是以反語的形式對於這種契合的認定。第二層意義在這裏對第一層意義構成了一種實質性的補充，自主的戀愛並非一種可以自足的概念，自主的戀愛只有在雙方達成精神與心靈相互契合的情況下才會具有眞實、合理和穩定的價值。

　　而當我們從人與人應當心靈溝通的角度反觀劇中的母子關係時，我們會發現在吉先生與吉老太太之間除新舊差異之外，還存在著一種隱晦的反諷意義。正是這種反諷構成了《一隻馬蜂》意義的第三個層面。事實上，吉老太太扮演的是一種「催化劑」式的角色。正是她的說媒提供了一種情節的推動力，使那對青年男女感到有必要儘快打破各自的矜持，達成內心的默契和愛情的確證。劇本曾幾次暗示，余小姐正是她屬意的兒媳人選，她之遲遲不願爲侄兒說媒、說媒前一定先要試探兒子的口氣，以及當吉先生成功地掩飾了他對余小姐的眞實情感之後她隱忍的歎息，都清楚地表明了這一點。這也即是說，在吉先生與余小姐結合的問題上，劇中三人的態度是完全一致的。吉先生和余小姐在劇末所達成的愛的契合，對吉老太太來說，正是求之不得的事。那麼試問：在這種情況下，前者對後者的欺瞞究竟又有何意義呢？回答只有一個：無意義。但這裏的「無意義」在作家的眼裏卻是有意義的。在初版的《妙峰山》中，作家借王老虎之口說過這樣幾句話：

　　　　年青有血氣的人，都愛走極端。他們感覺到天氣熱悶，他們就走到南極北極去溜冰。感覺到天氣寒冷，他們就走到赤道去曬太陽。

這使我們注意到一直爲人們所忽略的吉先生的一句話：

　　　　一個人的婚事，從前，是父母專制，現在因爲用不著父母去管，所以用不著父母去問。

這裏，作家用反論的方式婉轉地表明了自己的態度，即他認爲：吉先生對於

母親的瞞與騙，在實際上是一種無意義的趨於極端的表現。母親不理解兒子，兒子同樣未能理解母親。如果說，熱戀中的男女之間心靈的契合是值得稱道的，那麼，愛母親的兒子與愛兒子的母親之間難道就不應具有一種心靈上的溝通嗎？

　　爲著分析上的便利，我將上述第一層意義稱爲全劇的外顯意義，而將第二層意義稱作內隱意義，至於第三層意義，我則稱其爲反諷意義。這裏所謂反諷意義固然也是一種內隱的意義，但它有別於作爲第二個意義層面的內隱成分，因爲它是在第一層面與第二層面的比照之中生成的，從而形成了對於前兩種層面的意義超越。不管我們對於這種超越如何評價，但有一點應當肯定，即正是這種反諷式的超越爲人與人之間的心靈溝通提供了普泛性，同時也暗示了新舊之間走向統一的可能性。除上述三重主要的意義外，《一隻馬蜂》中還存在著一系列我稱之爲邊緣意義或附加意義的成分。這些邊緣意義或附加意義一般主要由人物的語言來表達，同基本情節的進展保持著某種若即若離的比較鬆散的聯繫，如作家借人物之口對於社會的不自然、時髦的新女性、乏味的白話文、舊道德、徒有其表的人以及只戀愛不結婚的極端言論的揶揄和批評等。這樣一來，外顯意義、內隱意義、反諷意義同邊緣或附加意義合在一起，於是就在《一隻馬蜂》當中形成了一種意義的多維體。

　　事實上，丁西林的所有喜劇作品都是這種由外顯意義、內隱意義、反諷意義和邊緣意義組成的多維度的意義結構體。其外顯意義處於這個結構體的表層，其「無意義」或是「無多大意義」往往是人們一看便知的。丁西林的高明之處在於他能把內隱意義隱蔽在外顯意義之下，用前者去填充、補充或是豐富後者。而反諷意義是指在外顯和內隱兩種意義相互比較、激活基礎上生成的又一種新的意義，它往往是前兩種意義的昇華，反映出作家對於社會人生獨到的觀察和思考。至於邊緣意義，作家藉此可以進行廣泛的社會批評和文化批評。對於那些淺嘗輒止的人們來說，面對這樣看似單純實則繁複的意義結構，難免寶山空回。

　　《親愛的丈夫》、《瞎了一隻眼》和《北京的空氣》通常被人認爲是丁西林喜劇當中最無意義的作品，但即便是在這樣的作品當中，我們仍然能夠找到那種多維的意義結構。

　　從劇名的表面意義言之，《親愛的丈夫》的中心人物是那位作爲詩人的丈夫。因此劇本的外顯意義在於揶揄那類始終沉迷於幻想不肯自拔同時又傻得

可愛的幻想家。劇中的丈夫結婚兩月，竟然不知自己的妻子是位「男太太」。直到最後，「男太太」的真實身份敗露，他仍然拒絕承認事實真相，寧願生活在自己關於女人的幻象之中。

從「親愛的丈夫」的敘述口吻而言，說話人應該並非丈夫本人，這就暗示出另外一個意義的分析視角，即從「妻子」的角度看待劇本的思想內涵。劇本的內隱意義在於反映封建社會對舊劇藝人的壓迫和扭曲。在中國無性或非性的戲劇傳統的摧殘之下，舊劇旦角黃鳳卿不僅在舞臺上而且在日常生活中習慣於以女人自居。他不甘忍受那種無性或非性的生活，寧願以性別倒錯的方式實現自我的確證。於是，這位離山之「虎」希望變成籠中之「鳥」，藉以滿足自己做人的渴望。即令如此，在一個視藝人為玩物的社會裏，他的渴望也是不可能實現的。步軍統領衙門為著一個軍閥的私欲彈指之間就粉碎了他精心籌劃的關於做人的夢想。儘管作家對於這一內隱意義進行了滑稽化的處理，但其中仍不免留下了一種悲劇性的苦澀之感。這種苦澀必然要向全劇的喜劇性情調提出挑戰，從而危及劇本在風格上的統一性，但作家在這裏畢竟提出了一個值得人們深思的社會性問題：人應當能夠以其本來的面目生活。

在中央公園的一次辯論大會上，詩人曾經發表過一番令人折服的奇論，他認為：在中國的舊戲裏，根本不存在什麼男性和女性的區別，有的只是兩種「怪物」。也就是說，他認為中國的舊戲是無性的。然而事實證明，他本人同樣也是這種無性傳統的孵化物，他抹去了「妻子」的性內容而僅僅把它當作一種空洞的符號。他絕不僅僅是柏拉圖精神之戀的崇拜者，而且也是性無知的受害者。至於黃鳳卿，他之嫁給詩人，除要報恩之外，還有一個目的：證明自己並非怪物。然而，他既以白娘子自喻，到頭來也只能是一個怪物。他和白娘子的區別，僅僅在於一個是由「義妖」變成的怪物，而另一個則是由「義人」變成的怪物。劇作家在這裏通過反諷生成出更深的文化意義，諷喻了中國封建社會和傳統文化在兩性問題上的極端「不自然」。

關於《瞎了一隻眼》和《北京的空氣》的主旨，本書在第 2 章裏已經做過分析，此處不再重複。這裏需要指出的是，在這兩個劇本當中同樣存在著意義結構上的層次性特徵。就其外顯的層面而言，前者揶揄的是「庸人自擾和弄巧成拙」，後者描寫的是北京的「偷東西成風」；就其內隱層面來說，兩者都是透過細小的戲謔性的日常題材，以一種幽默的方式表達作家關於同情和包容的人生原則，前者強調了「體諒」而後者讚賞的是「雅量」。

　　丁西林的喜劇並不缺少思想意義，事實上，那種承受住了時間考驗的文學作品是不可能屬於缺少意義一類的。把他的作品僅僅理解爲技藝精妙的產物，只能說是一種缺少分析的「誤讀」。這種「誤讀」實際上與丁西林喜劇特有的意義表達結構有關，在我看來，只要假以時日，這種新型的意義表達結構是可以創造出新型的閱讀經驗和觀賞經驗的。

冬天的童話與愛的烏托邦

　　1927 年，丁西林應蔡元培和楊杏佛之邀，離開北京大學，赴上海籌建中央研究院物理研究所。在此之前，他的創作勢頭實際已經減弱。1930 年，他在創作了《北京的空氣》之後，擱筆將近十年。在這將近十年的時間裏，中國社會發生了巨大的變化。隨著階級的分野和民族危機的愈演愈烈，中國的社會矛盾及其思想衝突日趨激化，最後是抗日戰爭的爆發，所有這一切不能不影響到復出的丁西林的喜劇創作。以十年的間隔作爲界標，人們將他的劇作分成前後兩期，力圖找出其思想變化的印迹，描繪其思想運行的軌跡，無疑是確當而有益的。但這些不可能也不應該替代丁西林喜劇中事實上存在著的那種一以貫之的基本特質。丁西林的喜劇，在其前期和後期之間確實存在著一定差異，但這並不妨礙我們在時代造成的差異中尋覓出其在意義深層中存在的某種統一性和連續性。我們只有在發展中找出穩定，在穩定中發現變異，才可能比較全面而準確地把握住丁西林喜劇的整體特質和眞正底蘊。

　　人與人之間的溝通，構成了丁西林前期喜劇的基本母題。相互間的理解、同情和愛以各種變換的形式或明或暗地存在於其前期的全部作品中。《一隻馬蜂》讚頌了青年男女之間的溝通，同時也暗示出新人與舊人之間應當予以消除的不溝通。《親愛的丈夫》一方面肯定了精神契合的神奇力量，另一方面又批評了兩性間驚人的隔膜。《酒後》中的愛的哲學並非酒後的醉言，而是作者理性的宣言。《壓迫》盛讚了同情和互助的力量。《瞎了一隻眼》稱道了親情、友情和那種「替旁人想想」的精神。《北京的空氣》歌頌了包容和雅量。所有這些變化著的子題都在共同歌詠著一個關於理想人性的神話。

　　誠然，時代的演進逐漸將丁西林的喜劇推離了客廳式的背景，使它們走進流亡者雜居的院落、公路旁的小客店和磚瓦窯，甚至使之踏上了駐紮著抗日英雄的山崗。不應將這些理解爲一種裝飾性的變化，因爲隨著這種背景的

轉換，我們看到的是社會生活內容的拓展，借著丁西林喜劇的一角，人們感受到大後方世事的艱難、孤島人民的抗日熱忱和戰地愛國軍民的風采。或許應當說，在丁西林的後期喜劇中，那種輕鬆的戲劇情調雖然依舊存在，但喜劇性的碰撞卻在朝著喜劇性衝突的方向滑行。作為那個嚴峻時代的客觀投影，丁西林的後期喜劇中平添了幾分少有的嚴重色彩。這種色彩在《三塊錢國幣》中化作了尖銳的口角，在《等太太回來的時候》甚至使全劇的喜劇風格失卻了平衡。然而，所有這些外顯意義層面的變化，都不能阻止丁西林前期劇作的基本母題在後期喜劇中的延伸、深化和昇華。

在《三塊錢國幣》中，劇作家以一種鮮明的比照方式抒寫了同情的主題，作品將可愛的特徵賦予了同情貧苦女傭的楊長雄，同時又勾勒出吳太太為富不仁的可鄙嘴臉。不管作家本人是否意識到，這個劇本較之作家的前期作品在同情問題上反映出一種認識的深入，這體現在劇作的反諷意義之中。「能言善辯」的楊長雄始於講理而止於無理可講的過程清楚地表明了同情的社會極限。事實告訴人們：並不是所有的人都能夠同情別人，也不是所有的人都值得同情。在前期喜劇中，丁西林賦予同情以一種通行無阻的力量，同情可以拯救世界，可以助人渡過難關，可以使人在陰冷的雨夜租到房子；但是在這裏，同情卻受到了挑戰，「同情」除了同情以外，對於那個無告的女僕無所補益，倒是當鋪少奶奶的地方觀念保住了李嫂僅有的鋪蓋。同情在這裏遇到了強悍的對手——不同情。

在丁西林的前期作品中，不同情幾乎沒有得到人物化的表現。在那些作品裏，大多是一些同情人或值得人同情的人物佔據著舞臺，只有一個例外，即《壓迫》中的房東太太，但我們又很難將她看作是不同情的典型代表。她之不願將房子租給單身男客的理由，即便是以當代中國人的眼光看來，也並非全無道理。至於她要男客「非走不可」的絕決，很可能是對男客「非租不可」的一種反應。這裏「兩個古怪碰在一塊兒」所產生的火花至少是減弱而不是加強了不同情的社會性內涵。而在《三塊錢國幣》中，吳太太作為一個絲毫不知道同情為何物的角色幾乎是由始至終地活躍在舞臺上。為了三塊世界上最不值錢的錢，她對那個可憐的鄉下女人施盡了淫威。她是一個地地道道的不知同情也不值得同情的典型。這種對於同情的社會界限的揭示和對於不同情的具象化的處理方式無疑從兩個向度上豐富和深化了同情的主題。

《等太太回來的時候》，在丁西林的劇作中，第一次正面涉及到重大的時代主題。作者在描寫愛國與賣國的鬥爭過程中，表現了母子之間的代際關係在歷史新形勢下的新變化。在《一隻馬蜂》當中，他曾表現過母子間的隔膜，暗示出衝破這種隔膜的可能性。16 年過後，在《等太太回來的時候》裏，丁西林實現了這種溝通的可能性，從而填補了自己在心靈契合歷程中遺留下的缺憾。前者，兒子瞞過了母親；後者，母親瞞過了兒子。如果劇中也有一個成衆，他一定會再喊一聲「和棋」〔註4〕。在民族大義上的同一立場超越了兩代人在思想和情感方式上的差異；愛，在這裏再度成爲機智的源泉。

通常認爲丁西林只是位創作獨幕劇的聖手，至於他的多幕劇卻是無足稱道的。或許因此之故，《妙峰山》常被論者忽略。實際上，這部多幕喜劇不僅是丁西林喜劇中篇製最長的一部，而且也是他的集大成之作，完全應該被認爲是他的代表作，無論在思想上或是藝術上，都是如此。一個不能理解《妙峰山》的人，是不可能對丁西林的喜劇世界產生真正理解的。

丁西林以往創作的喜劇，儘管意義結構是多維的，但情節結構畢竟是單純的，然而在《妙峰山》中，除其意義表達仍保留了多維特點之外，在情節方面也呈現出層次化的趨向。這種意義的多維化和情節的層次化結合在一起，不僅提高了劇作在藝術上的難度，而且進一步豐富和拓展了其在思想上的蘊涵。

就作品的外在情節而言，作家講述的是一個關於「抗戰建國」的故事。1940 年，中國某地駐紮著一支被當局誣爲「土匪」的抗日愛國武裝。故事描寫了這支武裝的被俘首領王老虎在被營救之後，將與其偶然邂逅的兩對夫婦、一位單身女客和一個大學生旅行團帶到妙峰山——這裏是他們的抗日根據地——的經過。劇作的外顯意義在於歌頌抗日英雄，同時也寫出抗日愛國力量的發展和壯大。而其內隱意義在描寫作家本人的社會理想，劇中的妙峰山正是這樣一種「理想的樂土」。在劇本初版的扉頁上，作家曾寫有「獻給國立北京大學，並紀念蔡子民先生」的題詞，今天的讀者可能會感到困惑，因爲他們很難在現版劇本裏找到其中與蔡元培及北京大學的明顯聯繫。但是對照原版，這種疑問是不難消除的，這不僅是因爲原版劇本不止一次借劇中人物之口提到過蔡先生和北大的名字，而且將蔡先生的思想與妙峰山上的烏托

〔註 4〕 成衆，《三塊錢國幣》中的人物，全劇以他喊「和棋」作結。

邦明顯地聯繫在一起。用王老虎自己的話說：妙峰山就是人們所想要尋找的那種「蔡先生」的「理想的樂土」。〔註5〕

孫慶升指出：「丁西林的前半生，受蔡元培影響頗深」〔註6〕，此語信然。事實上，在近20年的時間裏，丁西林不僅是在蔡元培直接領導下工作的，而且對後者一直懷有一種深厚的情誼〔註7〕。當然，丁、蔡之間的公務與私誼並不是我們研究的中心，但它們畢竟提供了一種有力的旁證，可以引導我們透過丁西林劇作本身去發掘蔡氏思想影響的內證，而這一點對於我們深入研究和評價丁西林喜劇的思想意義來說，卻是絕對必要的。

蔡元培思想的核心是一種自由、平等和博愛的精神。早在1911年，他就已經明確標舉出「自由、平等、親愛」公民道德的三種基本原則。當然，蔡元培並未將這三者等量齊觀，在他看來，前兩者帶有某種消極性，唯有「親愛」才在本質上屬於一種「積極之道德」〔註8〕。這種對自由、平等和博愛的崇尚以及對於最後者的倚重，在丁西林的喜劇中有明顯的體現。其作品旨在溝通人類心靈的母題實際上涵攝了上述思想內容。這一點在《酒後》中曾得到集中表述。劇中關於愛的哲學和自由意志的思考，反映的正是丁西林本人的觀點。在作家看來，人類真正的幸福有賴於愛，正是愛使人由「活」上升到「生」的高度，使人成為人。因為人有了愛，才會真正產生一種類的歸屬感，世界於他才不會是異己的和壓迫性的；相反，人如果沒有愛，在他與類、

〔註5〕 四幕喜劇《妙峰山》作於1940年，先由桂林戲劇春秋月刊社1941年初版，後又有上海文化生活出版社1945年作為《丁西林戲劇集》第2集的另外一種版本。

〔註6〕 孫慶升：《丁西林傳略》，《丁西林研究資料》，北京：中國戲劇出版社1986年版，第4頁。

〔註7〕 第一次世界大戰結束後，蔡氏親赴歐美，延聘一批學習優異的留學生回國工作，丁西林即為入選者之一。1926年，蔡氏返國後無意北上，於第二年就任南京政府大學院院長。就在這一年，丁西林離開北大，南下追隨蔡元培，參加了大學院下設的中央研究院的籌建工作。1933年6月18日，研究院總幹事楊杏佛遇刺，6月20日丁西林代理其職，在危難之時以行動表示了對蔡氏的支持。蔡元培一生清廉自守、生活清苦，直到晚年仍是全家租賃房屋居住，藏書不得不分散於京、寧、滬、杭等地。1936年，北大同人發動數百人，計劃集資建造一所房屋作為他七秩壽辰的賀禮，使其有一「頤養、著作」之所。丁西林是最主要的發起人之一。其實，就連丁西林之作喜劇，都與蔡氏的倡導有關。關於蔡元培勸導專治科學之士兼搞美術的言論，可參閱《蔡元培美學文選》，北京：北京大學出版社1983年版，第137頁。

〔註8〕 參見《蔡元培全集》第2卷，北京：中華書局1984年版，第131～132頁。

與世界之間就會造成一種分裂和對立，後者則會時時壓迫他，使他永遠不會
得到真正的幸福。

　　如果說，在《酒後》中，這種愛的思想很大程度上是以哲理的形式出現
的，那麼，在《妙峰山》中，它則體現在對於一種理想社會的直觀描述裏。
在王家寨兩萬平方公里的土地上，在生活其間的五萬軍隊和三十萬人民中回
蕩著的就是這種愛的主旋律。這裏政治清明、物產豐富、物價平穩、人盡其
才、物盡其用、老少均有所養，一切都是「近代化、科學化、人情化、理智
化」的。即便是作爲戰時措施的特別政策——吸收遊資、統制軍火、變賣奢
侈品、對國難財課以重稅等——也都處理得近情合理。正是愛，使陳秘書不
能向「無抵抗力量的人」顯示威風；正是愛，使妙峰山最終接納了令人生厭
的谷師芝。愛使人親如兄弟，對於兄弟的缺點當然可以批評或諷刺，但其中
又絕不會缺少「善意」和「熱忱」〔註9〕。客人們在妙峰山有著來去自由的選
擇權，最終使他們自願留下來的原因不可能是別的，而只能是這種人性之間
的親和力，一種愛的磁場。劇本通過王老虎、華華和景山大學學生杜小姐之
口高度讚揚了「思想自由」和「兼容並包」，而這早已越過了辦學原則的範圍，
成爲了一種普遍的人生準則，在這一準則的背後蘊含著的正是那種自由、平
等、博愛的精神。可見，這裏的「妙峰山」在本質上是蔡元培社會理想的一
種具象化和藝術化，或者說，是以一種烏托邦的形式對於蔡元培社會理想的
藝術再現。

　　1927 年，蔡元培等人曾提出一項旨在反對教育官僚化的大學區實驗計劃，
經當時的國民政府批准在中國的部分地區試行。這項帶有明顯民主化傾向的社
會改良方案當然不可能見容於當時的專制體制，因此，實驗計劃試行不久即告
流產。此項實驗的失敗給蔡元培的打擊很大，同時也成了他和國民黨右翼分道
揚鑣的契機之一。《妙峰山》既爲紀念蔡氏而作，其間帶有某些大學區的影子，
當是很自然的事。在大學區實驗方案中，由專業人員擔任最高教育行政長官，
這正如王家寨的寨主原係景山大學教授一樣，事實上，我們不妨把它理解爲「教
授治校」的擴大版。在王老虎和青年學生之間隱約透露出的主要也是一種師生
關係而不大像是長官與兵士之間的關係。這些再加上有關學生自治的描寫以及
華華對考試制度的抨擊，都可以證明：在《妙峰山》的社會理想和蔡元培大學
區實驗計劃的主導思想之間確實存在著明顯的相通之處。

〔註 9〕《丁西林劇作全集》上卷，北京：中國戲劇出版社 1985 年版，第 302 頁。

　　正如蔡氏自言，他是一個「偏於理想」的人〔註10〕。這種理想主義的成分，不僅使他有過一度被人利用的曲折，同時也使他最終保持了進步的晚節。關於他的傳記研究結果表明：歐洲的空想社會主義學說曾對他產生過重要影響，因此，在他的社會理想中存在著一種反對私有財產、家庭和婚姻的傾向。1904年，他發表白話小說《新年夢》，通過「中國一民」的夢中見聞對於上述思想做過形象的表述。直到1930年，他以垂老之年，仍然堅持自己關於理想新村的設想。他說：「在理想的新村裏以不結婚爲好」，家庭「不要的好」。而《妙峰山》王家寨的主要創建者們恰恰是以不結婚相守的，婚姻被他們喻爲一種鐐銬或枷鎖。在《新年夢》中，蔡元培指出：「其實造個新中國也不難，只要各人都把麋費在家裏面的力量充□公就好了！」〔註11〕。在《妙峰山》中，王老虎等人實行的吸收遊資、變賣奢侈品及「五五極限制」等項措施正是這一思想的具體化。值得注意的是：《新年夢》中有一大部分篇幅是在談論抵抗外侮和收復失地問題，也就是說，小說將改革自強的理想同抵抗外侮的現實任務有機地結合在一起。丁西林在《妙峰山》的藝術處理上，同樣貫徹了這一思路。全劇將現實的民族矛盾與長遠的社會理想結合起來，體現了人們對於「抗戰建國」的追求，憧憬在戰爭的烈火中鍛造出一個新的世界、新的中國和新的社會。

　　就《妙峰山》的內在情節而言，它講述的是一個浪漫的戀愛故事。美麗、聰明、練達的華華終於征服了立志不娶的王老虎，同時也改變了後者對於女人的成見。總的來看，劇本的外在和內在兩個情節是相互依存的，但同時又保持了各自的獨立性。看得出來，作家在這兩種情節線索之間有時有點遊移。時代感和公民責任感使他感到：他應當以第一種情節爲全劇的重心，而他的寫作習慣又使他不自覺地傾向於第二種情節，後者畢竟是作家十多年來比較熟悉的。

　　《妙峰山》的內在情節仍然可以歸結爲兩個層面。就其意義外緣來看，它是對作家戀愛觀和婚姻觀的一個總結。在處女作《一隻馬蜂》中，他描寫了一對相約不婚的男女。人們一般將吉先生的「不結婚」當成「結婚」的一種反語，然後再順理成章地將其理解爲全劇中的一句重要的謊言。然而，如

〔註10〕《蔡元培先生紀念集》，北京：中華書局1984年版，第248頁。
〔註11〕《蔡元培全集》第1卷，北京：中華書局1984年版，第231頁。符號□，原文如此。

果我們把「謊言」嚴格地界定為一種有意的欺騙的話，那麼，吉先生的「不結婚」之語，倒很可能是一句真心話。這位五四時代愛「美」的青年知識分子顯然認為戀愛是美的，而結婚卻很可能是不美的，正像他自己所說的：「一個人一結了婚，他的美神經就遲鈍了」，所以他才會以一雙充滿「誠意與愛情」的眼睛，請求余小姐「陪」他「不結婚」。準確地說，這裏表現的機智和風趣主要並不屬於主人公，而是屬於作家本人。在當時一部分追求思想先進的青年知識分子中間，確實流行著一種只戀愛不結婚的觀點，作家在這裏施行的正是對這種浪漫的戀愛婚姻觀的善意的揶揄。這種包含了很大的幻想成分的觀點在實際上阻礙了男女雙方在靈肉兩個方面的真正結合。將性內容從戀愛中剔除的結果，只能是不自然的社會所造成的另外一種「不自然」。在「不自然」這一點上，它和父母包辦婚姻在本質上似乎並無多大區別。正是循著這樣的思路，作家在他的下一篇作品中才緊接著以一種誇張的方式暗示出詩人丈夫在性與婚姻上可笑的無知。而在《酒後》和《瞎了一隻眼》中，他則從相反的方面證明，即使在那種發生著「庸人自擾」的已婚家庭中，夫妻之間也可以保持住對於對方的愛情和不乏詩意的和睦。在《壓迫》中，作家表現了一個單身漢在日常生活中所遇到的麻煩。儘管故事的重心在於強調「同情——聯合——抵抗」的主題，但作為一種附加意義或是一段小小的插曲，作家卻暗示了這對素不相識而又萍水相逢的青年男女對於婚姻的聯想〔註12〕。

　　如果說，作家在前期作品中委婉地批評了那種認為結婚必然會有損於愛情和美的錯誤認識，那麼，在《妙峰山》中則以華華與王老虎的結合表明結婚並不必然導致家庭生活的庸俗化，並且也不一定會損害事業上的成就。劇中的楊參謀是個怕女人怕得要命的男人，只要見到華華，「他的臉上就即刻發白」。在這位王家寨的「怪人」看來，女人對男人是禍水、是「圈套」，「丈夫的事業」無論大小，只要一落入妻子手中，「從古到今，沒有不糟糕的」。因此，他把華華和王老虎的結合看作是「大禍臨頭」，為了挽救千辛萬苦建立起來的王家寨，他甚至打算開槍打死華華之後自殺。作家通過對於這樣一個人物的滑稽化，否定了他所代表的觀點。劇中描寫了兩對夫婦——阿祥和小蘋果、郭士宏和谷師芝——和一對由戀愛而結婚的人——王老虎和華華。結婚的確使郭氏夫婦變得庸俗，但卻使另外兩對變得更美好。小蘋果給阿祥帶來

〔註12〕參見中國戲劇出版社 1985 年版《丁西林劇作全集》的上卷，第 74～75 頁中的男客和女客之間的對話。

了好人緣，使戰亂時期公路上的那位無冕之王最終沒有成爲爲富不仁的人。而婚姻使王老虎得到了一個「賢內助」兼「賢外助」，可以斷言，有了華華的王家寨只會變得更加人情化和理智化，因而也就更加近代化。這種二比一的人物配置從正面證實了婚姻並不可怕，至於說它倒底是使人墮落，還是令人崇高，問題並不在婚姻本身，而在結婚者的自身素質。

王老虎儘管曾經說過「立志終身不娶」，但同楊參謀比起來，卻要圓通得多。從年齡上推斷，王老虎和華華很像是當年的吉先生和余小姐。而這一次在結尾的時候，當年的吉先生再沒搞那種「陪我不結婚」的把戲，既然成了「王老虎」他只好用「我把你宰了」一類的反話來表達心中燃燒著的愛情；當年的「余小姐」也比 17 年前大方得多，異性的擁抱再不會使她驚叫失聲，相反，她倒似乎是主動靠在男人的懷中，喊道：「那我可快活死了！」《妙峰山》作爲對《一隻馬蜂》的一種故意的顛倒，讓它的男主人公發佈了可以結婚但是不准戀愛的律令，算作是對當年只要戀愛不要結婚的反撥。當然，沒人會眞的以爲王老虎是在一種絕對意義上反對戀愛的，確切地說，他反對的僅僅是那種不以結婚爲目的的戀愛，他肯定的是那種以戀愛爲基礎的婚姻。

《妙峰山》內在情節的意義內緣則超越了一般的婚姻戀愛觀。它通過一個男人和一個女人的故事，不僅再次讚美了人與人之間的溝通，而且還進一步提出了一種「互助」的思想，而這一點恰恰又是蔡元培的主張。全劇尾聲中，有兩句話值得人們玩味。新郎對新娘唱道：「我來到了妙峰山的山寨，創下了偉大的事業，——需要幫助。」而新娘對新郎唱道：「我來到了妙峰山的山寨，看到了你偉大的事業，——需要幫助。」「需要幫助」和「幫助」在這裏構成了一種契機，促成了男女主人公的結合。這種契機暗示的正是一種「互助」思想。就此而言，《妙峰山》的內在情節雖然表現的是一個傳奇式的由戀愛而結婚的故事，但其內隱意義卻最終被昇華出來，並和其外在情節的內隱意義取得了同一性。也即是說，它們肯定的都是人與人之間的「親愛」的精神，至於說「互助」無非是「親愛」的另一種詮釋。這種「互助」思想，在丁西林喜劇中並不是新東西，在《壓迫》中，它已經有過生動的體現。本來在租房問題上存在著利害衝突的男客和女客卻選擇了聯合的道路，聯合最終幫助他們找到了各自的歸宿，並給那個陰冷的雨夜帶來了幾縷人間的暖色。這種「互助」思想主要來源於克魯泡特金的《互助論》一書。互助論在 20 世紀初傳入中國，曾廣泛爲中國的小資產階級知識分子所接受。這種理論認爲：

人類社會的進步最終依賴於人與人之間的互助合作。孫中山、蔡元培等人都曾深受這種思想的影響。丁西林本人是否看過《互助論》，我們今天已經無從知曉，但至少可以肯定：這一思想通過蔡氏等人對這位喜劇家產生了實際的影響。

和《妙峰山》中的「理想的樂土」一樣，劇中所體現的那種「親愛」、「互助」思想也只能是一種精神的烏托邦。既然是一種烏托邦，當然也就難以經受住現實嚴峻的拷問，事實上，它是絕對不可能讓吳太太和汪大帥之流變成同情和互助的擁戴者的，而現實中國舞臺上的主角卻是他們。

在《壓迫》中，他曾讓主人公的互助成功同友人在現實的無助之中死去形成一種極其鮮明的比照。他將失去友人的「悲哀」與「淒涼」壓向內心，而把美好的希望寄與未來。就此而言，他在劇中所做的，只能是一種對於自身理想的抒寫。在某種意義上，他的所有喜劇都可以作如是觀，在醜的包圍中，他歌頌美；在暗夜中，他歌頌光明；在無助中，他歌頌互助；在冷漠中，他歌頌溫情；在隔膜中，他歌頌溝通。凡此種種，都一再使人感到：丁西林的喜劇在本質的意義上不能不是一種來自冬天的童話、一種由理想幻化而生成的愛的烏托邦。

英國近現代戲劇的影響

長期以來，人們儘管對於丁西林喜劇在思想意義方面的評價總體偏低，並且在一些具體作品的意義分析上褒貶不一，但卻都一致肯定了它們在當時劇壇上所產生的轟動效應。這一事實表明，丁西林的喜劇至少是在藝術上為中國現代喜劇的發展提供了某些明顯的新因素。事實上，更準確地說，丁西林為現代中國的文壇創造出了一種新型的喜劇，這種喜劇不僅與中國的傳統喜劇迥然不同，而且也同 20 世紀最初二十幾年間中國喜劇的流行樣式判然有別。

丁西林所創造的新型喜劇直接得益於英國近代喜劇傳統的影響。丁西林本人在 20 世紀 50 年代曾反覆表示自己早年的戲劇創作「外國味都很濃，似乎可以當作一種廣義的翻譯來看」〔註 13〕，固然是一種謙虛，但又不完全是一種謙虛。丁西林早年留學英國，留英期間他曾閱讀過大量的英國戲劇作品。

〔註13〕吳啟文：《丁西林談獨幕劇及其他》，《劇本》1957 年 8 月號。

最初，他是爲著學習語言的目的，但後來，這種閱讀經驗不僅增進了作家對於英國戲劇尤其是近代戲劇的瞭解，而且培養了他對於戲劇的興趣。他受到英國戲劇的影響，是很自然的事情。對於丁西林喜劇同英國戲劇的總體聯繫，學術界早有共識，但對此一直缺少具體而全面的分析。因此，人們對於這一問題的認識至今仍處於一種簡單、籠統和模糊的狀況中，並且歧見頗多、莫衷一是。據不完全的歸納，學術界一般認爲，曾經明顯影響過丁西林喜劇創作的英國作家有米倫、蕭伯納、巴里和王爾德〔註 14〕。就我個人研究所得，影響丁西林最爲明顯的英國作家至少有三位，他們是梅瑞狄斯、蕭伯納和巴里。

梅瑞狄斯（George Meredith 1828～1909），是維多利亞時代最後一位重要的小說作家，被認爲是喬治・艾略特一派的「嫡傳」，所不同的是，「他以歡樂的劇情摹寫人物的心理，而不以悲苦爲主」〔註 15〕。他一生創作了 20 多部小說，其中喜劇性小說《利己主義者》以深刻細膩的心理分析著稱，是其代表作。據說，應該將這部小說和他的喜劇論文合在一起閱讀，才能全面把握其喜劇思想的全貌。不過，中國人對於他的小說卻並不熟悉，然而，他的喜劇論文《論喜劇思想與喜劇精神的功用》，倒的的確確影響了包括丁西林在內的一批從事喜劇創作的中國作家。這篇喜劇論是西方近代喜劇思想寶庫中的經典著述之一，對西方喜劇理論和創作的現代發展產生了深遠的影響。

梅瑞狄斯對丁西林的明顯影響體現在以下兩方面。

首先是對喜劇中理性成分的強調。在喜劇問題上，梅氏是位典型的理性主義者，他曾一再強調理性對於喜劇的意義。他指出：「喜劇的生命就在思想之中」；他認爲：「優秀的喜劇」應該「用笑來觸發和點燃頭腦」；他說：喜劇詩人的任務在於「啓迪人們思想」〔註 16〕。他因而推崇「高喜劇」。在他看來，

〔註 14〕參見盤劍：《丁西林與 J・M・巴蕾》，《杭州大學學報》第 20 卷第 1 期，1990年 3 月；《丁西林研究資料》，中國戲劇出版社 1986 年版，第 135、184 頁。巴蕾，即本書所說的巴里。關於王爾德對於丁西林的影響，可參閱筆者和英國學者合著的英文論文，見 Wildean Echoes in the Plays of Ding Xilin，by Ruth Herd and Zhang Jian，Modern Chinese Literature and Culture，Volume 22.Number 1，SPRING，2010，PP162～196。

〔註 15〕參見金東雷：《英國文學史綱》，上海：商務印書館 1937 年版，第 403 頁。

〔註 16〕〔英〕麥里狄斯：《論喜劇思想與喜劇精神的功用》，《古典文學理論譯叢》第7 輯，北京：人民文學出版社 1964 年版，第 70、54 頁。麥里狄斯即梅瑞狄斯，本書採用的是《中國大百科全書》中的譯名。

正是這種高喜劇包含了眞正的喜劇精神，這種喜劇精神同批判的知識同屬理性，共同構成了人類文明的推動力量。他認爲，眞正的喜劇精神「不是滑稽取笑的鬧劇，也不是單純的諷刺，而是冷靜的觀察一切虛榮愚蠢以及淺薄的感傷。喜劇的精神不僅是抨擊，也是『人與人之間的神聖的聯繫』（the sacred chain of man toman）」〔註17〕。正是在這種思想背景下，梅瑞狄斯鄙夷那種朗聲大笑，而大力提倡一種牧神式的愉快調皮的笑，一種理性的具有深意的笑。

　　這種反對哄堂之笑、捧腹之笑，主張理性的微笑的見解同樣反映在丁西林的喜劇思想中。丁西林在《孟麗君・前言》中指出：

　　　　鬧劇是一種感性的感受，喜劇是一種理性的感受；感性的感受可以不假思索，理性的感受必須經過思考……鬧劇只要有聲有色，而喜劇必須有味；喜劇和鬧劇都使人發笑，但鬧劇的笑是哄堂、捧腹，喜劇的笑是會心的微笑。劇本《孟麗君》是按喜劇的要求寫的，雖然其中有近乎鬧劇的場面，但它們應該是喜劇的有機組成部分而不是胡鬧。如果劇本《孟麗君》有上演的榮幸，希望不要強調這些近乎鬧劇的場面，不要追求人物動作上的滑稽，更不要加添噱頭，而把它演成一個鬧劇。〔註18〕

值得指出的是，梅瑞狄斯原文中的 thoughtful laughter 按周煦良先生的譯法是「有深意的笑」，但同時也可以譯成「會心的笑」或「理智的笑」〔註19〕。丁西林將其理解爲「會心的微笑」，似乎更能體現原文的眞正含義，因爲它不僅表現出這種笑的理性性質——「會心」必然是思考的結果，而且暗示出人與人之間的聯繫與溝通。

　　其次是對兩性題材和婦女地位的強調。在英國戲劇中存在著一種愈來愈明顯的「描寫女性的傳統」，處於這種傳統影響下的英國喜劇，往往通過「文雅的戲謔」使得社會的和兩性的行爲習慣保持了很好的平衡〔註20〕。這種戲劇傳統，加上19世紀後半期在西歐興起的女權主義運動，使梅瑞狄斯得出結

〔註17〕　參見梁實秋：《英國文學史》第 3 冊，北京：新星出版社 2011 年版，第 1292
　　　　　頁。
〔註18〕　《丁西林劇作全集》上卷，北京：中國戲劇出版社 1985 年版，第 308 頁。《孟
　　　　　麗君》是丁西林 60 年代的喜劇作品。
〔註19〕　伍蠡甫：《西方文論選》下卷，上海：上海譯文出版社 1979 年版，第 87 頁。
〔註20〕　參見〔英〕J・L・斯泰恩《現代戲劇的理論與實踐（一）》，北京：中國戲劇
　　　　　出版社 1986 年版，第 99 頁。

論：喜劇所表現的就是兩性之間的「戰鬥」，喜劇應當通過這種男女之間的較量和衝突去表現兩性間的相互吸引以及逐漸產生的某些「相似之處」。在他看來，喜劇的產生既然有賴於「兩性的某種程度的社會平等」，那麼，喜劇的層次越高，女性在其中享有的地位也就越顯著。因此，他認為：優秀的喜劇應當「把婦女提高到可以充分發揮機智的地步」〔註 21〕。在一種男尊女卑的社會體制下，倡導兩性平等並注重女性地位的提高，不能不說是一種理性進步的表現。丁西林的喜劇常以兩性關係為題材，他所塑造的一些女性形象已開始具備某種主動性，這些同梅瑞狄斯的上述主張顯然是一脈相通的。

如果說，作為小說家的梅瑞狄斯為丁西林提供的主要是喜劇思想方面的啟示，那麼，蕭伯納給予他的影響要全面得多，其中不乏喜劇觀念上的啟示，同時更有喜劇樣式和技巧上的借鑒。

作為 1925 年諾貝爾文學獎得主的蕭伯納（George Bernard Shaw 1856～1950），在長達半個多世紀的寫劇生涯中，創作了 50 多部劇本。他是繼莎士比亞之後最偉大的英語作家之一，同時又是一位獲得了世界性聲譽的喜劇大師，素有「20 世紀的莫里哀」之美稱。蕭於 19 世紀末開始在倫敦的戲劇舞臺上嶄露頭角，到 20 世紀 20 年代已經成功地在英國戲劇界建立起自己的領袖地位。丁西林留英期間，蕭是他最喜愛的英國作家之一。有材料表明，晚年的丁西林仍然保持著對於這位「偉大戲劇家」的由衷敬佩。蕭伯納的《一代天驕——拿破侖》是丁西林一生中最後一篇翻譯劇本。丁西林在翻譯後記當中表示，他相信「蕭伯納的話劇將和莎士比亞的詩劇同樣地流芳百世！」〔註22〕蕭最初二十幾年的劇作對丁西林後來的喜劇創作產生了重要影響。這些影響主要集中在兩點上：

第一點影響體現在喜劇的形式上。蕭以前的英國劇壇，主要是一些法國式的佳構劇、低俗的滑稽劇佔據著戲劇舞臺，不僅嚴重地脫離現實，而且內容上缺少積極的意義。蕭對此極為不滿，在易卜生社會問題劇的啟發下，遂提倡一種注重思想內涵的新戲劇，並在其後的實踐中成功地創造出一種思想劇的新體制。有人曾將這種思想劇等同於說教劇，實際上是種誤解。丁西林曾經說過：

〔註21〕 參見〔英〕麥里狄斯：《論喜劇思想與喜劇精神的功用》，《古典文藝理論譯叢》
　　　　 第 7 輯，北京：人民文學出版社 1964 年版，第 63、64、76 頁。
〔註22〕 《丁西林劇作全集》下卷，北京：中國戲劇出版社 1985 年版，第 493 頁。

　　蕭伯納的載道之文怎樣呢？單就他的劇本而言，無論是從量的方面或質的方面說，都是首屈一指，出類拔萃而獨樹一幟，創造了「蕭伯納式」的風格。今天愛談「人情味」的藝術家和文藝批評家如果認爲凡是載道之文必然枯燥無味，那麼，讓他們在欣賞充滿了喜、怒、哀、懼、愛、惡、欲七情具有的莎士比亞的詩劇之餘，讀一讀充滿了社會意識、進步思想、聰明幽默的妙語警句的蕭伯納的話劇，將會糾正他們的這種錯誤的想法。〔註 23〕

蕭固然強調戲劇中思想成分的關鍵意義，但他畢竟認爲這種思想成分的表達不應是直接的，它必須通過戲劇本身的藝術要素來實現自己。這樣一來，蕭的思想劇就在總體上同一般所謂的說教劇劃清了界限。

　　在蕭的戲劇中，討論或辯論具有十分重要的意義。事實上，他是歐洲現代戲劇史上成功地將論討和辯論有意識引入戲劇並取得巨大成效的第一人。他認爲：易卜生的《玩偶之家》之所以能夠征服全歐洲，主要依靠的就是「辯論」的因素；他說：現代戲劇「新手法的主要一條是辯論」，他甚至斷言：「今天一個嚴肅的劇作家不僅用辯論試驗自己的才能，而且把辯論當作自己創作的主要招數。」〔註 24〕作爲一位戲劇革新家，蕭伯納雖然認可了戲劇的基礎在於衝突這樣一個近代命題，但卻無疑對它作出了新的解釋。他認爲在現代條件下戲劇衝突不可能是別的，而只能是建立在不同思想觀點之上的衝突。這也就是他決意將討論引入戲劇的原因。爲推崇討論，蕭毫不猶豫地將人物推到了次要的地位，在他的早期喜劇中，除了《康蒂姐》外，他似乎沒有塑造出什麼除去他必須表達的思想之外還值得人們銘記的人物形象〔註 25〕。同樣道理，他也將情節的重要性減少到最低限度。出於對佳構劇的反感，蕭甚至將情節、結構這類傳統的戲劇要素說成「不過是玩弄戲劇才能的巧妙手法，是道德貧乏的結果，完全不是戲劇天才的武器。」蕭指派給情節的唯一出路在於爲討論提供某種自然合理的框架，情節只有在它同「辯論」「最終融爲一體，兩者事實上已成爲同義詞」〔註 26〕的情況下，才會得到這位英國現代戲

〔註 23〕　《丁西林劇作全集》下卷，北京：中國戲劇出版社 1985 年版，第 493 頁。
〔註 24〕　〔英〕蕭伯納：《易卜生劇作中新的戲劇手法》，《英國作家論文學》，北京：生活・讀書・新知三聯書店 1985 年版，第 344〜345 頁。
〔註 25〕　〔英〕艾弗・埃文斯：《英國文學簡史》，北京：人民文學出版社 1984 年版，第 224 頁。
〔註 26〕　《英國作家論文學》，北京：生活・讀書・新知三聯書店 1985 年版，第 356 頁。

劇大師的首肯。蕭是一位具有豐富劇院工作經驗的天才戲劇家，他完全懂得戲劇魅力對於觀衆的意義，在他明顯限制了人物和情節的魅力功能之後，他勢必、也只能將作品的成功之本押在戲劇語言上。倫敦的觀衆之所以容忍了蕭伯納喜劇中時常有點冗長的議論或討論，顯然同蕭劇中的語言魅力有關。蕭的散文寫作，在英國散文史上享有極高的聲譽，被公認爲斯威夫特之後的第一人；就劇作家而論，也只有王政復辟時代的劇壇領袖康格里夫「差堪相比」。〔註27〕王佐良先生在談到蕭的戲劇藝術時，曾對他的語言藝術給予了高度評價：

> 這是一種很有打擊力而又頗會誘人的語言，可是外表上沒有一點裝飾，它的魅力來自它表達思想的銳利、簡捷、老到，來自它的速度，它的靈活矯健，伸縮自如，文雅而不矜持，是口語但又比口語精練，而伴隨著這一切，滋潤著這一切的卻是那微妙的音樂性的節奏。〔註28〕

正如埃文斯所說：「蕭的最偉大的天賦是他的言詞的機智。這也是他的最巨大的誘惑力。」〔註29〕應當說，蕭伯納的成功，在很大程度上是一種戲劇語言方面的成功。

正當蕭伯納聲名鵲起的時候，丁西林來到了英國。儘管他在當時還想不到自己日後會成爲一位喜劇家，更不會意識到蕭對於他後來的喜劇創作的重要意義，但後者在英語寫作上所取得的巨大成就和令人驚歎的造詣，毫無疑問給這位中國學子留下了深刻的印象。和蕭相彷彿，丁西林在喜劇創作上的成功，在很大程度上也是依靠其語言上的明顯成就取得的。

蕭對丁西林的第二點影響主要體現在人物塑造上，尤其是女性形象的塑造。

如前所述，梅瑞狄斯在自己的喜劇理論中指出了女性描寫對於喜劇的特殊意義，他希望喜劇家們能在兩性的衝突與糾葛中表現男女間的平等與溝通。不過，他畢竟是位小說家，真正在實際喜劇創作中實現梅氏這一藝術理想的是蕭。事實上，在這方面，蕭比梅瑞狄斯走得更遠。之所以如此，部分可以歸因於善於描寫女性的英國喜劇傳統，部分可以歸因於蕭自身離徑叛道

〔註27〕 王佐良：《英國文學論文集》，北京：外國文學出版社1980年版，第275頁；此處的「散文」概念，包括戲劇文學創作中的非詩體作品。

〔註28〕 王佐良：《英國文學論文集》，北京：外國文學出版社1980年版，第275頁。

〔註29〕 〔英〕艾弗・埃文斯：《英國文學簡史》，北京：人民文學出版社1984年版，第226頁。

的思想品格，至於餘下的部分則可以歸之於蕭本人的家庭情況——他的妻子就是一位堅定的女權主義者。據說這位女健者曾經說過，是她「一手造就了一個世界的大天才」〔註30〕。

　　在蕭的喜劇世界中，女主角比起男主角往往具有更為重要的地位。《康蒂姐》是蕭早期最優秀的喜劇作品。劇本通過一個三角戀愛的框架，塑造了一位給予型的女性形象。從一定意義而言，康蒂姐與其說是位具有妻性的女人，毋寧說是位具有母性的形象。她的丈夫莫瑞爾和追求者馬本克雖然性格各異，但在她的眼中無一例外地都是「孩子」。她最後之所以選擇了莫瑞爾，原因在於他是兩個弱者當中更弱的一位，因而也就更加需要幫助。與此相似，《武器與軍人》裏的拉伊娜在她的兩個追求者——浪漫的軍人和務實的軍人——之間也一直掌握著選擇權。在《風雲人物》中，無論是那位粗魯愚憨的法軍少尉，還是作為一代天驕的拿破崙將軍，最終都未能逃脫那位神秘女人的纖纖細手。《匹格梅梁》是蕭最為成功的喜劇之一，劇作對古希臘的一則神話做了「顛倒」性的藝術處理。在神話中，塞浦路斯國王匹格梅梁雕塑了一尊女塑像，並且愛上了她。維納斯為了成全他的願望，使塑像變成了美女並且讓兩人結了婚。蕭的喜劇是這則古代神話的現代版。匹格梅梁成了語音學教授息金斯，女塑像成了賣花女伊莉莎。然而，這裏的伊莉莎卻再也不甘心於「被塑造」的地位，她要做一位獨立的人而不願成為任何人的附屬品。作家在尾聲中有意地讓伊莉莎離開了已對她產生了愛戀之情的息金斯，而同尊重她的佛勒第一起開始了新生活。

　　蕭在自己的喜劇作品中塑造了一系列具有獨立品格的現代女性形象，她們在與男性的較量中往往棋高一籌。蕭這種處理女性角色的特有方式體現出他的一個理性原則。在其帶有濃重哲理色彩的著名喜劇《人與超人》中，作家通過誓不結婚的男主人公約翰·泰納爾被女主人公安·懷特菲爾德所追逐，終於成為後者俘虜的戀愛故事，表述了自己關於「生命力」的哲學思想。蕭以叔本華和尼采的唯意志論為基礎，在多方面吸取了柏格森、拉瑪克和巴特勒等人學說之後，形成帶有他個人色彩的「創造進化論」。在他看來，人類進化的根本動力在於無所不在的「生命力」。它外在於人類，但又通過人類來實現自身。從延續和更新生命的意義上說，女性比男性更重要，因為人類的生

〔註30〕參見文淨：《蕭伯納研究》，臺北：海燕出版社 1968 年版，第 93 頁。

命起源於女性。在《人與超人》中，蕭以劇中的情節和議論來說明兩性的戀愛和結婚同「生命力」的關係。他認爲，既然女性在創造新生命的過程中發揮著更大的作用，那麼，她們必然也是戀愛婚姻方面的主要推動力量。對「生命力」來說，女人是其藉以實現自身的工具，而男人則是女人實現生命力意志的工具，即是說男性不過是工具的工具。蕭據此認爲：那種認爲女性在兩性關係中不是主動者的觀點是錯誤的，他在《人與超人》的獻詞中指出：

> 其實，世界上到處都擺著女人捕捉男人的圈套、陷阱、羅網和陷坑。……一般都認爲女人一定是動也不動，等男子前來求婚。她通常的確是動也不動的等待著的。蜘蛛就是這樣在等待蒼蠅的。可是蜘蛛織出了蛛網，如果蒼蠅也像我的劇本中的主人公那樣，表示要逃走的樣子，那麼，那隻蜘蛛是會多麼迅速地改變被動的態度，張開蛛網，把蒼蠅卷了又卷，一直到他被緊緊纏住爲止。〔註31〕

可見，在蕭對於女性喜劇形象塑造的背後包含了明確的理性認識，儘管這種認識未必正確。

顯然，作爲科學家和喜劇家的丁西林同作爲思想家和喜劇家的蕭伯納是不可能完全一致的。丁西林不像蕭伯納那樣喜歡在作品中系統地表達自己對於周圍世界的理性認識，更無意建構自己的哲學體系，因此，我們現已無法弄清蕭的「創造進化論」對他的理論影響。但有一點可以肯定，丁西林在自己的作品中確實塑造出了一系列具有某種主動性的女性形象，而這一點在中國其他現代喜劇作家的作品中確乎並不多見。《妙峰山》裏的華華是這類形象的典型代表。同《人與超人》中的安一樣，她在追逐意中人的過程，也遇上了一位「土匪」的首領。所不同的是：安遇到的首領是她的戀愛生活的局外人，而華華所遇到的則正好是她所追求的心上人。這兩位女性追求的都是那類誓不結婚的男性獨身主義者，她們最終都贏得了勝利，並且在決定性的關頭都使用了假裝暈倒的伎倆。安從泰納爾的懷中「暈」倒在地，而華華乾脆「暈」到了被征服者的懷中。

比之梅瑞狄斯和蕭伯納，巴里對丁西林的影響主要屬於技巧性的。巴里（Sir James Matthew Barrie 1860～1937）是英國「菜園派」的主要作家之一，他在梅瑞狄斯的鼓勵下開始寫劇。19 世紀末 20 世紀初，正是他在戲劇方面的

〔註31〕轉引自黃嘉德：《蕭伯納研究》，濟南：山東大學出版社 1989 年版，第 78 頁。

活躍期。一些學者認爲，在當時的英國劇壇，他的名聲僅次於蕭伯納〔註32〕。據說他的《潘彼得》創造出一種永久性的名聲〔註33〕。戰前的中國文學界對於他的名字其實並不陌生，當時甚至出現過一個小小的巴里作品的「翻譯熱」。作爲譯者之一的余上沅曾經這樣讚揚過他：

> 巴雷不是自負不凡的先知，他並不以爲他是知識界的領袖，他不是個憤世嫉俗者，不是塾師，他出來不曾謾罵，但是在現代英國戲劇家裏，他的貢獻比誰都大，他的戲劇是概念的戲劇（drama of ideas）。他的概念是本乎普遍人性的，他把人類的一切傻事，一切不可能，無價值的幻夢，一切私欲，虛榮，偉大，都活生生的描畫出來。他描畫的時候，卻絲毫不夾雜意氣，也一點不存玩世傲物的心。他愛人類，男女老少他都愛，有了這偉大的同情，再加上他充分的動作，精練的技術，雋妙的對話，漂亮的詼諧和幽默，動人的沉痛，「像西風一樣的清潔」，巴雷可以不朽。〔註34〕

巴里不僅在多幕劇的創作上身手不凡，而且在獨幕劇方面亦有極高的造詣。他的劇本舞臺性很高，同時文學性又很強，這些再加上一種特有的幽默與溫情，很自然引起了丁西林的注意。巴里有一種能夠將詭異的幻想和現實交錯在一起進行藝術處理的高超本領，從而達到寓莊於諧、由幻顯眞的戲劇勝境。

他創作於 20 世紀初的《可敬佩的克來敦》和《潘彼得》兩劇正是這方面的代表作〔註35〕。前者中的「荒島」、後者中的「烏有之鄉」顯然啓迪了丁西林的喜劇想像。潘和文黛在烏有之鄉成了孩子們的爸爸和媽媽，而王老虎和華華在妙峰山則成爲青年學生們的「嚴父」與「慈母」。巴里無疑是一位具有戲劇天賦的作家，這種天賦使他完全停留在戲劇常規之內，但又絕不會令人生厭。與蕭伯納不同，他不僅重注結構，而且在塑造豐滿的人物形象方面也做出了可貴的努力。金東雷先生說他的特長是「在心理描寫的細膩，他能夠以戲劇的技巧把男女老幼各個時期的心理或特殊的怪癖清楚地表現在舞臺之上，使觀

〔註32〕參見〔英〕休·享特等著：《近代英國戲劇》，北京：中國戲劇出版社 1987 年版，第 258 頁；金東雷：《英國文學史綱》，上海：商務印書館 1937 年版，第 513 頁。
〔註33〕參見〔英〕艾弗·埃文斯：《英國文學簡史》，北京：人民文學出版社 1984 年版，第 221 頁。
〔註34〕《余上沅戲劇論文集》，武漢：長江文藝出版社 1986 年版，第 242～243 頁。
〔註35〕《可敬佩的克來敦》一劇 1902 年上演，1915 年正式付印出版。

衆感覺他那種動情的和滑稽的藝術眞是出類拔萃而不可一世的功夫。」〔註36〕
《七位女客》就是這方面的傑作。在這篇小小的獨幕短劇中，作家不僅活畫出
一位女客的七個側面，而且還富有情趣地表現出發生在雷達萊艦長身上的多次
心理變化的波瀾。這種纖微畢露的心理描寫是蕭所缺乏的。比起蕭劇的剛性風
格，巴劇中含有一種明顯的陰柔之美，後者似乎更合乎丁西林的口味。我們在
丁西林的作品中不難找到那種細膩入微的心理刻劃的例證。

中國喜劇的新範式

　　20 世紀 20 年代，一個偶然的機會使回國不久的丁西林闖入了劇壇。儘管
他初涉劇壇可能是偶然的，但其對於英國近現代喜劇的借鑒以及在這一借鑒
過程中所體現出來的創造性卻絕非偶然。其時，正值易卜生主義在中國風行
之際，模仿《玩偶之家》而寫作中國式的社會問題劇已經成爲當時劇壇的時
尚，與此同時，一種討論化的語言風格正在中國話劇創作中形成。然而，就
中國早期的社會問題劇而言，絕大多數作者最爲關注的是劇本所要討論的問
題，至於對這些問題的戲劇化討論卻缺乏足夠的重視和相應的藝術準備。因
此，這類作品往往流於枯燥的說教，缺乏那種對於成功戲劇來說不可缺少的
藝術魅力，這就明顯限制了話劇在中國的進一步發展與成熟。單就喜劇而論，
新生的中國現代喜劇在當時同樣面臨著一種令人尷尬的困境：要麼名爲喜劇
卻又缺乏笑的力量；要麼使人發笑但又流於粗鄙。丁西林正是在這種背景下
進入中國現代劇壇的。

　　就我所知，時至今日，還沒有人將易卜生的社會問題劇同丁西林的喜劇
創作明確地聯繫在一起。在不少人的心目中，這兩者似乎是背道而馳的東西。
而在事實上，不管作家本人如何聲稱在他的劇作中沒有「問題」〔註 37〕，丁
西林的喜劇完全可以被理解爲易卜生式社會問題劇在中國化過程中最早出現
的一種成功的變體。得益於易卜生在英國的擁戴者們的啓示，丁西林在他的
藝術實踐中，不僅以自己精到活潑的戲劇語言補救了中國早期社會問題劇在
語言上的粗糙和乏味，而且爲易卜生式的社會問題劇找到了一種在內容和形
式兩方面同時具有明顯理性色彩的喜劇範型。

〔註36〕金東雷：《英國文學史綱》，上海：商務印書館 1937 年版，第 514 頁。
〔註37〕參見《丁西林劇作全集》上卷，北京：中國戲劇出版社 1985 年版，第 61 頁。

　　總的來看，這一新的喜劇範式具有以下特點：

　　首先，丁西林所創造的這種新型喜劇給與了對話藝術以高度的重視。作家本人在當時對此儘管沒有做出明確的理論表述，但他在這一方面的追求無疑是自覺的。從他在《一隻馬蜂》中對於「白話文」和「白話詩」「沒有味兒」的批評來看，丁西林顯然不滿於當時流行話劇中語言的過於平直和乏味。作為新文化陣營中的一員，他決意以自己的實際創作克服早期白話文的不足，為誕生不久的現代戲劇語言指出一種上達的可能性。丁西林喜劇中的對白完全是建立在口語基礎上的一種典型白話，然而其中又包含了某種難以言說的藝術魅力。關於其早期喜劇已見端倪的語言風格，趙景深先生曾有這樣的回憶：

　　　　在五四以後不久，看到好幾種初期的通俗劇和鬧劇，淺顯易曉；
　　忽然看到丁西林的《一隻馬蜂》，便覺得突出同儕，耳目為之一新。
　　它給我們的是一種不尋常的新鮮感覺，這集子是幾個獨幕劇的結
　　集，裏面的對話，漂亮、幽默，兜著圈子說話，不僅不令人討厭，
　　反而使人喜歡。許多雋妙的語句，眞虧他想得出來。〔註38〕

由於丁西林喜劇在語言上的突出成就，當時的文藝界甚至一度刮起了「西林風」。他的劇本《北京的空氣》亦被選入「初中混合國語教科書」，作為修辭學反語格的範例。

　　丁西林喜劇語言的巨大魅力主要來自兩方面：其一，作家有意識地將辯論和討論的因素引入他的作品，從而形成不同思想觀點或立場之間的碰撞和衝突。這種碰撞和衝突不僅構成全劇的喜劇性內涵，而且能夠對觀眾或讀者產生出一種特殊的吸攝力。其二，作家在對白中大量採用了反語和奇論的形式，出奇制勝、妙語驚人，使人回味無窮。這些反語和奇論往往根據似是而非或似非而是的原則構成，並且丁西林時常能將這兩者巧妙地合而為一，顯示了其駕馭語言的令人折服的藝術功力。

　　在《壓迫》中，有這樣一段對話：

　　男客　不過你幫我把租房的這個問題解決了，我總應該向你道謝。

　　女客　嘻！道謝，無產階級的人，受了有產階級的壓迫，應當聯合
　　　　　起來抵抗他們。

　　男客　不錯，不錯。

―――――――――――――――――――

〔註38〕趙景深：《文壇憶舊》，上海：北新書局 1948 年版，第 47 頁。

今人多以這裏出現了「無產階級」、「聯合」、「抵抗」、「有產階級」的字樣，而過高地評價了《壓迫》的思想意義，似乎有悖歷史。倒是韓侍桁當年的解釋可能更近情理。他認為這段話是在「非常巧妙地諷嘲著一般流行的思想」〔註39〕。也就是說，作家在這裏首先使用了似是而非的手法，善意地挪揄了那位可愛的女客，她使用了流行的階級概念，卻未必深知其意。從她的家當時裝有電話這一點看來，她顯然不屬於「無產階級」之列。但同時，這段話裏又包含了似非而是的成分。女客儘管誤用了「無產階級」的概念，但她卻以這種多少有點曲解的形式肯定了一條顛撲不滅的社會真理：人們只有聯合起來才能抵抗壓迫。在由似是而非到似非而是的翻轉中，這段對話不僅增強了含蓄性而且平添了喜劇意味。

我們不應該將丁西林的反語和奇論理解為一般意義上的文字遊戲，事實上，在這種特殊的語言形式的背後，往往隱含著作家對於社會傳統的某種懷疑和批評。《一隻馬蜂》中吉先生有一段關於「說謊」的辯解，常為論者所引用。這段奇論通過對於有關說謊一般看法的故意顛倒，巧妙地將攻擊的矛頭指向了傳統的道德和不自然的社會，從而體現出那個特定時代的理性之光。這裏的奇論之「奇」，對於讀者的思維定勢構成了一種反撥，目的是要人們在笑後思考社會人生的真諦。

其次，這種新型喜劇的特點也體現在機智的語言形式和人物形象塑造的有機結合上。尼柯爾曾經指出：儘管風趣話是喜劇很多突出的優點之一，但它在另一方面往往又可以破壞真正的喜劇精神。「應用風趣話時的危險在於：風趣話或俏皮話被安排在一些完全不適於體現真正風趣的人物的嘴裏，而劇作家又要力求繼續保持他的戲的生氣和光彩，最終勢必變得令人厭倦與乏味。」〔註40〕而在丁西林的喜劇中，作家在使用奇談妙論的時候，卻注意到了它們與人物塑造的結合。《親愛的丈夫》中，原先生關於何謂詩人的奇論，表現的不僅是說話人本身的出語機智，而且也點染出詩人的性格特徵，並且為這位性無知的男主人公提供了某種程度上的可信性。《妙峰山》裏，華華將「肉票」同「朋友」合併成「票友」，引來了不少觀眾的笑聲。人們沒有把它

〔註39〕 侍桁：《〈西林獨幕劇〉評》，《丁西林研究資料》，北京：中國戲劇出版社1986年版，第129頁。

〔註40〕 〔英〕阿·尼柯爾：《西歐戲劇理論》，北京：中國戲劇出版社1985年版，第272頁。

視爲空洞乏味的文字遊戲，重要的原因在於，他們已經認可了華華剛強的個性和機智的性格。華華在大學專攻白話文中的對話藝術，後來又當過演員、見過世面，加上喜歡英國式的幽默，因此，她想出「票友」一類的妙語，應當說是其性格和經歷的自然流露，絲毫不會給人以做作之感。當理性的語言附麗於理性的形象之上的時候，它們勢必會給喜劇帶來雙重的光彩。在這種情況之下，丁西林喜劇中隨處可見的奇談妙論就不再成爲劇中的懸浮之物，而真正成爲深入喜劇肌理的一種極其重要的元素。

　　再次，丁西林的新型喜劇還有一個明顯特點，即作家從不在自己的作品中尋找那種單一固定的代言人。理性給了丁西林一顆超脫之心，這使他最終超脫了善惡昭彰的傳統窠臼。他習慣於讓劇中的各色人物的語言都具有部分的合理性。他在《一隻馬蜂》中可以讓吉老太太說出維新式的語言，也可以讓作爲「五四」新人的吉先生攻擊新女性；他在《壓迫》中爲房東太太的絕決至少提供了某種表面上的合理解釋；他在《三塊錢國幣》中甚至借吳太太之口抨擊了那個「只有軍閥，只有奸商，沒有良心的人，才會發財」的「年頭」。實際上，作家真正的命意往往不在某一個具體的主人公身上，而是深藏在劇中各種人物的關係和語言的流動中。我們不清楚，當趙景深先生說他看不懂《妙峰山》的時候〔註41〕，他是在開玩笑還是在張大其辭，但我們卻可以斷言：只有通過思考才可能把握住丁西林喜劇的真意所在。

　　這裏，實際涉及到了丁西林喜劇的「戲劇視界」問題。所謂視界，是指認知主體從特定視角出發對於外部世界、對於社會人生、對於認知對象所做出的獨特把握。戲劇視界包括作者視界、人物視界和觀眾視界。在戲劇話語系統中，這三種視界的同異關係不僅決定了戲劇話語的意義生成，而且還決定著它在意義表達上的特點。〔註42〕

　　中國傳統的戲劇視界基本上是一元化的。在傳統喜劇文本中，超越的和全知的作者視界始終佔據著總體視界的核心位置，以一種權威者的姿態涵化、控制和指導著其他兩種視界。因此，它在意義的表達上往往是確定的，很少會引起歧義。在這類文本中，一般會在開頭和結尾介紹劇情或概括劇旨，

〔註41〕趙景深：《文壇憶舊》，上海：北新書局1948年版，第50頁。
〔註42〕在這個問題上，周寧兄的大作，上海社會科學院出版社1993年出版的《比較戲劇學——中西戲劇話語模式研究》一書給了我寶貴的啓示，在此致以謝忱；有關戲劇視界問題的詳細討論，可參閱該書第138～171、64頁。

藉以幫助觀眾準確地接收到作者寄寓在作品裏的思想信息。事實上，這種敘述因素也直接滲入到了人物的視界。周寧對《西廂記》一些人物的臺詞所進行的研究表明：傳統戲劇的人物話語中存在著視點與話語主體的含混現象，這一現象正好說明了傳統文本的「視界的共通性」〔註43〕。此外，在那些否定性或負載某種否定性因素的人物視界中還時常會出現所謂「視界的分裂」現象，人物以公然悖理或自我批判、自我披露的形式所進行的自否定也能證明那種權威視界的存在。在上述情況下，觀眾除了被動的意義認同外，很少會有選擇的機會。由於這種獨斷性的意義表達形式拒絕觀眾和讀者積極地去參與意義的生成，所以它在理性養成方面勢必是相對貧弱的。

中國傳統喜劇話語系統在意義表達上的一元性特徵顯然植根於中國封建社會的思想專制主義。在這種思想統治下，人們對封建社會之道、之禮只能表示心悅誠服，不能有半點的懷疑和獨立思考意義上的自擇。進入現代之後，民主和科學的思想日益昌進，理性精神空前飛揚，這一點自然會影響到現代喜劇話語系統的意義表達方式。除了一些社會政治功利色彩極為鮮明的作品外，在一部分現代喜劇文本中開始出現了意義表達上的變化：一元化的喜劇視界向多元化喜劇視界的過渡。

隨著中國現代喜劇中敘述性減弱、呈現性增強的過程，劇作者的權威視界開始漸趨隱蔽，而它的退隱對於人物視界來說不能不是一種解放，這就導致了人物視界的具有自足意義的分立，從而推動了多元視界的形成。在這種多元的個性化的視界系統中，視界與視界之間的歧異乃至碰撞當然是不可避免的，這就不僅激活了喜劇性的發生機制，而且激活了觀眾和讀者的理性接受機制。這時的接受已經不完全是被動與消極意義上的接受，它是接受但同時又可能是創造。面對差異性的人物視界，它必須以自身的理性去克服人物視界各自的片面性，去能動地判斷、選擇和綜合，並且在這種綜合的基礎上去參與話語整體意義的生成或者剖析出劇作家秘而不宣的真意。同時，面對著這種漸趨複雜的視界結構，觀眾和讀者的視界也出現了裂變的可能——不同的接受主體對於同一作品的意義完全有可能產生不同或是不盡相同的理解。這就使中國的現代喜劇文本在一定意義上出現了前所未有的生機。

孫師毅在談到丁西林的《一隻馬蜂》時曾說：「我們要看出《一隻馬蜂》

〔註43〕周寧：《比較戲劇學——中西戲劇話語模式研究》，上海：上海社會科學院出版社 1993 年版，第 164 頁。

的作者所欲表現的思想，只要在吉先生的說話中間去找。」〔註 44〕很明顯，在他看來，吉先生的視界大體相當於丁西林的視界，但我對此深表懷疑。在我看來，丁西林寄寓在作品當中的眞義恐怕要到劇中三位人物之間的關係中去尋找。吉先生和他的女友畢竟用「謊言」欺騙了自己慈愛可親並且絕不頑固的母親，讀者或觀衆對於這一點很可能會產生出一種復合感受。丁西林之所以這樣處理似乎別具深意。我在丁西林的大部分作品中都能找到一種反諷意味，作家毫無疑問欣賞自己筆下的新派人物，但對他們的偏頗或偏執卻又不無微詞。作家的這種理性態度使他必然要在作品中隱蔽自己的視界，而我們也就只能在人物視界的差異性當中去尋覓作品完整的寓意。《壓迫》中的女客斷然拒絕了男客的道謝，因爲她認爲：「無產階級的人，受了有產階級的壓迫，應當聯合起來抵抗他們」。對於這一點，有人認爲它表明了作者的某種覺悟，有人則認爲它是在善意調侃著「一般流行的思想」。拋開兩說中的孰是孰非，這種歧義現象至少可以說明丁西林喜劇在意義表達上的微妙性和費解性。正是這類微妙和費解，使他的作品視界呈現出一種開放和包容的態勢，召喚著理性的闡釋者的共鳴。事實上，除了《等太太回來的時候》那部頗具正劇意味的喜劇外，在他幾乎全部的作品中，都不存在那種絕對正確的人物視界，它們或多或少總要具有某種片面性，也正是由於這種片面性的存在，才需要讀者和觀衆視界在意義生成或意義建構過程中予以修正和補充。

由於沒有權威性的詮釋，作家於是將選擇與判斷的機會交給了讀者和觀衆。在丁西林喜劇的意義表達模式裏，你不可能輕易地整個地否定劇中任何一個人物視界，因爲是與非、眞與僞、善與惡、美與醜混合在每一個人物視界中。你需要綜合，因爲只有綜合你才能認清生活百態的眞實；同時你又要辨析，因爲只有辨析你才能是其所是非其所非。毫無疑問，具有多元視界的文本所引發的意義生成也必將是多元的。丁西林的新型喜劇打破了一元化視界在喜劇中的一統天下，它成就了新型的審美經驗，代表了現代喜劇在意義傳達方面的一種新的潮流，它雖然不可能也不必要完全取代一元化的視界，但卻可以豐富後者或成爲後者的一種補充。就此意義而言，多元化視界在丁西林喜劇中的出現顯然是對中國喜劇話語系統的又一個重要的拓展。

最後，需要指出的是，由於那種反語和奇論的語言形式以及作家在塑造

〔註 44〕孫師毅：《演〈一隻馬蜂〉後》，《丁西林研究資料》，北京：中國戲劇出版社 1986 年版，第 103 頁。

人物方面所表現出來的種種特點，丁西林喜劇在意義的表達上呈現出來的是一種多維的結構方式。已如前述，在丁西林喜劇中，不僅存在著外顯意義、內隱意義、反諷意義及一系列附加的邊緣意義，而且作家在這一系列意義的排列組合中採用了多種的關係模式。這些關係模式可能是相互平行的，可能是相互補充的，可能是層層遞進的，甚至也可能是相互揚棄的。總之，它們既相互依存，又相互遮蔽，以致在意義的蘊含上形成了一種富於變幻的模糊美，讓人們在意義的搜尋中，得到一種耐人尋味的理性享受，一種思考的樂趣。

綜上所述，我們可以從總體上將丁西林喜劇理解為一種召喚結構，它既來自於對理性的高度重視，它訴諸和召喚的主要也只能是理性自身。在中國的喜劇由傳統向現代的歷史嬗變中，它不僅保持了時代賦予的理性內容，而且也為這種理性內容創造出一種成功的表達範式。所有這一切，對於現代中國的高喜劇的創造和發展具有著重要的實踐意義。

丁西林喜劇的全部特徵都同它的戲劇語言藝術密切相關，後者實際上是前者的基礎。在中國話劇的早期發展中，當它一經失去傳統戲劇表現在唱功和做功兩方面的歌舞特性之後，它實際造成了一種巨大的魅力眞空。丁西林喜劇的成功昭示了人們：高超的「話」功恰是塡充這一眞空的有效途徑之一。就此意義而言，丁西林的喜劇對於民國話劇的成熟產生了不可低估的推進作用。

第6章　徐訏的喜劇

　　徐訏，是繼丁西林之後出現的又一位在民國喜劇史上做出成績的重要作家。從 1930 年開始到 1941 年為止，他在十餘年的時間裏先後創作了 14 種幽默喜劇。如果僅就數量而言，他顯然屬於最多產的作家之列。可惜的是，這些作品多為短劇，真正算得上名副其實多幕劇的，似乎只有他在 1941 年寫就的《男婚女嫁》一種，這自然限制了作家在喜劇創作方面的影響。但徐訏的喜劇，尤其是他在 30 年代的作品，仍然是值得研究的，因為他為中國的幽默喜劇藝術增添了新的因素。

幽默的喜劇與機智的話語

　　就喜劇美學的邏輯依據而言，機智與幽默有著極為緊密的內在姻緣。在西方，有人將幽默說成是機智和快樂的兒子，也有人將它說成是機智和愛的兒子。儘管這兩種說法不盡相同，但有一點卻是不約而同的，即它們都強調了幽默與機智的親緣關係。這就無怪乎羅貝爾·埃斯卡皮將真正的幽默理解為一種剔除了偏狹與惡意的機智形式，並且就機智與幽默的關係做出了如下的結論：

　　　　機智是幽默之父，因而幽默也就是機智再加上某些東西。使我們
　　確信這一點的，是康格里夫的一句有關這一問題的最為健全的評語：
　　「機智的人不一定是幽默的人，但幽默的人必定是機智的人。」〔註1〕

〔註 1〕　〔法〕羅貝爾·埃斯卡皮：《論幽默》，上海：上海社會科學院出版社 1990 年
　　　　版，第 47 頁。

　　機智，就廣義而言，指的是人類把握客觀世界，靈活而巧妙地解決實際問題的一種智慧。在這一意義上，它等同於智慧。而幽默或是幽默喜劇恰恰是人類智慧高度發達以後的產物，因此，就根本意義言之，幽默是不可能脫離機智而存在的。就狹義而言，那種作為喜劇美學範疇之一的機智，對於一部出色的幽默喜劇來說更是不可缺少的。一個眾所周知的事實是，幽默喜劇之所以被人們稱為「高喜劇」的主要原因就在於它對戲劇語言有著高度的要求，而狹義的機智正是幽默語言最為基本的元素。那種巧計疾出、妙語連珠的機智自然也就成了作家塑造幽默人物的主要手段之一。

　　就中國話劇發展的歷史依據而言，機智對於現代幽默喜劇的成熟也具有極為重要的意義。中國新興的話劇藝術在失去了傳統戲曲所特有的歌舞優勢以後最為迫切的歷史任務之一，就是要儘快解決其藝術魅力的缺失問題。於是人們順理成章地將視線轉向了話劇的語言，更準確地說，是話劇中的「說白」。曾經有不少人將話劇與戲曲的主要區別僅僅理解為前者的有白無唱無舞，但這顯然是不夠的。因為話劇中的「說白」顯然與戲曲中的程序化之「白」無法同日而語。中國話劇從一開始就培植起來的寫實化傾向，一直要求著那種切近日常生活口語的話語形式。而這一點無疑提高了話劇語言藝術的難度，因為它不僅要滿足切近日常口語的要求，同時又必須能夠創造出使人產生興味的東西。因此，在「話劇靠說話」這個看似簡單的命題中實際包含了非常豐富的藝術內容。話劇中的幽默喜劇對於「說話」有著更高的要求，因而「說話」的藝術對它也就具有了更加重要的意義。由於機智的話語具有一種化腐朽為神奇的力量，它很自然也就成為了許多幽默喜劇作者追求的目標。從《終身大事》人物語言中的某些論辯因素來看，胡適對於機智話語的重要性已有初步的領悟。但是這篇喜劇的成就與其說是在藝術上，不如說是在思想上。中國現代幽默喜劇在《終身大事》之後四年間的寂寥，說明它如果要想走向活躍，機智的話語將不僅僅是一種考驗和挑戰，而且也是一種契機。

　　丁西林，正是在這樣的歷史當口走上了喜劇的舞臺。在丁西林的作品中，幽默在很大程度上體現為一種機智的言語組合。這種奇妙的組合常能通過詞語或概念之間令受眾難以預料的區別或關聯來取得一種意外的喜劇感。這種機智話語的出現，明顯提升了現代喜劇的理性素質和藝術魅力，是作家對於民國喜劇的一個重要的貢獻。這種以妙語和奇論為核心的話語形式，加上一系列雙關語的運用和某些語言上的迴環，不僅成功地保證了丁西林喜劇的幽

默品格，而且爲後來的作家提供了一種富有吸引力的成功的語言範式。所謂
「西林風」正是對這一點的極好說明。由於上海文壇的紛擾，丁西林在 1930
年以後一度中斷了自己的創作。其後，他的私淑弟子袁牧之在機智話語的運
用方面很快顯露出自己獨特的品格，並且取得了公認的成就。但在這之後不
久，他的創作追隨左翼劇運的主潮，轉向了更方便表現社會意識和戰鬥精神
的悲劇和正劇的領域。

　　在相繼失去了丁西林和袁牧之之後，深受丁西林作品濡染的徐訏在幽默
喜劇機智話語方面的探索性實踐，其意義和價值尤其顯得彌足珍貴。

　　徐訏的幽默喜劇，包括了他在北京創作的《青春》（1930），《野花》、《男
女》、《忐忑》、《公寓風光》、《荒場》（1931），《心底的一星》（1932），《女性
史》（1933）和他在上海創作的《遺產》（1934），《人類史》、《鬼戲》（1935），
《契約》（1939），《租押頂賣》、《男婚女嫁》（1941）。

　　《青春》是徐訏的第一篇喜劇，其以一種對比的結構，講敘了人應當「抓
住青春」、「享受青春」的道理。40 歲的經濟學博士楊亦修教授苦戀一位少女
十餘年，最終遭到拒絕；然而，這位少女卻不消幾分鐘的時間就投入了一位
大學生的懷抱，不僅是爲了他的風流倜儻和妙語連珠，更是爲著他那令人警
醒的快樂哲學。這對青年男女爲了珍惜青春閃電般地決定第二天結婚，甚至
來不及問清對方的姓名。

　　《野花》、《男女》和《忐忑》等劇是對上述主題的反面說明。這三個劇
本有一個共同之處，即主人公們都是爲著某種虛幻或虛榮的追求而導致了愛
情的喪失。作家以一種愈來愈明顯的戲謔式的筆調向讀者昭示出那種被荒廢
了的青春。在《野花》和《男女》中，都有一個男主人公因失戀而自殺的結
局，他們均非爲惡者，因此他們的死在一般情況下是不合乎幽默喜劇本質要
求的。作家顯然意識到了這點。在《野花》中，他讓男主角即使是在自殺之
後仍然努力「保持著他愉快而幽默的風調」；在《男女》中，他以一種戲擬的
方式爲「自殺」塗上了一層滑稽的色彩。徐訏把死看做是人與自然的交接點。
在他看來，人對自然的皈依，要求他在活著的時候一定要珍愛自己的生命，
而當死亡自然到來的時候，又能夠平淡地去面對。在活著的時候，僅僅因爲
「一時名利與情愛的打擊」，就以「一顆子彈了結了一生」，「這是多麼可笑的
事情」〔註2〕。這種對於生與死的哲學體認賦予作家一種藝術上的膽識，使其

〔註 2〕　《徐訏集：文學家的臉孔》，上海：漢語大詞典出版社 1993 年版，第 35 頁。

以某種詩化或滑稽化的方式將「自殺」融入自己的幽默作品中，以「死」去強調青春的可貴。

《公寓風光》和《心底的一星》是對青春不再主題的正面詮釋。前者描寫的是三位窮大學生苦中作樂的情景。經濟的窘迫並沒有奪去他們對生活的樂觀態度。他們利用公寓主人的貪鄙和愚鈍，兩次三番地將自己睡覺用的鋪板賣給了公寓的主人，從而「聰敏」地爲他們當中一位的談情說愛營造了相宜的氛圍。後者講述的是一個女戲劇家的故事。女戲劇家爲了藝術事業一直不考慮自己的婚事，直到有一天，她無意中聽到了一位新聞記者關於韶華易逝的侃侃而談，於是決心改變自己的獨身生活。

1933 年夏，徐訏離開北京大學，來到上海。從學校到社會，特別是在上海這樣一個高度商業化的大都市中的耳聞目見，拓展了作家的藝術視野，他的作品中愈來愈多地出現了金錢的暗影。他開始意識到金錢對於都市社會有著水銀落地般無孔不入的影響。他爲兒童在金錢下的早熟而歎息，爲民族在金錢下的衰老而愁苦。在《談金錢》一文中，作家激憤地寫道：「這世界，還有誰不在金錢的重壓中喘氣？多數的人已經是被壓得不像人了。」〔註3〕正是基於這樣的認識，徐訏到上海不久就寫出了《遺產》那樣介於幽默與諷刺之間的作品。劇中以「闊人」面貌出現的哲學家以一紙遺囑巧妙地嘲弄了那群從四面八方趕來的遺產覬覦者——一群八竿子打不著的「親戚朋友」。

肯定青春和生命的主題並未在徐訏後來的幽默喜劇中消失。事實上，它以一種變體的形式頑強地存在於作品的隱義層面上。《青春》、《野花》和《心底的一星》中那類純情女性的形象消失了，代之而來的是那些「久經世故的男女」。但是作家仍然在青春的悲悼中執著地表達著對於青春的期許，憧憬著「使役人的金錢乖乖地被役於人」〔註4〕的那一天。這或許就是他在《契約》、《租押頂賣》和《男婚女嫁》等劇中，能夠用笑聲去包藏「冰冷的諷刺與寂寞的哀愁」〔註5〕的重要原因。在《契約》中，年輕富有的律師成功地誘導了一位前來應聘英文書記職位的女大學畢業生，使其答應成爲自己的妻子。在《租押頂賣》中，作家完成了一齣房產外帶青春女郎一併頂賣的喜劇。在《男婚女嫁》中，作家一手促成了五對男女的婚姻，並且分別滿足了他們對於性與錢的各自要求。

〔註 3〕《徐訏集：文學家的臉孔》，上海：漢語大詞典出版社 1993 年版，第 99 頁。
〔註 4〕《徐訏集：文學家的臉孔》，上海：漢語大詞典出版社 1993 年版，第 99 頁。
〔註 5〕徐訏：《孤島的狂笑》，上海：夜窗書屋 1941 年版，第 93 頁。

在談到喜劇創作問題時，徐訏曾經這樣說過：

> 任何笑劇都有笑的靈魂。但是笑的靈魂每篇劇作是不同的。有
> 許多以聰敏鬱剔為骨，有許多則包含著神秘的詩意，有許多則隱藏
> 著奇詭的哲理，有許多則充滿熱情的挖苦……這裏沒有好壞的分
> 別，只是性質的差異。〔註6〕

應當補充說明：徐訏提到的笑劇的靈魂其實有五種，另一種就是他在《孤島
的狂笑・後記》另外一處談到的「冰冷的諷刺與寂寞的哀愁」。事實上，上
述五種類型在徐訏的幽默喜劇中都可以找到。《租押頂賣》和《男婚女嫁》
顯然屬於「諷刺」與「哀愁」一類；《遺產》近乎「挖苦」；《野花》有一種
「神秘的詩意」；《荒場》隱藏著「奇詭的哲理」；至於《公寓風光》和《契
約》當然可以列入「聰敏鬱剔為骨」（即機智）之類。然而，不管徐訏的幽
默喜劇究竟包含了多少種類，至少有一點它們是統一的：機智，是它們的總
體特徵之一。

在徐訏的喜劇作品中，「聰敏鬱剔」可能有「為骨」、「為肉」的區別，但
其幽默主題的最終實現卻都離不開其特有的那種機智的話語形式。除去那些
可以明顯歸為機智類型的作品不談，《青春》中的少女之所以能夠那樣神速地
投入男大學生的懷抱，《野花》中的女子之所以會在不知不覺之中回憶起她同
男青年青梅竹馬的童年，《心底的一星》裏的女戲劇家之所以能夠在突然之間
改變心志，《租押頂賣》中的母女之所以會與富豪之子一拍即合，《男婚女嫁》
中的趙公子之所以會在眾人之中獨對鮑小姐肅然起敬，毫無疑問，都與對方
機智的言動有關。足見機智話語在徐訏幽默喜劇中舉足輕重的地位。機智，
顯然應當被理解為徐訏喜劇最主要的藝術品格。

神秘的詩意和奇詭的哲理

從《青春》的結尾，到《公寓風光》房東與房客的角色配置，再到《忐
忑》中對於青年女性忐忑心理的細膩描摹，我們從中不難找見丁西林喜劇對
徐訏的影響。就這一點而言，徐訏和袁牧之一樣，都可以視為丁西林的私淑
弟子。不過，這絲毫不能抹殺徐訏喜劇對於中國現代幽默喜劇的獨特貢獻。

〔註 6〕徐訏：《孤島的狂笑》，上海：夜窗書屋 1941 年版，第 94 頁。

　　徐訏是位詩、文、戲劇、小說並舉的「全才全能的作家」〔註7〕。他在詩歌創作方面的造詣爲其喜劇中的機智話語帶來了一種詩意美。《野花》中的「青年」是一位出語詼諧機智的男子。他尾隨採花的「少女」走進房間，遭到申斥，於是巧辯說自己不是跟著採花之「人」，而是跟著人採之「花」進來的，因爲他愛花，所以花吸引了他。接下來的，是男女雙方假借「花」的名義而展開的一場「舌戰」，核心問題是「青年」爲什麼聲言「自殺」而又言行不一。「青年」對此前後提出了兩種解釋：先是以「春天不是自殺天」爲由──滿野的鮮花都在活著，何況是人呢；後又抓住「少女」14 年前的一句話──「春天不是悲哀天」──爲據，既然連悲哀都不允許，還談得上自殺嗎？解釋又一次被「少女」駁回之後，於是出現了如下的對話：

　　　男：老實告訴你，小姐，今天，我正想自殺的時候又碰見你了！一
　　　　　見你，我自殺的勇氣完全沒有啦，你知道麼？

　　　女：你正想自殺的時候？

　　　男：是的，就在那一片野花上面，我要用我的血把它們都染紅，同
　　　　　落日一樣紅，同朝霞一樣紅，同你的嘴唇一樣紅，同我的心一
　　　　　樣紅；年年，月月，天天，只要你一出門，就可以看見這一片
　　　　　紅色；鳥對著它們唱，鳥就變了紅色；蟲在它們旁邊爬，蟲就
　　　　　變成紅色。然而你從那邊來了，我看見你我就呆啦。看你採花，
　　　　　看你拿花，遍野的花都浮起無限的嬌豔，宇宙的一切都變了顏
　　　　　色，我沒有了自殺的勇氣，有你在旁邊的世界，滿不是我一個
　　　　　人所居留的那樣討厭可憎。

沒有人會懷疑，這是一段富有詩意的臺詞，它有著詩的激情、色彩、意象和韻律。不過，這裏需要特別指出的是：它同時又是機智的。說它機智，原因絕不僅僅在於這段臺詞實際上是整個機智話語當中的一部分，而且更在於它本身所包含的機智的質素。如果把對於爲何不自殺問題的三次不盡相同的解釋聯繫起來看，我們就不難在上述臺詞中發現某種策略性的因素。臺詞明顯表達了「青年」對於「少女」刻骨銘心的愛，就這一點而言，它是眞實可信的，並無「策略」因素的存在。但就臺詞內涵的其他方面而言，事情卻遠非這樣單純。

　　這段臺詞至少包含了四種不同的意象：遍地的「野花」意指充滿活力的「生

命」;「落日」和「朝霞」隱喻美好而又易逝的事物;女人的「唇」和男人的「心」
代表誠摯的「愛情」;而「血」則意味著「死亡」。當說話人將這些意象融彙到
富有詩意的臺詞中的時候,他實際上已經把一種矛盾的意義結構植入話語的隱
義層面。既然生命可貴、青春易逝、愛情神聖,人們為什麼卻不知珍惜,偏要
在萬物充滿生機的春天用人為的「死亡」去破壞造化自然的行進呢?為了讓聽
話人能夠感悟到這個矛盾,臺詞採用蟲子在血泊中爬行這樣一種非美的意象,
去削弱詩意的熱度,試圖以乖訛去召回聽者的理性。這樣,我們看到,這段詩
意的臺詞在一種特定的話語流中實際被賦予了應對與進攻兩種功能。作為應
對,它是對「少女」連續詰難的一種回答,並在回答過程中,將不自殺的原因
同「少女」本身直接聯繫在一起,從而將被動的應對巧妙地轉化為主動的表達;
作為進攻,它是對「少女」那種天真的謬見的一種反駁,在這種天真而愚蠢的
謬見看來,只有敢於自殺的男子才是最有氣概的男子。臺詞在很大程度上可以
視為「青年」對她動之以情、曉之以理的諷喻。這類詩意與機智相輔相成的話
語形式應當說是徐訏對於中國現代幽默喜劇的一種貢獻。

　　在中國現代文學史上,徐訏是一位有著高度哲學素養的作家。他不僅畢
業於北京大學哲學系,而且還在巴黎大學獲得了哲學博士學位。這種哲學素
養很自然給他的機智話語帶來了一種哲理美。

　　在徐訏的喜劇中,我們經常可以找到那種帶有明顯哲理色彩的人生妙
語。比如:輕視他人的人其實是在輕視他自己(《男女》);春天不是悲哀天(《野
花》);人生最要緊的是抓住青春(《青春》);需要而不滿足它,就是變態(《心
底的一星》);美滿的婚姻可以擴展天才,增加美麗,挽留青春(《心底的一
星》);沒有薪水的事情,人家求你,有薪水的事情,你求人家(《契約》);男
子享樂在老年,女子享樂在青年(《契約》)等等。這些警句格言式的機智話
語未必都能夠經得住推敲,但它們畢竟反映出作家對於人生某些方面的理性
概括。用這些妙語點綴在臺詞中間,顯然可以增強角色的睿智色彩。

　　這種哲理美不僅體現在妙語的大量使用上,而且更體現在機智話語的思
辨特徵上。徐訏喜劇中的機智人物往往具有一種靈活駕馭事理的能力。根據
自身的需要,他們時而將複雜的問題簡單化,時而又將簡單的問題複雜化,
並且還總能將事情說得頭頭是道。為了達到左右逢源、自圓其說的效果,這
就要求說話人具有較高的思辨力。《青春》中有如下一段對話:

韓：王先生既然對於哲學有興趣，當然是很有研究的了，不知道你
　　以為做人的目的，究竟是為什麼？

王：做人的目的，當然是為快樂。

韓：那麼，什麼東西是最快樂呢？

王：達到目的就是最快樂。

韓：達到什麼目的最快樂？

王：達到最快樂的目的就是最快樂。

韓：（笑）你的哲學未免太玄了！

王：不見得吧？因為各人有各人的目的。你只是籠統的問我達到什
　　麼目的是最快樂，那我只好答你達到最快樂的目的是最快樂；
　　要是你問我的目的，或者你的目的是什麼，那我當然可以具體
　　的說了。

劇中少女韓秉梅的問題，按照大學生王斐君的說法，是一個十分複雜的問題，因為它包含了何人何年何月何日何時的人生目的等一系列問題。面對這樣的一種富於挑戰意味的發問，王斐君以化簡的方式做出了籠而統之的回答，並且將這種沒有回答的回答歸咎於韓小姐的提問方式。《契約》中的律師由於看上了前來應聘的王小姐，希望她成為自己的妻子，於是一再拖延簽約的時間。為此，他使用了將簡單問題複雜化的伎倆。劇中有這樣一段對話：

女：先生，你的話講遠了，那麼我們所談的問題是怎麼樣呢了？

男：是的，問題就在這裏，……你的一切，都合我要請的英文書記
　　的條件；但是在你，小姐，你應當過細想一想。我是律師，對
　　於合同非常重視，譬如你要同別人簽合同來同我商量，我要非
　　常過細的來同你考慮。現在的情形就是這樣，一方面你同我簽
　　合同，另一方面我做你的律師同你商量簽這個合同。所以我的
　　地位非常難，小姐，假如我把我的地位應當取的態度來同你商
　　量，你應當怎麼樣替我設想呢？所以你的境遇比我的更難，你
　　是有三層的處境的：第一層你是要做一個合同上的主角；第二
　　層你是同一位律師在討論簽合同的利益；第三層你還有幫助一
　　個處二層困難地位的律師設想一個健全的辦法。所以我們要討
　　論這件事，小姐，我們應當從根本討論起，第一點，比方……

這種辨析的結果，賦予了一位律師以兩重身份：一重是同別人簽約的律師，另一重是幫別人簽約的律師；而與此同時，一位應聘的女士被賦予了三重處境：第一重是作為簽約一方的當事人，第二重是作為同自己的律師商量簽約的當事人，第三重是作為幫助這位律師擺脫兩難處境的當事人。這種有理無理的思辨固然是為了營造一種喜劇的氛圍，但它同時也會凸現出說話人思維敏捷頭腦靈活的特徵。

　　徐訏喜劇的哲理美還有一個重要的體現方式，即他的一些作品本身就是對於某種哲理的形象詮釋。實際上，他的《青春》、《野花》和《心底的一星》都是這樣的作品。當然，這一意義上的哲理美在他的四篇「擬未來派劇」——《荒場》、《女性史》、《人類史》和《鬼戲》——中表現得尤其明顯。《女性史》揭示了女子自古以來對於男子的依附和男子自身的退化；《人類史》表達了作家關於人類未來的期許；《鬼戲》則是對於中國靜態傳統的諷喻。《荒場》中的哲理似乎奇詭深邃一些，它將世界比喻成荒場，將人生理解為荒場行路。劇中的甲和乙直到躺在墳墓裏的時候才開始參悟到生命的美好，意識到傳統的成規使他們活著的時候忽略了許多人生的要義。《荒場》表現出作家對於生死及人生得意失意的一種處之泰然的達觀態度。這四篇具有現代主義氣息的嘗試之作，就嚴格意義而言，或許不屬於機智化的幽默喜劇一類，但它們所表達的那些理念卻又是徐訏機智話語重要的思想基礎。

佯謬式的結構範型

　　徐訏喜劇對於中國現代幽默喜劇的最後一個貢獻，是它們為機智話語提供了一種佯謬式的結構範型。如果說詩意美和哲理美在丁西林和袁牧之的作品中也還是不難找見的，那麼這種佯謬式的結構範型卻為徐訏喜劇所獨有。在丁西林和袁牧之的幽默喜劇中，作家筆下的機智人物無一例外都是些正面形象。這也即是說，作家之所以讚揚他們，不僅僅是為了他們的機智，而且也為著他們的生活理想同作家自身的人生準則是一致的，至少也是近似的。但是機智話語發展到徐訏階段，情況卻發生了變化。作家與其筆下的機智人物在人生原則的問題上完全可能處於一種對立的狀態，這一點在徐訏上海時期的喜劇創作中表現得尤為明顯。

　　不管《契約》中的陳律師對女性是如何彬彬有禮和溫柔得體，也不管他

如何將自己表白爲女權主義的擁護者，他都不會是劇中王小姐所說的那種「女界福音」。因爲在內心，他始終將女人當作一種「東西」，儘管作爲「東西」她是「最美的」。正因爲「美」，她失去了一切「實用」的品格而只能被男子所收藏、鑒賞、佔有和豢養。也正因如此，在陳律師的婚姻合同書上，涉世未深的王小姐將會成爲花園洋房、汽車、鑽戒以及牛肉乾、巧克力的等價物。如果說陳律師是用雲山霧罩式的巧辯才將王小姐引入港中的，那麼《租押頂賣》中的林湖平卻以更爲直露的方式達到了同樣的目的。他用一種厚顏無恥的坦誠，不僅同時頂到了「房子」和「女子」，而且最後還順理成章地收回了——據說是代爲保管——全部頂費。《男婚女嫁》中的僕人之女鮑端蘿是徐訏喜劇裏真正富於機智色彩的惟一女性。優雅的儀表和姣好的身形使她足以鶴立雞群。她的高論讓翩翩男士心折，她的坦白令四座皆驚。靠著幾年來對於中中外外上上下下許許多多男朋友們的透闢理解，她以自己的機智不凡，不僅擺脫了陪襯人的卑微地位和冒名頂替的窘境，而且達到了同趙家公子「立刻結婚」的目的。

這些人物無疑是機智的，但他們賴以作爲行爲準則的東西卻又顯然與作家的思想相左。作家在《談金錢》一文中曾經歷數過拜金主義給人類生活和人性造成的種種扭曲，並且爲純真愛情的失落發出了真誠的感喟。在《談女人》一文中，他批評了當時那種「反賓爲主的黃色解放」，對「純粹女子解放運動」表達了由衷的期盼，並在文章的最後指出：中國婦女解放運動的希望是在勞動婦女身上〔註8〕。這些才是作家正面表達出來的關於愛情婚姻、女權和金錢等問題的基本看法。這裏就提出了一個問題：作家的看法既然如此，爲什麼又要將上述人物寫得活靈活現、富於生氣呢？換句話說，作家爲什麼要運用一種佯謬的原則從整體上去塑造人物和結構作品呢？

「佯謬」，在喜劇創作中儘管是一種常見的現象，但在多數作品中，作家們往往會很快啓動令其復原的藝術機制，從而使「佯謬」在這些作品中實際上是以點狀的方式存在的，如人們時常見到的誇張和反語。與之不同，在徐訏的後期喜劇中，這種「佯謬」主要不是以點狀方式存在的，它已經發展成爲結構整個作品的一種基本原則。作家因此才會以一種似乎是見怪不怪的態度將這些承載著負面價值的人物安排到原來是由正面角色佔據的位置上，處

〔註 8〕 參見《徐訏集：文學家的臉孔》，上海：漢語大詞典出版社 1993 年版，第 123
～128 頁。

之泰然地讓他們去哄騙、巧辯,去施展詭智、盡興表演。更有甚者,作家有時甚至將自己對於人生的某些眞實看法假借這些角色之口說出,從而造成了徐訏後期機智話語特有的那種撲朔迷離、眞假難辨的喜劇情境。這又應當如何解釋呢?

之所以如此,我以爲至少有如下幾個原因。

其一,徐訏的後期喜劇主要是指他留法歸來以後的作品,而這個時候,中國現代喜劇的主潮已經明顯轉向了諷刺。正如魯迅所斷言的那樣,在現代中國特殊的社會情勢下,雖幽默但也難免要傾向於諷刺,徐訏的喜劇自然會受到這股強大潮流的影響。作家本人也曾指出,在他的《租押頂賣》和《男婚女嫁》兩劇中確實存在著某種「冰冷的諷刺」,而諷刺自然是要指向負面價值的負載者的。

其二,既爲幽默喜劇,在諷刺之外總還會存在著某些其它性質的因素,按作家自己的解釋,這類因素主要是指「寂寞的哀愁」。談到上文提過的兩個喜劇時,徐訏曾說:

> 至於這戲中的人物,我相信讀者也許都見過,那麼請可憐同情他們吧,因爲事實上都是我們的同胞。

> 我深知我的寂寞與哀愁,原只是滄海的一粟,那麼,朋友,請舉起你的鞭子,叫我支起消瘦的靈魂,對這無邊的黑暗狂笑、哀呼、漫歌,叫我告訴你殘留在我心中的夢與想像,以及我性格中的愚蠢與癡呆吧!因爲不久我們會老,不久我們會死,不久我們的後裔會審判我們,同你審判這戲中的人物一樣,他們到底是眞是僞,是苦是甜,是得是失,是可笑還是可憐呢?〔註9〕

可見,在徐訏的寂寞與哀愁背後,是一種悲天憫人的情懷。作爲一位自由主義者的作家更喜歡從生物學的角度去看取人類。他對人生中的正面與負面價值當然有著自己的評判尺度,但又顯然不願意以此爲標準去對「人」做出絕對化的區分。哲學的達觀,再加上那種特有的「幽默的人生觀」〔註10〕,往往使他容易寬宥「人」的缺失,更何況是在那樣一個「同胞」意識高漲的年

〔註 9〕 徐訏:《孤島的狂笑》,上海:夜窗書屋 1941 年版,第 97〜98 頁。

〔註10〕 關於這種特有的人生觀,詳見本書附錄中有關林語堂「幽默人生觀」的專節。徐訏曾在《論語》、《人間世》、《宇宙風》等刊物做過編輯,和林語堂過從甚密,在幽默思想上深受其影響。

代。因爲這種缺失在他看來，並不獨屬某個個人，而是屬於「人類」的。這些，再加上西方喜劇的某些影響，勢必在一定程度上消除或削弱了作家在賦予負面人物以某些非負面品格時所可能產生的道德上的不安。

其三，哲學的素養造就了作家對於理性的偏好，而這一點又恰同幽默喜劇的內部規律相合。已如前述，徐訏在建立起「佯謬」結構之後，似乎並不急於啓動「佯謬」的復原機制，這樣就營造出一種真假莫辨的喜劇情勢。角色機智的言動和迸出的妙語，究竟是似是而非還是似非而是，由於作家不給暗示或藏匿暗示的喜劇策略，結果只能訴諸讀者和觀衆的理性與良知了。而這樣一來，也就勢必強化了接受主體思考的樂趣。

其四，徐訏「佯謬」式的喜劇都是在「孤島」時期創作的。這種特殊的創作環境一方面要求著某種以灰色人物作爲主角的戲劇，另一方面又強化了劇作家的觀衆意識。任何一位理智的劇作家對於政治的險惡和商業化所能給與戲劇創作的實際影響必然有一種清醒的認識。活躍在徐訏後期喜劇中的那些機智角色，如果僅就他們在作品裏的實際表現而言，正是那類處於清濁之間的灰色人物。而他們在現實生活裏的原型則同時也是當年「孤島」戲劇演出的觀衆中人。劇作家一方面要考慮到他們——觀衆的一部分——的興趣，一方面要譏評他們在實際生活中的負面價值，另一方面又要避免過分地開罪於他們。於是自然對「佯謬」產生了某種需要。徐訏在一篇文章中，曾談到照相的美與真問題。他認爲要想同時滿足美與真兩方面的要求其實是很難的，困難之一就在於：

> 人像常不是以「像」爲鑒賞對象，而是以像中之「人」爲鑒賞
> 對象的，而鑒賞者也不止是像外之人，更重要的還是像中之人呢！
> 麻煩點也許就在此。〔註11〕

足見，作家對於那些「像中之人」在觀「像」過程中所可能產生的「麻煩」還是頗存戒備的。

最後，需要指出的是，喜劇美學意義上的機智，儘管在同中見異或異中見同方面具有自己的優長，卻難以全面而深刻地揭示和表現事物間的複雜聯繫。因此，現代幽默喜劇中機智話語的強化，在增強機智言語密度的同時，也限制了喜劇在表現豐富的社會生活內容和主體感受方面的多種可能性。這類喜劇大都情節簡單、關係單純、篇幅短小，則是對這種局限的有力說明。

〔註11〕《徐訏集：文學家的臉孔》，上海：漢語大詞典出版社1993年版，第118頁。

但如果就「史」的角度看問題，我們會發現中國現代幽默喜劇的機智化取向在進入到徐訏的階段以後，其機智話語不僅在形式上明顯經歷了一個美化的過程，而且也在一定程度上提高了幽默喜劇處理社會生活當中「醜」的藝術表現能力。就此而言，徐訏的喜劇不僅拓展了機智話語的表現視界，而且也為幽默喜劇的未來發展提供了某種契機。